문학, 영화 그리고 꿈의
# 거울 속에서

라스 메니나스 혹은 &lt;시녀(侍女)들&gt;

그림을 가만히 들여다보면
&lt;그림 속의 화가&gt;가 그리고 있는
국왕 부부는 그림 밖에 있다!
(&lt;그림 속 **거울 속**&gt;에 그들이 보인다.)

어린 공주와 시녀들은
&lt;그림 밖에 있는 국왕 부부&gt;를
구경하고 있고……

&lt;그림 속 저 작은 **거울**&gt; 속에
힌트가 있다.

그러면
&lt;"그림 속의 화가"를 그리고 있는
그림 밖의 실제의 화가&gt;를
어떻게 알 것인가?

도대체
**거울**이 무엇인가?

문학, 영화 그리고 꿈의

# 거울 속에서

– 그 현존의 순간들과 흔적들을 찾아 –

金恩在 지음

지혜의나무

# 목차

# 들어가며

재미있는 <거울> 이야기 하나.

거울의 이름은 우리가 잘 아는 명심보감이 아닌, <풍월보감(風月寶鑑)>이다.

풍월(風月)은 ① 청풍명월(淸風明月, 맑은 바람과 밝은 달), ② 음풍명월(吟風明月, 맑은 바람과 밝은 달을 대상으로 시를 짓고 흥취를 자아내어 즐겁게 노는 일), ③ <얻어들은 짧은 지식>을 말하고

보감(寶鑑)은 ❶ <다른 사람이나 후세에 본보기가 될 만한 귀중한 일이나 사물 또는 그런 것을 적은 책>, ❷ <보배롭고 귀중한 거울>을 말한다.

그 사전적 의미야 어떻든 간에, <영적으로 도를 통했다는 어떤 돌(石頭)>이 있어 한자어로 통령보옥(通靈寶玉)이라 하는데, 이 돌이 인간의 몸을 입고 태어나 <(여자들만 머무는) 붉은 누각에 살면서 꾼 꿈> 즉 홍루몽(紅樓夢)에 나오는 거울이다.

도처에 흔한 <돌 이야기>는 하여튼 좋다. **소와 뱀 이야기**와 더불어 **돌 이야기**도 있으면 좋을지도 모르겠다. 그러나 지금은 한때 <영통(靈通)한 돌>이 있었다는 것으로 만족하자.

하여튼 홍루몽 <12회>에 나오는 이야기다.

가서(賈瑞)라는 시원찮은 사람이 금릉십이차(金陵十二釵)로 "한 비녀(釵) 하는" 왕희봉(王熙鳳)에게 흑심(黑心)을 품었다.

그러나 두어 번이나 골탕을 먹으면서도 그녀에 대한 연정(戀情)이 끊이질 않아, 마침내 앓아눕게 되었다. 물론 그런 병에 약이 있을 리 없고.

그런 어느 날, 갑자기 <다리를 절룩거리는 도사> 하나가 와서 시주를 청하며 '원통한 업보로 인하여 든 병을 전문으로 고치노라'고 중얼거렸다. 그 말이 가서의 귀에 들어가자 곧 소리를 질렀다.

"어서 저 도사님을 불러 나를 살려 줘!"

사람들이 도사를 집안으로 들이자, 그는 도사를 붙잡고 연신 소리쳤다.

"도사님, 제발 저 좀 살려 주세요!"

"자네의 병을 고칠 수 있는 약이란 이 세상에는 없네. 허나 내게 귀한 보물이 하나 있어, 그걸 자네한테 줄 테니 그걸 보면 목숨만은 건질 수 있네."

그러면서 도사는 바랑에서 거울 하나를 꺼냈다. **거울은 앞뒤 양면 모두가 비춰 볼 수 있는 것인데,** 손잡이에는 "풍월보감(風月寶鑑)"이라는 네 글자가 새겨져 있었다. 도사는 거울을 건네주며 말했다.

"이것은 태허환경(太虛幻鏡)의 경환(警幻)선녀가 만든 것으로, <오로지 사악한 생각과 경거망동으로 인한 병을 치료하며, 세상을 구제하고 목숨을 보존하는 공력을 가진 **거울**>이니라.

그러나 **절대로 정면에 비춰 보면 안 되고, 뒷면만 봐야 하느니라. 중요한 말이니 제발 잊지 말지니라.** 사흘 뒤에 찾으러 오리라."

그리고는 휘적휘적 가 버렸다. 잠시 후 가서는 그 거울을 가만히 쥐고서 도사의 당부를 생각하며 풍월보감 뒷면에 그의 얼굴을 비춰 보았다. 가서는 기절초풍을 하며 거울을 내던졌다. 거기에는 뜻밖에도 해골 하나가 비치고 있었다.

'도사란 자가 아주 고약한 놈이군. 이렇게 사람을 놀라게 하다니…… 이번엔 앞쪽을 한번 봐야겠다. 도대체 뭐가 있는지나 보게.'

그리고 정면을 보니, 이게 무슨 일인가! 거기에는 희봉이 손짓으로 안으로 들어오라며 그를 부르고 있었다. 가서는 기쁜 마음이 이는가 싶더니 어느 결인가 **거울 속으로 들어가** 희봉과 한바탕 운우지정(雲雨之情)을 나누었다. 일이 끝나자 그를 배웅해 주었고, 침상으로 돌아와 '아이고' 한번 소리치고 눈을 뜨니 거울은 그의 손 밑에 떨어져 있었다.

다시 거울의 뒷면을 보았더니 아까처럼 해골이 있었다. 가서는 진땀이 난 듯했고, 아랫도리는 이미 끈적끈적하게 정액을 쏟은 뒤였다. 그러나 마음이 아직은 미진하여 다시 거울의 정면을 보니 희봉이 또 그 안에서 손짓하며 그를 부르고 있었다. 그는 **다시 거울 속으로 들어갔다.**

그렇게 들락거리기를 서너 차례, 이번에는 **거울 속에서** 나오려는 순간 갑자기 두 사람이 나타나서 그를 묶어 어디론가 끌고 가는 것이었다.

"거울을 가져가게 해 줘요!"

그 말만 하고는 그는 더는 말이 없었다. 옆에서 시중들던 사람이 보니, 그가 거울을 보다가는 떨어 뜨리고, 다시 눈을 뜨면 거울을 보더니, 마지막에는 거울을 떨어뜨리고 더 이상 움직이지 않았다.


사람들이 들어가 살펴보니, 벌써 숨은 넘어갔고 아랫도리는 정액을 잔뜩 쏟아 싸늘하게 질척거리고 있었다.

사람들이 거울을 요망한 것으로 생각하여 불태워 없애려고 했더니 **거울 속에서** 이런 소리가 들렸다.

"누가 정면을 보라고 했나요? **자기들이 <거짓>을 <진짜>로 잘못 알고선,** 어째서 나를 태우려 한단 말이오?"

그때 <절름발이 도사>가 나타났다.

"누가 '풍월보감(風月寶鑑)'을 태우려고 하느냐! 내, 너를 구하리라!"

그는 **거울**을 빼앗아 바람처럼 사라졌다.

☯

혹 경험했는지도 모르겠다. 꿈인지 생시인지도 모르지만 내가 **거울** 앞에 서서 내 얼굴을 보는데, 거기에 나의 눈, 코, 입 등이 없어서, 질겁(窒怯)을 하거나 괴이(怪異)하게 여긴 경험 말이다.

<(지금까지) '나'라고 여기고 있던 모습(얼굴)>이 거기에 없으니 말이다.

이런 꿈 혹은 (실제) 상황에 대해서는 여러 가지 해석이 가능할 것이다. (여러 가지의 꿈 해석과 또 유체 이탈 등에 대해서는 다른 책들을 보라. 그런 것들은 필자가 다룰 일이 아니다.)

여기서는 다만 <그런 것>이 – 눈, 코, 입 등이 없는 것이 – "**나의 진정한 모습**"이라는 것을 말할 뿐이다. 잘 아는 반야심경의 말대로, "*無眼耳鼻舌身意*"이기 때문이다.

<그런 것>이 '나'이니 질겁할 일이고 또 괴이한 것임에는 틀림없다. 그러나 이런 경험에서 우리는 한 단계 위로 올라갈 수 있는 기회가 생긴다.

혹 <그런 경험>이 없는 분들은 이 책 영성 영화에서 소개하는 **일루셔니스트**를 꼭 보라. 거기에는 그와 비슷한 장면이 나온다.

마법사의 말을 따라, 여주인공은 거울을 향하여 절을 하고, 우리 관객들은 '여주인공'과 '거울 속의 그 (여주인공의) 형상'과의 맞절을 기대한다.


그리고 이런 경험의 경우에, <거울 안의 풍경>과 <거울 밖의 풍경(상황)>은 똑같지가 않다. 그리고 사실 어떤 거울도 그렇다. 평면거울이든, 볼록 거울이든, 오목 거울이든……

예를 들어, 평면거울에서는 **나의 좌우가 바뀐다.** '거울 속의 형상'을 나라고 여길 때라도 – '그것' 속에 내가 들어가 있다고 생각하더라도 – 결코 **그 좌우는 바뀌지 않는다.** (믿기지 않으면, 거울 앞에 서서 해보라. 그런 작은 경험이라도 있어야…)

☯

**거울**이라는 말에는 여러 가지 의미가 있다. 세어 보지는 않았지만…… <거울의 기능과 역할을 하는 것들>까지를 포함하면 말이다.

우리의 <겉모습>이든 <내면의 모습>이든, 하여튼 우리를 비춰 주는 것들……

찰스 디킨스의 소설 <위대한 유산>에서는[1] 이런 문장이 나온다. 아마도 뉘우침, 후회, 절망, 깨달음 등이 섞인 단말마(斷末摩)의[2] 부르짖음일 것이다.

"요전 날 네가 그 애한테 말할 때까지, 그리고 <너한테서 '**예전에 나 자신이 느꼈던 고통을 보여 주는 거울**'>을 보았을 때까지 나는 내가 무슨 짓을 했는지 알지 못했다. 아, 내가 무슨 짓을 한 거지! 내가 무슨 짓을 한 거지!"

그러고는 스무 번이고 오십 번이고 자기가 무슨 짓을 한 거냐는 말을 계속해서 외쳐 댔다.

✍ [1] '위대한 유산'은 언젠가 더 다룰 예정이다.
[2] 말마(마르마)는 **말리니비자야 탄트라** 참조. ⌛

☯

이 책에서는 특히 <러시아의 소설 여섯 편>과 또 <러시아의 영화 세 편>을 골랐다.

잘 아는 대로, **타르코프스키**는 마지막 두 편을 **이탈리아와 스웨덴**에서 만들었다고 한다. 그리고 <놓치면 아까운 영화> 세 편은 미국 두 편과 **이란** 한 편이다.

혹시 "왜 러시아의 것을 이렇게 많이?"라고 물을지도 모르겠다. 영화 <거울> 속에서 러시아의 국민시인이라는 푸쉬킨은 차다예프에게 보낸 편지에서 이렇게 말한다.

"교회의 분열(分裂)이 우리를 유럽에서 고립시켜 우리는 유럽을 뒤흔든 거대한 사건들에 배제되어 있었다. 그러나 우리는 우리 자신의 특별한 운명을 갖고 있었다. 러시아의 끝없는 광활(廣闊)함이…… 기독교 문명을 구원하였다. 그 목적을 위해 우리는 기독교도이면서도, <기독교 세계> 안에서 완전히 이방인으로 다른 삶을 살아야 했다. 그래서 우리의 순교는 <가톨릭(교회의) 유럽>(이라는 샘)의 줄기찬 발전에 영향을 줄 수 없었다.

<'그 샘'으로부터 끌어낸 우리의 기독교(러시아 正敎會, Orthodox church)는 순수하지 않다>는 당신의 견해에 나는 동의하지 않는다. ( …… )

당신은 러시아의 현재 상황에서 <미래의 역사가 들을 놀라게 할 뭔가 중요한 것>을 보지 못하는가?

당신은 그(러시아 황제)가 우리를 유럽의 변방에 두었다고 생각하는가? 비록 개인적으로는 황제를 위하더라도, 나는 주위의 모든 것에 결코 찬성하지 않는다. 시인으로서 나는 쓰라림을 느끼고, 편견을 가진 한 인간으로서 나는 짜증이 난다.

그러나 당신에게 맹세하노니, 나는 <내 조국>을 세상의 어떤 것과도 바꾸지 않을 것이며, 신(神)이 우리에게 주신 <우리 조상의 역사> 외에 다른 것을 갖지 않을 것이다."

한마디로 러시아는 유럽의 변방, 변두리였고, 또 그렇게 남아 있다. 그것이 특히 필자의 마음에 와 닿는 것이다.

우리 한국은 <세계의 중심>은 전혀 아니고, 근동 (近東)도 중동(中東)도 아닌 극동(極東)이다. 그런 변방에 사는 우리가…… <서울 사람들>은 자기들이 중심인 듯 다른 지방은 전부 "시골"이라고 부른다. 그런 말로 지방 사람들을 깔보는 것 같다. 이 나라 모든 것이 – 행정, 경제, 교육, 문화 등 - 그들을 중심으로 하고 있다.

그러나 지구 자체가 태양계의 위성으로 조그만 변방일 뿐이고, 또 태양계는 우리 은하계의 중심이 아니고 변방에 있다고 한다. 그리고 우리가 속한 은하계는 이 우주의 수많은 은하계 중에서 변방에 있을지도 모른다.

필자는 항상 변방에 남기를 바란다. <드러나지 않는 사람> 즉 은자(隱者)가 적성(適性)에 맞다. 또 그렇게 살아왔다. 지구에서는 히말라야 산골짝이, 한국에서는 여기 시골이 필자에게 어울린다.

대구 내당동에서 수십 년을 살면서도 늘 낯선 곳 같았고, 교회에 다닐 때도 외적으로는 독실한 교인이었을지도 모르나 내적으로는 항상 이방인이었던 것도 사실이다.

그러다 보니 **러시아의 끝없는 광활(廣闊)함이**…… 그 광활함은 물리적인, 지리적인 것을 말하는 것이 전혀 아니다. 영적(靈的)인 것이 그렇다는 것이다.

세계의 지붕 **히말라야**가 있는 인도(印度)는 흔히 아대륙(亞大陸)이라고 한다. 당연히 영적인 높이와 넓이가 그렇다는 말이다.

필자는 어릴 때와 젊은 시절을 교회에서 온전히 보냈다. 특히 교회를 그만둘 쯤에는 성경이 필자의 전부였다. 그것이 필자의 세계였다.

위 푸쉬킨의 편지에서 몇 문장을 고쳐 읽는다면 <푸쉬킨의 고백>은 그대로 <필자의 것>이 된다.

"비록 **<우리의 삶들>**이 나를 안쓰럽고 우울하게 할지라도 나는 **<신성(神性)이 내게 허여(許與)한 것>** 외에는 사랑하지 않을 것임을 안다."

그래서 **푸쉬킨**의 말은 <필자의 가슴>에 그렇게도 와닿는 것이고, 또 그 러시아의 내면을, 러시아가 우리에게 내미는 **거울**을 보고픈 것이다.

그 거울로 우리가 지금 쉽게 접할 수 있는 것은 소설과 시와 영화와 음악일 것이다. (특히 음악에는 정교회의 합창도 빼놓지 마시길……)

[참고로, 그 옛날 **러시아** 땅에서는 **슬라브**인들이 **루시**인들을 불러들였고, 지배계급(?)인 **루시**인들은 정교회를 받아들였다. 정교회 안에는 **슬라브**인들의 토착 신앙이 들어 있다.

보다 더 오래 전 인도 땅에서는 **드라비다**인들이 살았고 **아리안**인들이 들어왔다. 지배계급인 **아리안**인들은 나중 **드라비다**인들의 토착 신앙에 완전히 동화되었다.

토착(土着) 즉 <땅에 붙(어서 사)는 일>은 실로 무서운 것이다. 그리고 성경은 <온유한 자가 땅을 차지한다>고 하고.]

덧붙여 일러둘 것은 필자는 문학, 시, 영화 등의 작품에서 어떤 것들을 좋아는 하지만 전공 분야는 전혀 아니다. 그런 <전문적(?) 시각 내지 잣대로>는 이 책을 대하지 마시길……

# 제 1 장

## 창작의 신비

< 1 >  <인간의 존재태(存在態)>와
　　　　<창작 혹은 드러남의 신비>


　여기서는 **쉬바 수트라** 등에서 다룬 것을 간단히
복습하는 것으로 시작한다.
　(아 참, <복습>이라는 말을 듣자마자, 이 마음이
'나는 그 책을 읽었으니 잘 안다.'고 속삭이거들랑
절대로 녀석의 말을 듣지 말지어다.)
　우리는 <인간 현상>을 절대로 잘 알지 못한다.
　지금 <내게 일어나고 있는 이 신비>를 말이다.


　[<**숭고미의 미학**>에서
　<관객(독자)의 **공감(共感)의 신비**>를 다루었다면
　이 책 <**거울 속에서**>에서는
　<작가의 창작 혹은 **드러남의 신비**>를 다룬다.]

## < 1 > <인간의 존재태(存在態)>와
### <창작 혹은 드러남의 신비>


비갸나 바이라바는 <유명(幽明)과 유명(幽冥)>을 아우르는 저 유명한 경문에서 명(命)한다.

**깨어 있을 때, 꿈꿀 때, 잠잘 때
알아채라.**

무엇을 **알아채라**고?
무엇을 **알라**고?


그리고 유명한 도마복음과 성경의 다른 복음들도 거듭 확인, 보장하면서 우리에게 명(命)한다.

<너희 앞에 있는 것>을 알라.
그러면 감추어진 것이 너희에게 드러나리라.
감추어진 것은 드러나지 않을 것이 없느니라.

감추어진 것이 드러나지 않을 것이 없고,
숨은 것이 나타나지 않을 것이 없느니라.

무엇을 **알라**고?

&lt;너희 앞에 있는 것&gt;을……

우리는 우리 앞에 &lt;**깨어 있을 때**&gt;, &lt;**꿈꿀 때**&gt;, &lt;**잠잘 때**&gt;가 있다는 것을 **너무나 잘 안다**.

이 세 가지 상태는 그 조건이 모두 다르다.

&lt;**깨어 있을 때**&gt;는 우리의 **감각**, - 보고, 듣고, - **마음**(마나스), **호흡**(프라나)이 활동한다.

&lt;**꿈꿀 때**&gt;는 눈, 귀 등의 감각은 활동을 멈춘다. 그 기능은 **마음**에 의해 상상(想像)으로 대치된다. 꿈에서 우리는 보고 듣고, 달리고 먹는다. - 모두 정신적으로. **마음**과 **호흡**만 활동한다.

&lt;**잠잘 때**&gt;는 이제 마음의 기능도 멈춘다. 오직 **호흡**만 활동한다.

그러므로 이 세 가지 상태는 전혀 다른 것이다.

그리고 &lt;**깨어 있을 때**&gt;, 내가 깨어 있다는 것을 **잘 모르고**, - 혹시 잘 안다고 생각할지도 모른다. 그러나 만약 생각이 곧 잠이라고 한다면, 우리의 &lt;깨어 있는 상태&gt;는 &lt;깨어 있지 못한 상태&gt;일지도 모른다. 하여튼 여기서 "잘 모르고"는 "알아채지 못하고, 자각하지 못하고"의 뜻이다. - &lt;**꿈꿀 때**&gt;, 내가 꿈꾸고 있다는 것은 **더욱 잘 모르고**, 그리고 &lt;**잠잘 때**&gt;, 내가 잠자고 있다는 사실은 **아예 모를 지도 모른다**.

꿈은 무엇이고, 또 잠은 무엇인가?

우리는 누구나 꿈을 꾼다. 그리고 <꿈꾼 내용>을 잘 기억하지 못하거나 잘 이해하지도 못한다.

더구나 <꿈> 그 자체가 대체 무엇인지, 또 우리 인간은 왜 꿈을 꾸는지는 거의 생각하지 않는다.

<잠> 역시 그렇다. 누구나 자면서도 <잠이 무엇인지>, <왜 자야만 하는지> 거의 생각하지 않는다.

우리가 아침에 잠에서 깨어날 때, 우리는 보고 듣고 생각하기 시작한다.

보통, <깨어 있을 때>는 <의식이 있는 시간>으로 우리가 잘 알고, <꿈꾸고, 잠자는 상태>는 <무의식 상태>라고 부르는데 우리가 잘 <알지(의식하지)> 못하기 때문이다.

일본의 유명한 영화감독이었던 구로사와 아키라(黑澤明)는 "꿈은 천재다."라는 말을 했다. 그의 이 한마디가 <창작의 신비> 즉 <드러남의 신비>에서 모든 것을 말해 준다.

☯

<너희 앞에 있는 것>을 알라.
그러면 감추어진 것이 너희에게 드러나리라.

우리는 우선 이른바 <깨어 있을 때>부터, **<우리 앞에 있는 것>을 알아야 한다! 그러면 <감추어진 것(무엇)>이 우리에게 드러난다**고 쌍둥이 도마와 성경은 확고하게 약속한다.

☯          ☯          ☯

이제 그 약속 아래, **<창작(創作)의 신비(神祕)>**를 다루어 보자. 다른 말로, 우리의 무의식이 얼마나 의식화되려고 하는지를 말이다.

먼저 <잃어버린 시간을 찾아서>에서 **프루스트**는 이렇게 말한다. (<스완 댁 쪽으로>에서)

"그날 이후, **게르망트** 쪽으로 산책을 나설 때면 <내게는 문학적인 재능이 없다는 사실>과 <유명한 작가가 되기를 단념할 수밖에 없다는 사실>에 나는 전보다 얼마나 더 가슴이 쓰렸던지! 내가 느끼는 그 슬픔은, (가족들과의 산책에서) 홀로 뒤떨어져 몽상에 잠길 때면 얼마나 나를 괴롭게 했던지, 내 마음은 그 슬픔을 느끼지 않기 위해 그것에 대한 일종의 억제로, <재능이 없는 탓에 더 이상 기대할 수 없게 된> 시나 소설, 내 시적 미래에 대한 모든 생각을 그만두는 것이었다.

그런 문학적 관심에서 완전히 벗어나 아무것에도 주의를 기울이지 않게 되었을 때, 갑자기 지붕이며 돌 위로 반사되는 햇빛이며 오솔길 향기가 나에게 **어떤 특별한 기쁨을 주며** 발걸음을 멈추게 했는데, 그것들은 **내가 보는 것 너머로 무언가를 숨기고는 내게로 와서 그것을 붙잡으라고 하는 것 같았지만**, 내 노력에도 불구하고 나는 그것이 무엇인지 알아낼 수 없었다.

　**나는 숨겨진 것이 그것들 속에 있다고 생각하여**, 꼼짝하지 않고 바라보며 숨을 쉬면서, 그 이미지나 향기 저편으로 내 상념과 함께 가려고 애를 썼다. 그리고 할아버지의 걸음을 따라잡았을 때는 다시 눈을 감고 그것들을 되찾기 위해 노력했다. 나는 지붕의 선(線), 돌의 빛깔을 정확히 기억해 내려고 집중했다. 왜 그런지는 알 수 없었지만, **그것들은 가득 찬 것 같았고, 단지 어떤 덮개 마냥 지금 막 열리면서 감추었던 것을 내게 건네려는 것 같았다.**
　물론 그것은 <내가 잃어버렸던 그 희망>, <장차 작가나 시인으로 성공할 수 있다는 희망>을 되돌려 줄 수 있는 그런 인상은 아니었다. 그것들은 항상 지적인 가치도 없고 추상적인 진리와도 관계없는[1] 어떤 특정 대상에 연결되어 있었기 때문이다.

✍ ¹ '**추상적인 진리와도 관계없는**'은 형이상학이 추론에 의해 도출한 진리, 즉 예술 현상과는 상반되는 진리를 가리키며, 모든 사람들이 소년기에 한 번쯤 빠져드는 오류를 고백하고 있다고 이형식은 주를 달았다. ⧗

그러나 그런 인상은 <설명할 수 없는 즐거움>을, <일종의 풍요로움에 대한 환상>을 주었고, 그리고 나를 권태로부터, 내가 위대한 문학 작품을 위해 철학적인 주제를 찾을 때면 느끼는 무력감으로부터 나를 이끌어 내 주었다. 그러나 <형태, 향기, 색깔로부터 받은 인상이 내게 부과한 도덕적 의무>는 - **그것들 뒤에 감추어진 것을 지각하려는** - 너무도 힘들어, 나는 곧 그런 노력을 피하고 그 피로에서 구해 줄 구실을 찾으려고 했다.

다행히도 부모님이 나를 불렀고, 나는 그 생각을 계속하는 데 필요한 평온함이 지금은 없으니, 집에 돌아갈 때까지는 더 이상 생각하지 말고, 헛되이 미리부터 기진맥진할 필요가 없다고 생각했다.

그래서 <형태 또는 향기에 싸인 미지의 것>에 더 이상 생각하지 않고, <마치 혼자서 낚시하러 가도 된다고 허락된 날, **그 신선함을 유지하기 위해서** 풀로 덮은 바구니에 넣어 가지고 왔던 물고기처럼>

그 미지의 것을 이미지라는 덮개로 잘 감싸 집으로 가져오면 여전히 싱싱할 것이라고 생각했다.

그러나 집에 돌아오면 나는 다른 것을 생각했고, 그리하여 (마치 내 방에 산책길에서 따온 꽃들이나 다른 사람들이 준 물건들이 쌓인 것처럼) 내 마음 속에는 반사광이 놀던 돌, 지붕, 종소리, 나뭇잎의 냄새와 다른 많은 이미지들이 축적되어 갔으며, 그 아래에서는 '내가 예감은 했지만 의지가 부족하여 발견하지 못했던 실재'가 죽은지도 오래되었다.

**그러나 한번은** - 평소보다 우리 산책이 길어져 오후가 다 되어 갈 무렵, 돌아오다가 전속력으로 마차를 몰고 가는 **콩브레**의 의사를 만났는데 그는 다행히도 우리를 알아보고 마차에 태워 주었다. - **그런 종류의 인상을 받아, 그것을 버리지 않고 좀 더 깊이 생각한 적이 있었다.** 나는 마부 옆자리에 앉았고, 의사는 **콩브레**로 돌아가기 전 **마르탱빌**에 있는 환자 집에 들러야 했으므로 우리는 그 집 문 앞에서 기다려야 했다. 우리는 바람처럼 달려갔다.

어느 길모퉁이를 돌면서 **마르탱빌의 종탑**(鍾樓, 첨탑) **두 개가 보였을 때 나는 갑자기 <다른 어떤 것과도 같지 않은> 특별한** 즐거움을 경험했다. 두 종탑은 석양을 받아, 우리가 탄 마차의 움직임과 또 길의 굴곡을 따라 자리를 바꾸는 듯 보였고, 또

비외비크의 종탑은 언덕과 골짜기 건너서 멀리 더 높은 고원에 있는데 지금은 그 두 종탑 바로 옆에 있는 것처럼 보였다.

나는 종탑의 뾰족한 모양과 선의 이동, 표면에 비치는 햇살을 주목하면서, 나는 내가 받은 인상의 완전한 깊이까지는 이르지 못했지만 **무엇인가** 그 움직임 뒤에, 그 밝음 뒤에, 그것들이 **무엇인가를 내포하고 또 감추고 있는 것으로 보였다**.

종탑은 아주 멀리 있는 것처럼 보였고, 우리는 종탑 근처에 갔다고는 생각하지 않았으므로 잠시 후 마차가 **마르탱빌** 성당 앞에 멈추었을 때 나는 깜짝 놀랐다. 지평선에서 그 종탑을 보면서 느꼈던 즐거움의 이유를 알지 못했기 때문에, 그 이유를 알아야 하는 의무감이 매우 고통스럽게 느껴졌다. 나는 햇빛을 받아 움직이는 그 선을 머리에 간직해 두고 지금은 더 이상 생각하고 싶지 않았다.

만약 그렇게 했다면 두 종탑 역시 많은 나무들과 지붕, 향기, 소리와 영원히 합류해 버렸을 것이다. 그것들이 나에게 주었던 <모호한 즐거움> 덕분에 **다른 것들과 구별되었는데**, 나는 그것에 대해서는 깊이, 철저히 생각해 본 적이 없었다.

의사를 기다리는 동안 나는 마차에서 내려 부모님과 이야기를 나누었다.

잠시 후 우리는 출발했으므로, 나는 내 자리로 돌아가 다시 한 번 종탑을 보려고 고개를 돌렸고, 길모퉁이에서 종탑이 마지막으로 보였다. 마부는 말을 하고 싶지 않은 듯 거의 대꾸를 하지 않았고, 나는 다른 말상대도 없었기 때문에 내 자신에게로 돌아와 종탑을 생각해 보는 수밖에 없었다.

곧 종탑의 선과 빛나는 표면이 **마치 일종의 껍질처럼 찢어지면서 그 안에 감추어져 있던 작은 것이 나타났고, 한순간 전까지만 해도 존재하지 않았던 어떤 생각이 머릿속에서 말의 모습으로**[1] **떠올랐다.** 이것으로 조금 전 종탑을 보면서 느꼈던 즐거움이 얼마나 커졌던지, 나는 일종에 도취감에 사로잡혀 더 이상 다른 것은 생각할 수 없었다.

그 순간 우리는 이미 **마르탱빌**에서 멀리 떨어져 있었으므로 나는 고개를 돌려 그것들은 보았으나 해는 이미 넘어가 이번에는 검게 보였다. 종탑은 길모퉁이를 도는 순간 사라졌고 마지막으로 한 번 모습을 드러내더니 다시는 보이지 않았다.

**마르탱빌** 종탑 뒤에 감추어져 있던 것이 하나의 어여쁜 문장과 유사한 것인지 생각할 틈도 없이 - **그것이 말의 형태로 나타나**[2] **나를 즐겁게 했으므로** - 나는 의사에게 연필과 종이를 빌려, **내 의무감의 짐을 덜어 주고 내 열광에 복종하기 위해**[3], 마차가 흔들리는데도 다음의 짤막한 글을 썼다. 이 글은

훗날 발견하여 약간의 손질만 했다.

✎ [1,2] '어떤 생각이 머릿속에서 말의 모습으로'와 '그것이 말의 형태로 나타나'라는 표현은 말하자면, 마치 <이제까지 벙어리였던 자가 첫 말을 하는 그 순간>에 비교할 수도 있을 것이다.

타르코프스키의 자전적(自傳的) 영화라는 **거울**의 시작은 바로 <이런 것>으로 시작한다.

**파라 트리쉬카**의 해석에서 **아비나바굽타**는 **파쉬얀티** 즉 <아주 희미하고 모호한 어떤 느낌과 감정 수준>에서 **마드야마**를 거쳐 **바이카리** 즉 <분명한 말과 글의 표현 수준>까지 이르는 과정을 아주 잘 설명하고 있다.

[3] <내 의무감(義務感, 양심)의 짐을 덜어 주고 내 열광(熱狂)에 복종하기 위해>는 <어떤 압박감>에 관한 것이다. − 심리적인 것이든 감정적인 것이든, 창조적인 것이든, 영적인 것이든 − 필자의 경우, 저 선지자 **예레미야**의 고백을 잊을 수 없다. 어찌 잊겠는가!

"내가 다시는 여호와를 선포하지 아니하며 그의 이름으로 말하지 아니하리라 하면,

**나의 마음이 불붙는 것 같아서 골수에 사무치니 답답하여 견딜 수 없나이다.**" ⧗

"평원의 지표면에서 일어나, 탁 트인 전원에서 길을 잃은 듯 **마르탱빌**의 두 종탑이 홀로 하늘을 향해 솟아오르고 있었다. 곧 우리는 셋을 보았다. 맞은편에 있던 **비외비크**의 종탑이 뒤늦게 합류하여 그 모습을 드러냈기 때문이다.

　몇 분이 지나도록 우리는 빠른 속도로 달렸지만 세 종탑은 여전히 저 멀리서 마치 들판에 내려앉은 세 마리 새처럼 햇볕 속에서 꼼짝 않았다. 그러다 **비외비크**의 종탑이 움직여 멀어지면서 거리를 두자 **마르탱빌**의 두 종탑만 석양빛을 받으며 남았는데, 그 종탑의 경사면 위로 석양이 노닐며 미소 짓는 모습이 멀리서도 보였다.

　'종탑에 가까워지는 데 이렇게 오래 시간이 걸렸는데, 종탑에 도착하려면 얼마나 더 걸릴까' 하고 생각하는데, 갑자기 마차가 방향을 바꾸더니 바로 종탑 아래에다 우리를 내려놓았다. 종탑이 얼마나 거칠게 우리를 마중하는지, 하마터면 마차가 성당 정문에 부딪힐 뻔했다.

　우리는 다시 길을 떠났다. **마르탱빌**을 떠난 것은 이미 얼마쯤 지났고, 우리를 따라오던 마을도 이내 사라지고, 그곳의 종탑과 **비외비크**의 종탑만 홀로 지평선에 남아, 달아나는 우리에게 작별인사라도 하듯 햇빛이 비치는 첨탑을 흔들고 있었다. 때로는 두 종탑이 우리를 다시 더 볼 수 있게 다른 하나가 몸을 뒤로 숨겼다. 그러나 길의 방향이 바뀌면서 그것들은 세 개의 황금빛 굴대처럼 빛 속에서 선회하더니 시야에서 사라졌다.

그러나 잠시 후 우리가 **콩브레** 근처에 이르렀을 때는 해가 졌는지라, 아주 멀리서 마지막으로 다시 보게 되었다. 그것들은 낮게 깔린 들판의 지평선 위, 하늘에 그려 놓은 세 송이 꽃으로밖에 보이지 않았다. 그것들은 또한 이미 어둠이 내려앉고 있는 외로운 곳에 버려진 전설 속 세 소녀를 생각나게 했다.

우리가 전속력으로 멀어져 가는 동안, 더듬으며 길을 찾는 그들의 우아한 **실루엣**이 몇 번 서투르게 비틀대더니 서로에게 바짝 다가가 미끄러지면서, 아직 검붉은 빛을 띤 하늘에 <매력적이지만 체념한 것 같은, 단 하나의 검은 형체>를 남기고는 마침내 어둠 속으로 사라졌다."

나는 이 글을 결코 다시 떠올려 보지 않았지만, 평소 의사의 마부가 **마르탱빌** 시장에서 사 온 닭을 바구니에 넣어 늘 보관하던 마부 옆 구석자리에서 **이 글을 다 쓴 그 순간 너무나 행복해서, 이 글이 나를 <종탑과 또 종탑 뒤에 감추어진 것들>로부터 완전히 해방시킨 것 같아**, 마치 나 자신이 암탉이 되어서 이제 막 알을 낳기라도 한 것처럼, 목청껏 노래를 부르기 시작했다.

✍ 이 글을 다 쓴 그 순간 너무나 행복해서, 이 글이 나를 <종탑과 또 종탑 뒤에 감추어진 것들>로부터 완전히 해방시킨 것 같아……

프루스트의 <위의 글>을 읽은 타르코프스키는 영화 <거울>을 완성했을 때 정확히 이것과 유사한 감정을 겪었다고 고백했다.

이것이 어찌 타르코프스키만의 경험이겠는가?

<창작(창조)의 길>을 가는 사람들은 누구나 겪는 일이 아니던가? 그래서 <작가의 길>을 가는, 혹은 가려는 사람들은 <잃어버린 시간을 찾아서> 혹은 <잃어버린 것 같은 그 무엇을 찾아> 잠 못 이루는, 저 <불면의 밤>을 보내는 것이 아니겠는가! ⏳

융은 자서전 <회상, 꿈 그리고 사상>에서 이렇게 말한다. 하나는 <학창 시절>의 <(어떤 환상 혹은 생각이 **드러나는**) 이야기>이고, 하나는 그의 저작 즉 창작이 이루어지기 전, <무의식과의 대면> 즉 <무의식적인 것이 **드러나는** 이야기>다.

참고로, 융은 시골 <목사(牧師)의 아들>이었다.

같은 해 어느 맑은 여름날, 나는 정오에 학교를 나와 대성당 광장으로 갔다. 하늘은 아주 푸르고 햇빛은 찬란하게 비쳤다. 대성당 지붕은 햇빛 속에 반짝이고 태양은 새롭게 윤을 낸 기와에 반사되고 있었다. 나는 그 광경의 아름다움에 압도(壓倒)되어 이렇게 생각했다.

'세계는 아름답고 교회도 아름답다. **하나님은 이 모든 것을 만들었고,** 그 위에 푸른 하늘 저 너머 황금 보좌에 앉아 있다. **그리고……**'

**그러자 생각에 구멍이 뚫리고 숨이 막히는 기분이었다. 나는 마비되는 느낌 속에서 오로지 다음과 같은 생각만을 하고 있었다.**

'이제 더 이상은 생각하지 말자! <무언가 무서운 일>이, <내가 생각하고 싶지 않은 일>이, <더 이상 내가 가까이 다가가서는 안 되는 일>이 오고 있다. 왜 안 되는가? 왜냐하면 나는 <가장 무서운 죄>를 범하려 하고 있기 때문이다. <가장 무서운 죄>가 무엇인가? 살인인가? 아니다, 그런 것일 수 없다. <가장 무서운 죄>는 <성령(聖靈)을 거스르는 죄> 이며, 그것은 용서받을 수 없다. 그 죄를 짓는 자는 저주를 받아 영원히 지옥 불못에 떨어질 것이다..

만약 하나 뿐인 이 아들이 영원히 저주받는 운명이 된다면 부모에게는 몹시 비통한 일일 것이다. 나는 부모가 그런 일을 당하게 할 수는 없다. (그러므로) **어떤 일이 있어도 나는 더 이상 그것에 대해 생각해서는 안 된다.**'

그것은 그렇게 하자고 생각하기는 쉽지만 실제로 행하기는 어려웠다. 먼 길을 걸어 집으로 돌아오는 동안, 나는 다른 여러 생각을 하려고 애를 썼으나, 다시 또다시 <내가 좋아하는 그 아름다운 대성당과 보좌에 앉은 하나님 생각>으로 돌아오는 것이었다. 그러면 (다른) 생각들은 전기 충격을 받은 것처럼 다시 흩어져 날아가 버렸다.

**나는 나 자신에게 되풀이해서 말했다.**

"그것은 생각하지 말자, 제발 그것은 생각하지 말자!"

✎ "이 생각이라는 것은 어디서 오는가?

불현듯 뇌리(腦裏)를 스치는 이 생각(과 기억)은 어떻게 일어난 것인가?"

**비갸나 바이라바**에서부터 **탄트라 사라**까지 다룬 주제이고, 앞으로 더 깊이 다루려고 한다.

<망각(忘却) 즉 **죽음** 혹은 **무의식** 저 너머에서 오는 것들> 말이다. ⧗

나는 마음이 상당히 어지러운 상태로 집에 도착했다. 어머니는 나에게 좋지 않은 일이 생긴 것을 눈치채고 물었다. "왜 그래? 학교에서 무슨 일이 있었니?" 나는 거짓말을 않고, 학교에서 아무 일도 없었다고 말했다. 만일 내가 혼란한 진정한 이유를 어머니에게 고백할 수 있다면 도움이 될 것이라는 생각은 하고 있었다. 그러나 그러기 위해서는 나의 생각을 끝까지 밀고 가야 하는데 그것은 불가능한 일이었다. 그 착한 어머니는 짐작조차 하지 못했고, 내가 용서받지 못할 그 죄를 범하고 지옥으로 굴러 떨어지려는 아주 위험한 상황에 있다는 것을 알 리 없었다. 나는 고백할 생각을 포기하고, 될 수 있는 한 눈치채지 못하게 조용히 있으려고 했다.

그날 밤 나는 잠을 이룰 수 없었다. **<내가 알지 못하는, 금지된 생각>이 자꾸 밀려들어오려고 해서, 나는 그것을 막으려고 필사적으로 몸부림을 쳤다.** 그 후 이틀은 너무나 괴로웠으며, 어머니는 내가 병이 난 것이라고 확신했다. 그러나 나는 고백하고 싶은 유혹에 저항했는데, <그런 고백>은 부모에게 커다란 슬픔을 안겨 줄 것이라는 생각이 그 유혹을 물리치는 데 도움이 되었다.

그러나 사흘째 되는 밤은, 견딜 수 없을 정도로 괴로워 나는 어찌할 바를 몰랐다. 어지러운 잠에서 깨어났을 때 나는 대성당과 하나님에 대한 생각을 하고 있었다. **나는 하마터면 그 생각을 이어갈 뻔 했다!** 나의 저항이 약해지는 것을 느꼈다. 두려움에 땀을 흘리며, 잠을 쫓아 버리려고 침대에서 일어나 앉았다.

'지금 그것이 오고 있다. 이제 문제가 심각하다! **나는 생각해야만 한다.** 그러기 전에 미리 생각해야 한다. **나는 왜 내가 알지도 못하는 것을 생각해야 하는가?** 나는 맹세코 원하지 않는다. 그것은 확실 하다. 그런데 누가 나에게 그것을 원하는가? 누가 **나에게 <내가 알지 못하고, 알고 싶지도 않은 어떤 것>을 생각하도록 강요하고 있는가?**

**이 무서운 의지(意志)는 어디서 오는가? 왜 내가 거기에 복종하는 사람이 되어야 하는가?** 나는 이 아름다운 세상을 만든 창조주를 찬양하고 이 측량 할 수 없는 선물에 대해 감사하고 있는데, **왜 내가 <상상할 수 없을 만큼 사악한 어떤 것>을 생각해야 하는가?** 나는 그것이 무엇인지 모른다. 정말이지 모른다. 나는 이런 생각에 가까이 갈 수도 없고 또 가서도 안 되기 때문이다.

만약 그렇게 한다면 곧 그것을 생각해야 하기에, 나는 그것을 만들지도 않았고 원하지도 않았는데, **그것이 악몽처럼 나에게로 온 것이다. 그런 것들은**

**어디로부터 오는 것일까?** 그것은 나와는 상관없이 일어난 것이다. 그 이유가 무엇인가? 아무튼 나는 나 자신을 창조하지 않았고 하나님이 만든 그대로, 다시 말해 부모님에 의해 세상에 태어났다. 혹시 나의 부모가 이런 일을 원했을까? 착한 내 부모는 결코 그런 일을 생각하지 않았을 것이다. 그토록 불경스러운 것이 부모에게 일어날 리가 없다.'

나는 이런 생각이 어처구니없다는 것을 알았다. 그때 나는 초상화에서만 알고 있는 조부모에 대해 생각했다. 그들은 비난받을지도 모르는 이 생각을 물리칠 만큼 너그럽고 위엄을 갖춘 것처럼 보였다. 나는 내가 알지도 못하는 조상들의 긴 계보를 훑어 올라가 마침내 **아담과 이브**에 이르렀다. 그들에게 이르니 <결정적인 생각>이 떠올랐다.

**아담과 이브**는 최초의 인간들로 부모가 없었다. 하나님에 의해 직접 **그의 의도대로, 있는 그대로 –** <하나님의 모습>으로 – 만들어졌다. 그들은 선택의 여지없이 하나님이 창조한 방식대로 있어야 했다. 그들은 자신들이 어떻게 하면 다르게 될 수 있는지 알지 못했다. 그들은 <**완전(完全)한 피조물**>이었다. 왜냐하면 (**전지전능한**) 하나님은 오직 완전한 것만 **창조하기 때문이다.**

그런대도 그들은 <하나님이 원하지 않는 일>을 행함으로 최초의 죄를 저질렀다. 어떻게 그런 일이 가능하단 말인가? 하나님이 그들 안에 그런 일을 할 수 있는 가능성을 두지 않았더라면 그들은 죄를 저지를 수 없었을 것이다. 그것은 **뱀**이라는 것으로 확실한데, 하나님은 아담과 이브를 유혹하게 그들보다 먼저 **뱀**을 창조했다. **전지(全知)한 하나님은 인류 최초의 부모가 죄를 짓지 않으면 안 되도록 모든 것을 마련해 놓았던 것이다. 그러므로 그들이 죄를 지어야만 하는 것은 하나님의 의도였다.**

✍ **뱀과 얼나 이야기**에서 다루었다. ⌛

이런 생각은 지독한 괴로움에서 나를 즉시 해방시켜 주었다. 하나님 그 자신이 나를 이런 상황에 두게 한 것을 알았기 때문이다. 처음에는 하나님이 내가 죄를 짓게 한 것인지 몰랐다. 나는 더 이상 계시를 구하기 위해 기도할 생각을 하지 않게 되었는데, 하나님은 나의 뜻과는 상관없이 나를 이런 곤경에 밀어넣고는 아무런 도움도 주지 않고 버려두었기 때문이다. **나는 나 자신이 하나님의 의도를 찾고, 나 혼자 길을 찾아야 한다고 확신했다.** 이런 점에서 새로운 논쟁이 시작됐다.

'하나님이 원하는 것이 무엇인가? 라는 것인가, 하지 말라는 것인가? 나는 하나님이 나에게 무엇을 원하는지, 그것도 지금 당장 무엇을 원하는지 알아내야 한다.'

전통적인 도덕에서는 죄를 피해야 한다는 사실은 의문의 여지가 없다는 걸 알고 있었다. 지금까지는 그렇게 해 왔으나 이제 그렇게 갈 수 없다는 것을 알았다. 잠을 설치고 영적인 괴로움으로 나는 아주 지쳐서 그 생각을 하지 않으려는 노력은 더 이상 견딜 수 없는 것이 되었다. 이대로 갈 수는 없었다.

동시에 하나님의 의지가 무엇이며 그가 의도하고 있는 것이 무엇인지 이해하기 전에는 나는 복종할 수 없었는데, 하나님이 바로 이런 절망적인 문제를 일으킨 원인이라는 것을 확신했기 때문이었다.

이상하게도 나는 악마가 나를 속이고 있을지도 모른다는 생각은 한 순간도 해보지 않았다. 악마는 그 무렵의 내 정신세계에서 별로 큰 역할을 하지 않았고, 어쨌든 악마는 하나님에 비해 힘이 없는 존재로 여겨졌다.

내가 안개로부터 빠져나온 '나'를 의식하게 된 그 순간부터 - 이 글의 첫 부분인 "같은 해(1887년)" <등교 길에서 안개의 벽(壁)>에서 빠져나온 것으로

'나'를 의식하게 된 그 경험을 가리킴 - 하나님의 통일성(一者性)과 위대(偉大)함, 초인적 위엄은 나의 상상력을 자극하기 시작했다. 그러므로 <하나님 그 자신이 나에게 결정적인 시험을 준 것이고, **모든 것은 내가 그를 바르게 이해하느냐에 달려 있다**>는 사실은 내 마음에서 의문의 여지가 없었다. 나는 결국 굴복 당할지도 모른다는 것을 알고 있었지만, **내가 이해하지 못한 채 그런 일이 일어나서는 안 되는 것이었는데, 내 영혼의 영원한 구원이 달렸기 때문이었다.**

'하나님은 내가 더 이상 버틸 수 없는 것을 알고 있고, 또 내가 <용서받을 수 없는 죄>를 짓는 데도 나를 도와주지 않는다. 그는 **전능(全能)**한 힘으로 쉽게 나에게서 이런 강요를 철회할 수도 있겠지만 분명히 그렇게 하지 않는다. 내가 영원한 저주를 두려워하여 온 힘을 다해 저항하고 있는 이 일을, <나의 도덕적 판단과 종교의 가르침, 더 나아가 그 자신의 계명도 거스르는> 이 심상치 않은 과제로 하나님은 나의 복종을 시험하려는 것인가?

나의 신앙과 이성을 통해 지옥과 저주가 내 앞에 있음을 아는데, 하나님은 내가 그의 뜻을 순종할 수 있는지 보기를 원한다는 것이 가능한가? **그것이 정말로 답일지도 모른다! 그러나 이것들은 단순히**

나의 생각들이다. 내가 잘못 생각하는지도 모른다. 나는 거기까지 나 자신의 이성을 맡길 수는 없다. 나는 한 번 더 철저히 그것을 생각해야 한다!'

✍ 이른바 <나 자신과의, 이런 "심리적 게임">을 해보지 않은 이들은 <신성의 내재성>이라는 것을 이해하기가 힘들지도 모른다. ⧗

하지만 나는 결국 똑같은 결론에 이르렀다.

'명백하게 하나님 또한 내가 용기를 보여 주기를 바라고 있다. 만일 그렇다면, 내가 그것을 한다면, 하나님은 나에게 은총과 계시를 주실 것이다.'

나는 지옥 불에 뛰어드는 것처럼 용기를 모아, 그 생각이 떠오르게 내버려두었다.

나는 내 앞에 대성당과 푸른 하늘이 있는 것을 보았다. 하나님은 세상 저 위 높은 곳 황금 보좌에 앉아 있다. 그리고…… 그 보좌 아래로부터 '거대한 똥 덩어리'가 새롭게 윤을 낸 성당 지붕에 떨어져 그것을 산산조각을 내고, 대성당의 벽들을 부수어 흩어 버렸다.

바로 그것이었다! 나는 엄청나고, 말 할 수 없는 해방을 느꼈다. **저주를 예상했는데 그 대신 은총이 오고, 내가 전혀 알지 못한 형언할 수 없는 지복이 왔다. 나는 행복함과 감사함으로 울었다.**

내가 하나님의 가혹한 명령에 복종하자 하나님의 지혜와 선(善)하심이 나에게 드러났다. 그것은 마치 내가 계시를 체험한 것과도 같았다. **내가 이전에 이해하지 못했던 많은 것이 나에게 분명해졌다.**

[융의 <무의식(**"하나님"**)에 대한 기여도>는 새삼 말할 필요가 없을 것이다. 필자는 이 **"은총이 오고, 내가 전혀 알지 못한 형언할 수 없는 지복이 왔다. 나는 행복함과 감사함으로 울었다."**는 융의 경험에 충분히 공감한다. **"내가 이전에 이해하지 못했던 많은 것이 나에게 분명해졌다."**는 그 말도 충분히 이해할 수 있다.

이제 그가 성인(成人)이 된 뒤 어떻게 무의식에서 올라오는 것을 드러나게 했는지를 보자. **융의 말로 <자기-실현>** 말이다.]

☯

프로이트와 결별한 후 내게는 내적인 불확실성의 시기가 시작되었다. 그것을 <방향상실의 상태>라고 해도 지나치지 않을 것이다. 나는 완전히 허공중에 떠 있다고 느꼈는데, 그것은 내 자신이 이 땅 위에 발붙이고 설 자리를 아직 찾지 못했기 때문이다.

(프로이트는 **융**을 후계자로 생각했고, **융**에게는 <아버지와의 결별> 같은 것이었다.)

그 즈음 끔찍한 환상이 되풀이되어 나타났다. 즉 뭔가 죽은 것이 있는데 그것이 아직 살아 있다는 환상이었다. 예를 들어, 시체를 태우려고 소각로에 넣었는데 그것이 아직 살아 있는 것으로 드러나는 것 같은. 이런 환상이 최고조에 달하자 꿈속에서도 나타났다.


나는 어떤 지역에 있었는데, 그곳에는 **메로빙거** 왕조 때까지 거슬러 올라가는 석관의 길이 있었다. 나는 시내 쪽에서 왔는데, 내 앞에는 무덤이 길게 늘어선 그런 길이 보였다. 그 무덤은 <죽은 사람이 누워 있는 석판이 받침대 위에 있는 것들>이었다. 그것은 옛날 교회의 지하 묘소에 있는 갑옷을 입은 기사들 같았는데, 꿈에서 그들은 옛날 의상(衣裳)을 입고 손을 모으고 있었다. 그리고 죽은 자가 돌에 새긴 것이 아닌 **미라**로 된 기이한 모습이었다.

나는 첫 번째 무덤 앞에 서서 죽은 사람을 바라보았다. 그는 1830년대 사람이었다. 나는 그 옷을 흥미롭게 보고 있었는데, 갑자기 그가 움직이더니 살아났고 두 손을 풀었다. 그러나 나는 그런 일이 **내가 그를 바라보았기 때문에** 일어난 것을 알았다.

나는 아주 기분이 좋지 않은 채로 계속 걸어가 다른 이 앞으로 왔는데, 그는 18세기에 속하였다. **내가 그를 바라보자** 아까와 똑같은 일이 일어났고, 그는 살아나 두 손을 움직였다. 그렇게 나는 모든 무덤을 거쳐 12세기까지 왔고, 그는 쇠사슬갑옷을 입은 십자군이었는데 마치 나무에 새긴 모습처럼 보였다. **나는 오랫동안 그를 바라보았고** 그가 정말 죽었다고 생각했다. 그런데 갑자기 그의 왼쪽 손의 손가락 하나가 약간 움직이는 것이 보였다.

물론 나는 <무의식에는 오래된 경험이 흔적[1]으로 남아 있다>는 **프로이트**의 견해[2]를 가지고 있었다. 그러나 <이런 꿈>과 또 <무의식에 대한 나의 실제 경험>은 내게 이런 것이 <죽은, 쓸모없는 형태>가 아니라 <우리의 살아 있는 존재>라는 것을 가르쳐 주었다. 나의 연구는 이 가정을 증명하였고, 여러 해를 지나면서 여기에서 원형설(原型說)이 발전하게 되었다.

✍ 융은 위의 글이 들어 있는 장(章)의 소제목을 <무의식과의 대면(對面)>이라고 했다. 유념하라.

그리고 필자는 융의 "무의식"을 <하나님>이라고

거리낌없이 사용한다.

<sup>1</sup> <흔적>은 **카르마** 혹은 기독교의 원죄(原罪)로 읽어도 좋다. <집단적 흔적>을 말할 것이다.

<sup>2</sup> **프로이트**는 <태고의, 고대의 유물(遺物)>이라고 했다. ⧗


그러나 꿈은 <방향상실의 느낌>은 없애 주지 못했고 오히려 나는 내적인 압박감을 느끼며 살았다. 때로 이 압박감이 너무나 강해서 나는 내가 어떤 정신적 장애가 있지 않은지 의심했다. 그래서 나는 두 번이나 내 전 생애를, 특히 어린 시절의 기억에 주의하여 살펴보았다. 이 장애의 원인이 될 만한 것으로 내가 보지 못했던 과거의 어떤 것이 거기에 있을 수도 있다는 생각 때문이었다. 그러나 <그런 성찰>은 아무 성과가 없었고, 오히려 나의 무지를 인정할 수밖에 없었다. 그래서 내 자신에게 말했다.

"아는 게 전혀 없으니, **무슨 일이 일어나든 그냥 그것을 하자.**"<sup>1</sup> 그렇게 해서 **나는 <의식적으로> 나 자신을 <무의식의 충동>에 맡기기로** 했다.<sup>2</sup>


✍ <sup>1</sup> 무슨 일이 일어나든 그냥 그것을 하자.
스판다 카리카는 이렇게 말한다.
**"무엇을 말하든 나는 행하리라."**
**이런 결심으로 결연히 남는다.**

<sup>2</sup> **<의식적으로!>** 행해야 한다. 그것이 아주 중요하다. 그래야 무의식의 의식화가 이루어진다.

**<나 자신을 ~에 맡기기로>**는 귀의(歸依)를 말할 것이다. "나무 관세음보살!"과 **"옴 나마 쉬바야!"**의 그 **<나무(나마)>** 말이다. ⏳

표면에 제일 먼저 떠오른 것은 열 살 혹은 열한 살 때 어린 시절의 기억이었다. 그때 나는 한동안 벽돌로 집짓는 놀이에 열중했다. 병 유리로 문의 옆면과 천장을 만들어 작은 집과 성을 세우던 것이 뚜렷이 생각났다. 얼마 뒤에 보통 돌과 **모르타르로** 진흙을 사용했었다. 이런 구조물은 오랫동안 나를 매료시켰다. 놀랍게도 이런 기억은 상당한 감정을 불러 일으켰다.

나는 생각했다. '아, 이런 게 아직 살아 있구나! 그 작은 아이가 아직도 여기에 있고, 지금 내게는 없는 창조적인 삶을 지니고 있다. 그렇지만 어떻게 거기에 갈 수 있는가?' 현재 성인인 남자가 열한 살 때와의 거리를 연결하는 일은 불가능해 보였다. 만약 그 시절과 다시 접촉하려면, **그것으로 돌아가 유치(幼稚)한 놀이로써 어린아이의 삶을 살아 보는 수밖에 다른 방법이 없었다.**

**이 순간이 나의 숙명의 전환점이었다.** 그러나 끝없는 망설임과 체념(諦念) 후에 그렇게 한 것이다. **<유치한 놀이를 하는 것> 말고는 아무것도 할 수 없다는 것을 깨닫는 데는 <고통스런 자기-비하의, 굴욕감을 주는 체험>이 있었다.**

나는 적당한 돌을 모으기 시작했다. 더러는 호숫가에서 더러는 물속에서. 그리고는 짓기 시작했다. 오두막, 성, 마을 전체를. 교회당이 아직 없었다. 그래서 정사각형의 건물을 지어 그 위에 육각형의 북(鼓)을 얹고 **돔**을 했다. 교회에는 제단이 있어야 한다. 그러나 그것을 설치하는 것은 망설였다.

이것을 어떻게 처리해야 할 것인가에 골몰하며 여느 때처럼 돌을 주우며 호숫가를 걷고 있었는데, 그때 그 붉은 돌이 눈에 들어온 것이다. 네 면이 **피라미드** 형태로 약 4 ㎝ 높이였다. 그것은 파도에 깎이고 닳아서 그런 모양이 된 돌이었다. - 순수한 우연의 산물! 나는 즉시 알았다. **이것이 제단이다!** 나는 그것을 **돔** 아래 중앙에 놓았다. 그렇게 했을 때 어린 시절 꿈 <지하의 음경(陰莖)>이 떠올랐다. 이 연결은 내게 만족감을 주었다.

매일 점심 후에 날씨만 허락하면 집짓는 놀이를 했다. 식사가 끝나자마자 환자가 올 때까지 지었다.

저녁에 일이 일찍 끝났을 때도 공사장으로 갔다. 이런 활동에서 내 생각은 맑아졌고, 또 어렴풋하게 느꼈던 그 환상들을 파악할 수 있었다.

물론 나는 내가 하고 있는 것의 중요성에 대해 생각했다. '도대체 너는 무엇을 하고 있느냐? 너는 작은 마을을 만들며, 마치 그것을 의식(儀式)처럼 하고 있구나!' 나는 거기에 대답하지 않았다. 다만 <나는 나의 신화(神話)를 발견하는 도중에 있다>는 내적인 확실성이 있을 뿐이었다. 그 집짓기 놀이는 시작에 불과했다. 그것은 쏟아지는 환상들을 풀어 주었고, 나는 나중 그것을 면밀히 기록했다.

이런 종류의 일은 되풀이되었다. 나의 인생에서 막히는 일이 있을 때 언제나 나는 그림을 그리거나 돌을 조각했다. **그런** 모든 **경험은 어려움이 따르는 생각과 작품에는 통과 의례**라는 것이 증명되었다. 내가 그해와 그다음 해에 쓴 것, <현재와 미래>, <현대의 신화>, <의식(意識)에 관하여>는 내 아내가 죽은 뒤에 했던 돌 조각 작업에서 나왔다.

<아내의 생명이 꺼져가는 것>, <그 끝>, <그것이 나로 깨닫게 하는 것>은 나를 무섭게 내 자신으로 부터 떼어냈다. 나를 다시 안정시키는 데는 상당한 대가를 치렀고, 돌과의 접촉은 나를 도와주었다.

✍ 성경에서 예수가 그렇게도 강조하지만 우리는 여전히 무시하는 말, **"너희가 돌이켜 어린아이들과 같이 되지 아니하면…."**

위의 글은 그 해석이며, 유명한 본보기다.

그리고 **꿈**과 **환상**을 따라서…… 융은, 한마디로, "성경을 살았던" 사람이다. ⌛

☯          ☯          ☯


푸쉬킨은 **진정한 모든 시인과 예술가(창작자)는 어떤 예언자**라고 했다. 그는 <시간을 들여다보고, 미래를 예견하는 역량>을 무서운 재능으로 여겼다. 그리고 **그 자신도 이 할당된 역할 때문에 말 못할 고통을 겪은 것으로 보인다.**

그는 징후나 전조를 곧잘 믿었다. 그는 1825년 12월 14일 <데카브리스트의 난(亂)> 당시 페테르부르크로 달려가고 있을 때, **토기 한 마리가 그의 앞을 가로질러 가는 것을 보고는 즉시 돌아갔다고** 한다. 그는 "이것이 바로 징조다!"라는 (러시아에서 널리 알려진) 그런 믿음을 갖고 있었는데, 역사는 그날 모였던 청년장교 3,000여 명 가운데 1,300여 명이 죽었다고 말한다.

그가 그 사건 직후 1826년에 쓴 한 시(詩)에서는 자신의 <예지의 재능>과 <시인, **예언자라고 부르는** 존재의 **짐**>을 의식하는 것을 통해 그가 **감내해야 할 고통**(의 경험)을 기록했다.

(제목은 <**예언자**>이다.)

내 영의 샘물을 찾아
황량한 사막을 헤맬 때
여섯 날개 스랍이[1]
땅의 갈림길에서 내게로 왔다

가벼운 그 손끝이
꿈처럼 내 눈에 닿자
예언의 눈이 열렸다
놀란 독수리의 눈처럼
그 손 내 귀를 어루만지자
온갖 소리 쏟아졌다

하늘의 떨림이 들리고
천사가 높이 날며
바다짐승이 깊음을 기고
골짜기 덩굴은 솟아오른다

내 입을 벌리고
헛되고 간교히 말하는
이 죄 많은 혀를 뽑고
피 묻은 손가락으로
불어 버린 입술로 찔러 넣었다
불뱀의[1] 갈라진 지혜의 혀를[2]

이 가슴을 갈라
떠는 심장 도려내고
가슴 그 빈 곳에
이글대는 숯불을 집어넣었다
사막 그곳에 죽은 듯 누워
신(神)의 소리, 나 들었나니

"일어나라, 예언자여!
보고 들은 내 뜻을 가득 채워서
땅과 바다 건너로
사람들 가슴에 불을 지펴라"


✍ [1] 스랍(세라핌)은 우리말 성경에는 **불뱀**으로
번역되어 있고 영어의 serpent와 같다. **뱀과 얼나
이야기**에서 다루었다. 1품인 <**치품(熾品) 천사**> 즉
<**거룩한 사랑의 특징**>으로 말이다.

참고로 그룹(케루빔)은 2품인 <지품(智品) 천사>
즉 <숭고한 지혜(직관)의 상징(성격)>이다.

[2] **불뱀의 갈라진 지혜의 혀**라는 구절은 필자의
의역으로, <**신**(神)의 말은, 경전의 말은 마치 **뱀의**
**갈라진 혀**처럼 두 가지 이상으로 - 이렇게도 저렇
게도 - 해석될 수 있다>는 말이다. 그리고 그것이
묘미(妙味)다!

우리가 잘 아는 **차이코프스키**의 <Hymn of the
Cherubim>은 (필자에게는 **소**로 알려진) 케루빔에
대한 찬양이다. **소**가 그룹이라는 것은 **소와 참나**
**이야기**에서 다루었다.

**뱀**이든, **소**든, **차이코프스키**의 <Hymn of the
Cherubim>을 들어보라. 그리고 **느껴라.** ⧗

# 제 2 장

## 영성 문학(소설)?

< 1 > 톨스토이의 세 작품
       <전쟁과 평화> - 긴장과 이완!
       <안나 카레니나> - 우뇌와 좌뇌!
       <부활(復活)> - 회개와 갱생!

< 2 > 도스토예프스키의 세 작품
       <카라마조프가의 형제들> - 성부(聖父)?
       <백치(白痴)> - 성자(聖子)?
       <악령(惡靈)> - 성령(聖靈)?

< 1 > 톨스토이의 세 작품
　　　<전쟁과 평화> - 긴장과 이완!
　　　<안나 카레니나> - 우뇌와 좌뇌!
　　　<부활(復活)> - 회개와 갱생!


　톨스토이의 소설 세 편 모두 <문학동네> 출판사 판을 이용했다.

　<전쟁과 평화> 영화는 러시아의 감독 세르게이 본다르추크의 것을 추천하며,

　<안나 카레니나> 영화는 여럿으로, 여주인공역의 배우를 중심으로 말하면, <엘리자베스 테일러 판>, <소피 마르소 판>, <헬렌 맥크로리 판>, <키이라 나이틀리 판> 등이 있으나, 레빈의 풀베기 장면은 소피 마르소의 것이 좋다.

　<부활(Resurrection)> 영화는 1960년 구 소련의 흑백 영화와 2001년 이탈리아의 형제 감독 파올로 & 비토리오 타비아니의 것이 있으나 국내에서는 개봉(방영)되지 않았고, 1934년 <We Live Again> 이라는 미국판 흑백 DVD가 있다.

## (1) <전쟁과 평화> - 긴장과 이완!

차이코프스키의 <1812년 서곡(序曲)>으로 유명한 <1812년 조국(祖國) 전쟁>을 "러시아의 국민 시인" 푸쉬킨은 1814년에, 불과 열다섯의 나이로 이렇게 썼다. (차이코프스키의 음악과 톨스토이의 소설은 훨씬 후의 일이다.)


잔혹한 손에 쥐어진 피투성이의 칼은
나폴레옹의 간사함과 대담함으로 빛났다
세계의 재앙이 일어났고 -
새로운 전쟁의 무서운 노을이 하늘을 덮었다

적들이 러시아의 들판에
이 루시의 들녘에
격류(激流)처럼 밀려들어왔다
그들 앞에서 황야는 깊은 잠에 빠지고
대지와 초원은 피로 피어오른다.
마을과 도시는 흙먼지 속에 불타고
하늘은 온통 벌건 노을로 옷을 입는다
울창한 숲은 도망자를 숨기고
들에는 쟁기가 녹슬고 있다.

적군이 오고 있다 - 아무런 방해도 없이
모든 것이 부서지고, 먼지 속에 내던져진다.
<전쟁의 여신> 그 자식들의 창백한 망령들이
이 대기의 군대와 합쳐져 무덤으로 내려가며
밤의 침묵 속에서 숲을 헤매고 있다……
그러나 외침 소리가 울린다!
죽음의 안개가 저 멀리로 나아간다!
갑옷과 칼날 소리가 어지럽다!

오, 외방인들의 군대여, 두려워하라!
러시아의 아들들이 움직였노라!
늙은이고 젊은이며 일어섰노라! - 그들의 심장은
복수로 끓고 건방진 자들 위를 날고 있다
폭군이여 떨지어다! 패배의 시간이 가까우니!
한 사람 한 사람의 전사에게서 영웅을 보리라
그들은 이기면서 전쟁의 먼지 속에 쓰러질 터
러시아를 위하여, 지성소(至聖所)를 위하여

분마(奔馬)는 싸움으로 달아오르고
골짜기엔 군사들이 늘어서 있다
대오(隊伍)가 대오를 이어 흐르고
복수와 영광을 숨쉬고 있다
환희가 그들의 가슴을 가로지르고
무서운 술잔치를 향하여 날아간다

칼이 먹이를 찾고 있다
보라! 싸움이 활활 타오르며
산언덕 위에는 우렛소리가 천지를 울리고
대기 속에는 화살과 칼이 소리를 가르고
방패에서는 피가 튀어 오른다

싸웠다! 러시아인의 승리다!
오만한 **프랑스**인이 뒤로 물러난다
하늘은 <백발의 전사>에게 영광의 관을 주었으니
**쿠투조프**가 그를 쓰러뜨린 것은 여기가 아닌가
오, **보로지노**의 피비린내 나는 들판이여!
광란과 오만에 종말을 준 것은 그대가 아닌가
만세! **크레믈린** 종루(鍾樓)의 **프랑스**인이여!

**모스크바**의 변두리, 정든 마을이여
내, 근심 걱정 없이 어린 시절을
슬픔과 불행을 모르고 보냈던 곳
그대는 그들을, 내 조국의 적들을 보았고
피가 그대를 물들이고 화염이 집어삼켰다
나, 그대를 위해 복수하지 못했다
마음만 헛되이 분노로 일었을 뿐!

그대 **모스크바**의 아름다움이여!
조국의 매력은 어디에 있는가?

눈에도 선한 그대가 지금은 폐허다
**모스크바**여, 네 모습이 얼마나 무서운가!
귀족과 황제의 궁(宮)들은 사라지고
종루는 보이지 않고 저택들은 쓰러졌다

녹음의 정원 속에 호화로움이 살던 곳
그윽한 나무 향기가 풍기던 저기에
지금은 숯덩이와 쓰레기뿐
여름밤의 시끌벅적한 소리도 없고
강 언덕의 풍경도 이제는 빛나지 않는다
모든 것이 생기를 잃었고 모든 것이 침묵이다

그러나 슬퍼 말라, **러시아**의 어머니여
저 외방인들의 파멸을 보라
이제 그들의 오만한 목 위에는
하느님의 복수의 오른손이 놓였나니
보라, 그들은 돌아볼 겨를도 없이 도망친다
그들의 피는 눈 속에서 강물처럼 흐른다
도망친다 – 밤의 어둠 속에서
앞에는 굶주림과 죽음이 그들을 맞이하고
뒤에는 **러시아**의 칼날이 그들을 따른다
오, 너, **유럽**의 강자들이 떨었던 자여
오, 탐욕스러운 **프랑스**인들이여!
너희도 무덤구덩이에 빠졌구나

오, 공포(恐怖)여!
오, 뇌성대명(雷聲大名)이여!
부귀와 <전쟁의 여신>의 아들인 너,
오만하게 칼로 **러시아**를 삼키려고
진실의 목소리와 신앙, 법을 얕잡던 너,
너는 지금 어디에 있는가?
새벽녘 꿈처럼 사라져 버렸구나!


    <차르스코예 셀로의 회상(回想)>에서 발췌하여 약간 고쳐 옮겼다.
    이제 우리는 **톨스토이**에게로 들어가자. 그리고 필자는 **굵은 글씨**로 <그 순간들> 등을 말한다.

    적군(敵軍)은 사격을 멈췄다. 그러나 그것 때문에 **<양군(兩軍)을 갈라놓은 엄숙하고 무서운, 접근할 수도 붙잡을 수도 없는 어떤 선(線)>이 더욱 뚜렷이 느껴졌다.**
    '산 자와 죽은 자를 갈라놓은 것 같은 이 선을 한 발짝 넘어서면 미지(未知)와 고통과 죽음이 기다리고 있다. 거기에는 무엇이 있을까? 누가 있을까? 이 들과 나무와 태양이 빛나는 지붕 저쪽에는?

아무도 모른다. 그러나 알고 싶다. 이 선을 넘는 것은 두렵다. 그러나 넘어 보고 싶다. 그리고 머지않아 이 선을 넘어 거기에, 이 선 저쪽에 무엇이 있는지 알지 않으면 안 된다는 것을 알고 있고, 또 **그것은 죽음 저쪽에 무엇이 있는지 결국 알게 되는 것과 마찬가지다.**

나는 지금 힘이 넘치고 건강하고 흥분해 있고, 나와 똑같이 건강하고 흥분한 사람들에게 둘러싸여 있다.'

적과 마주보고 있는 사람들은 똑같지는 않아도 다들 이렇게 느끼고 있었고, **이 느낌은 <이 순간에 일어나고 있는 모든 일>에 특별한 광채와 즐겁고 날카로운 인상을 주고 있었다.**

☯

프라첸 고지에서는 안드레이 볼콘스키 공작이 군깃대를 쥔 채 쓰러졌던 그 자리에서 피를 흘리며 누워 있었고, 그는 자기도 모르게 가늘고 구슬프고 어린애 같은 신음 소리를 내고 있었다.

저녁 무렵에는 신음 소리도 그치고 완전히 잠잠해졌다. **그는 이런 무의식 상태가 얼마나 계속되었는지 몰랐다. 그러나 돌연 자기가 아직 살아 있고,** 불에 타는 듯하고 무언가를 찢는 것 같은 머리의 통증에 괴로워하고 있다는 것을 느꼈다.

'저긴 어디인가? 여태까지 모르고 있다가 오늘 비로소 보는 저 드높은 하늘은?' 이것이 머릿속에 처음 떠오른 생각이었다. '이런 괴로움도 몰랐다.' 그는 생각했다. '그렇다. 나는 여태까지 아무것도, 아무것도 몰랐다. 나는 어디에 있는 걸까?'

그는 귀를 기울이기 시작했고, 다가오는 말발굽 소리와 프랑스어로 말하는 사람의 소리가 들렸다. 그는 눈을 떴다. 머리 위로는 구름이 전보다 한층 높게 떠 있는 드높은 하늘이 펼쳐져 있었고, **구름 사이로 짙푸른 무한(無限)이 보였다.** 그는 머리를 돌릴 수가 없었으므로, 옆으로 다가와 멈춘 듯한 사람의 얼굴을 볼 수 없었다.

"참으로 훌륭한 죽음이다."

그는 이 말이 자기를 두고 하는 것이고, 이렇게 말한 사람이 **나폴레옹**이라는 것을 알아챘다. 그는 이 말을 한 사람을 폐하라고 부르는 것도 들었다.

**그러나 이런 소리는 파리가 윙윙거리는 소리처럼 들렸다. 그는 그런 것에 흥미를 갖지 않았을 뿐만 아니라 주의(注意)를 기울이려고 하지도 않고** 이내 잊어버렸다. 머리가 타는 것 같았다. 출혈로 약해진 것 같았으며 **그는 <자기 위에 멀리 드높은, 영원한 하늘>만 보고 있었다.** 그는 이 사람이 자기가 동경

하던 영웅인 나폴레옹이라는 것을 알았지만, <이
순간>은 나폴레옹도 <흘러가는 구름이 떠가는 높고
무한(無限)한 하늘과 자기 마음 사이에서 일어나고
있는 일>에 비하면 작고 하찮기만 하다는 생각이
들었다. 지금 옆에 그 누가 서 있건, 자기에게 무어
라고 말하건 아무 상관이 없었다. 그저 사람들이
자기 옆에 멈춘 것이 기뻤고, 이들이 도움을 주어,
이제는 생각이 완전히 달라져 실로 훌륭하게 생각
되는 삶으로 돌려보내 주기만을 바랄 뿐이었다.

그는 어떻게든 몸을 움직여서 무슨 소리라도 내
보려고 안간힘을 썼다. 그는 힘없이 한쪽 다리를
움직이며, 스스로도 안타까울 만큼 나약하고 고통
스러운 신음 소리를 냈다.

❧

여자들의 반 이상이 짝을 구해 **폴로네즈**를 추러
나갔거나 나갈 준비를 하고 있었다.

**나타샤**는 어머니와 **소냐**와 함께 벽 쪽으로 밀린
채, **폴로네즈**를 추러 나가지 못한 소수의 여자들에
끼어 있다고 느꼈다. 그녀는 가는 팔을 늘어뜨리고,
어렴풋이 윤곽이 드러나는 가슴을 규칙적으로 들먹
이며 숨을 죽인 채 놀란 듯한 두 눈을 반짝이면서,
극도의 기쁨도 또 극도의 슬픔도 각오한 듯한 표정

으로 앞쪽을 바라보고 있었다. 저 황제도 고관들도 그녀의 주의를 끌지 못했다. 그녀는 오직 하나만 생각했다.

'정말 아무도 내게 (춤추러) 와 주지 않는 걸까, 정말 첫 번째 춤을 추지 못하게 되는 걸까, 나는 저 남자들 눈에 띄지 않는 걸까, 저들은 나를 보지 않는 것 같아, 보고 있다고 하더라도 마치 이렇게 말하는 것 같아. "아아, 저 여자는 아니야, 볼 것도 없어!" 아니야, 그럴 리 없어!' 그녀는 생각했다. '내가 얼마나 춤을 추고 싶어 하는지, 내가 얼마나 잘 추는지, 그리고 나와 추는 것이 얼마나 즐거운 것인지 저들은 꼭 알아야 해.'

꽤 오래 계속된 **폴로네즈** 소리는 이제 **나타샤**의 귀에 구슬프고, 추억처럼 들리기 시작했다. 그녀는 울고 싶었다. 백작부인(어머니)과 소냐와 **그녀만이 누구의 관심도 끌지 못하고, 필요 없는 존재처럼, 마치 숲속에 혼자 있는 것처럼, 오로지 타인뿐인 군중 속에 외따로 서 있었다.**

☯

1812년, 이 전쟁에 참가한 수많은 사람은 모두 그들 각자의 본성, 습관, 조건, 목적 등에 따라서 행동했다.

그들은 두려워하고, 허영에 차고, 기뻐하고, 분개하고, 생각하고 판단하면서 스스로 자신이 무엇을 하고 있는지 알고 또 그것이 자신을 위한 거라고 생각했지만, **사실은 그들 모두가 의지를 갖지 않는 역사의 도구였으며,** 그들에게는 보이지 않았지만 우리에게는 이해가 될 일을 하고 있었다.

**그것이 실제로 활동하는 모든 인간에게 주어지는 불변의 운명이고, 인간 사회에서 계급이 높을수록 자유는 줄어든다.**

☯

닥쳐오는 커다란 위험을 알아챈 사람들에게 흔히 보이는 것처럼, 적(敵)이 **모스크바**로 접근해 오고 있는데도, 자신의 상황에 대한 **모스크바** 사람들의 생각은 조금도 진지해지지 않고 오히려 더 경박해졌다.

위험이 닥쳐오면 인간의 마음속에서는 으레 두 개의 목소리가 똑같이 강하게 말하기 시작하는데, 하나의 목소리는 <위험의 성질을 잘 파악해 벗어날 수단을 강구해야 한다>고 이성적으로 말하고, 다른 또 하나의 목소리는 <모든 것을 예견하고 사건의 전반적인 움직임에서 달아나는 것은 인간의 힘에 부치고, 또 위험을 생각하는 것은 괴롭고 고통스러

우니 그것이 바로 눈앞에 닥칠 때까지는 외면하고 즐거운 일만 생각하는 편이 현명하다>고 더 이성적으로 말한다.

**혼자일 때면 인간은 대개 첫 번째 목소리를 따르지만 집단 사회는 두 번째 목소리를 따른다.** 지금 모스크바 시민의 경우가 그랬다. 이 해만큼 도시가 흥겨웠던 적은 오래도록 없었다.

☯

<보로디노 평원에서 있었던 80,000 명의 학살이 나폴레옹의 의지에 따라 일어난 것이 아니라 (전투 개시나 진행에 관해 그가 명령을 내렸음에도 불구하고) 단지 명령한 사람에 불과하다>는 이 가정은 얼핏 궤변으로 생각될 수도 있지만, 우리 중 어느 누구도 나폴레옹보다 위대하지 못하더라도 결코 그 이하의 인간도 아니라는, **나 자신에 대한 인간의 존엄성이 그와 같은 해결을 하라고 내게 명령하며**, 역사적 연구 또한 이 가정을 충분히 뒷받침한다.

보로디노 회전에서 나폴레옹은 누구에게도 총을 쏘지 않았고, 아무도 죽이지 않았다. 그것은 모두 군인들이 행한 것이다. 따라서 그는 사람을 죽이지 않았다.

프랑스 병사들이 보로디노에서 러시아 병사들을 죽이려 했던 것은 나폴레옹이 명령해서가 아니라 **그들이 원했기 때문이다.** <다 떨어진 군복을 입고 행군으로 지치고 굶주린, 프랑스, 이탈리아, 독일, 폴란드인으로 이루어진 그들 전체>가 모스크바로 가는 군대를 보았을 때, <마개를 딴 술은 마셔야 한다>고 느꼈던 것이다. 만일 나폴레옹이 전투를 금지했다면, 그들은 나폴레옹을 죽이는 한이 있더라도 그것이 그들에게 꼭 필요한 일이었기 때문에 러시아군과 싸웠을 것이다.

☯

어둡고 조용한 오두막에 누워 열이 올라 부릅뜬 눈으로 한 곳을 바라보며 그는 생각했다.

'<물질적인 힘 밖에 있는, 인간에 대한 물질적, 외부적 영향 밖에 있는> 행복, 오직 영혼만의 행복, 사랑의 행복! 그것을 누구나 이해할 수는 있지만, 그것을 의식하고 지시할 수 있는 건 하느님뿐이다. 그러나 하느님은 어떻게 이 법칙을 정하셨을까? 왜 하느님의 아들은?……'

**갑자기 이 상념(想念)의 흐름이 끊기며 나지막한 속삭임이 들렸고 (그는 꿈인지 현실인지 분간할 수 없었다.) ……**

그는 이 속삭임에 귀를 기울이고, 마구 올라가고 뻗어 가는 바늘로 지어지는 건물을 느끼는 동시에 이따금 동그라미로 둘러싸인 촛불의 빛을 보기도 하고, 바퀴벌레들이 기어 다니는 소리와, 또 베개와 얼굴에 와서 부딪는 파리가 부스럭거리는 소리를 듣기도 했다. 그는 파리가 얼굴에 와 닿을 때마다 타는 듯한 감각을 느꼈다. 그러면서 동시에 얼굴 위로 뻗어 가는 건물에 파리가 정면으로 부딪치는 데도 건물이 부서지지 않는 것이 이상했다. 그러나 그 밖에도 또 하나 중요한 것이 있었다. 그것은 문 가의 하얀 것이었는데, **스핑크스** 같은 그것 역시 그를 압박했다.

'그러나 저건 탁자 위에 걸려 있는 내 **루바시카** (겉옷)인지도 모른다.' **안드레이** 공작은 생각했다. '이것은 내 다리, 저것은 문인데, 그런데 왜 마구 높이 뻗어 가는 거지? 이 피치-피치-피치-이 치- 치…… 아아, 이제 그만, 그만둬. 제발 그만둬.'

**안드레이** 공작은 누군가를 향해서 괴로운 듯이 애원했다. 그러자 느닷없이 다시 상념과 **이미지**가 이상하리만큼 선명하고 강렬하게 떠올랐다.

'그렇다. 사랑이다. (그는 다시 아주 맑은 머리로 생각했다.) 그러나 그것은 <무엇을 얻기 위해서도 아니고, 무슨 목적이나 이유가 있어서도 아닌, 내가 빈사(瀕死)의 순간에 원수를 만나 사랑하게 됐을 때

경험한 사랑>이다. 나는 **<영혼의 본질이자, 대상을 필요로 하지 않는 참된>** 사랑의 감정을 경험한 것이다. 나는 지금도 그 행복한 감정을 맛보고 있다. 이웃을 사랑하고, 적을 사랑하는 것이다. **모든 것을 사랑하는 것은 <모든 것에 나타난 하느님>을 사랑하는 것이다.** 친한 사람을 사랑하는 것은 인간의 사랑으로 할 수 있지만, **적(원수)을 사랑하는 것은 하느님의 사랑으로만 가능하다.** 그래서 내가 그를 사랑하고 있다고 느꼈을 때 그런 기쁨을 맛보았던 것이다.

그는 어떻게 됐을까? 살아 있을까? …… 인간의 사랑은 미움으로 옮아갈 수도 있지만 이 하느님의 사랑은 변하지 않는다. 어떠한 것도, 죽음도 그것을 파괴할 수 없다. 그것은 영혼의 본질이다. 지금까지 살아오면서 나는 얼마나 많은 사람을 미워했던가. 그리고 모든 사람 중에서 그녀만큼 내가 사랑하고 또 미워하던 사람은 없었다.'

그리고 **나타샤**를 생생하게 떠올렸는데, 이전처럼 자기에게 즐거움을 주는 매력을 지닌 존재로서가 아닌, **처음으로 '그녀의 영혼(靈魂) 그 자체'로 그려보았다.** 그는 그녀의 감정과 고통, 수치와 후회를 이해했다. 그는 이제야 비로소 그녀에 대한 자신의 거절의 잔인함을, 절연의 냉혹함을 깨달았다.

그 후 그는 곧 눈을 감고 잠이 들었다. 그러나 이내 식은땀을 흘리면서 불안한 기분으로 갑자기 깼다. 잠이 들며 그는 자신이 끊임없이 생각하고 있었던 그것 – 삶과 죽음을 생각했다. 죽음에 대해 더 생각했다. 그는 자신이 이제 그것에 더 가까운 것을 느끼고 있었다.

'사랑? 사랑이란 무엇일까?' 그는 생각했다.

'사랑은 죽음을 방해한다. **사랑은 생명이다. 내가 이해하는 모든 것은, 사랑하기 때문에 이해할 수 있는 것이다.** 내가 사랑하기 때문에 이 모든 것이 있고, 이 모든 것이 존재하는 것이다. 이 모든 것은 사랑 하나로 연결되어 있다. **사랑은 신이고,** 따라서 **죽음은 <사랑의 일부인 내>가 <보편적이고 영원한 근원>으로 돌아가는 것**을 의미한다.'

이런 생각이 그에게는 위안이 되는 것 같았다. 그러나 이것은 생각에 불과했다. 거기에는 뭔가가 부족하고, 뭔가 일방적이고 개인적이고 이성적이며, 불분명한 것이 있었다. 불안과 모호함이 있었다.

그는 잠이 들었다. 그는 실제로 잠든 이 방에서 자기가 자고 있는 꿈을 꾸었는데, 그는 부상 없이 건강했다. 시답잖고 무관심한 온갖 사람들이 **안드**

레이 공작 앞에 나타났다. 그는 그들과 이야기도 하고, 쓸데없는 논쟁도 한다. 그들은 어디론가 가려 한다. 그는 이 모든 것이 쓸데없으며 자신에게는 더 중요한 문제가 있다고 막연히 상기하나, 그들을 놀라게 하며 공허하면서도 기지 넘치는 말을 계속 한다. 사람들은 어느새 조금씩 사라지기 시작하고, 모든 화제는 닫힌 문이라는 문제로 바뀐다.

그는 빗장을 걸어 닫기 위해 일어나 문 쪽으로 걸어간다. **문을 제때 닫느냐 못 닫느냐에 <모든 것>이 걸려 있다. 그는 빨리 가려 서두르지만 발이 움직이지 않고, 또 제때 문을 닫을 수 없다는 것을 알면서도 여전히 힘겹게 있는 힘을 다한다.** 괴로운 공포가 그를 사로잡는다. 이 공포는 죽음의 공포로, **문 밖에 <그것>이 서 있다.**

그가 힘없고 불편한 모습으로 문 쪽으로 기어갈 때, 무서운 뭔가가 이미 반대편 쪽에서 문을 밀며 들이닥치려고 한다. **인간적이지 않은 무언가가 ─ 죽음 ─ 강제로 들어오려 하고, 그는 그것을 막아야 한다.** 그는 그 문에 달라붙어 이미 닫지는 못해도 적어도 막아 보려 마지막 힘을 다하나, **그의 힘은 약하고 서툴러서 <무서운 그것>에 밀린 문이 잠시 열렸다가 닫힌다.**

**다시 <그것>이 바깥쪽에서 밀어댄다.** 마지막의 초인적인 노력도 소용없이 문은 소리 없이 양쪽이 열렸다. <그것>이 들어왔고, 그것은 <죽음>이었다. 그리고 안드레이 공작은 죽었다.

그러나 그 순간 안드레이 공작은 <자기가 자고 있었다>는 것을 상기했고, 그 죽음의 순간에 안간힘을 다해 눈을 떴다.

'그렇다. 그것은 죽음이었다. 나는 죽었다가 눈을 뜬 것이다. 그렇다. **죽음은 ─ 각성(覺醒)이다!**'

갑자기 마음속이 밝아지고, 지금까지 그가 알지 못했던 것을 가리고 있던 장막이 마음의 눈앞에서 걷어 올려졌다. 그는 **<지금까지 그 자신 안에 묶여 있던 힘>이 해방되는 느낌을, 그리고 또 <그 후로 그를 떠나지 않는 이상한 가벼움>을 느꼈다.**

그날부터 그는 잠에서 깨어나는 동시에 삶에서도 깨어나기 시작했다. <삶의 시간(사는 시간)에 비해 삶에 대한 각성의 시간>이, <꿈꾸는 시간에 비해 잠속에서의 각성의 시간>이 없는 것처럼 생각되지 않았다. (**다시 말해, <생각하는 시간>에 비해 <그 생각을 바라보는 시간>이나 <생각이 없는 시간>이 존재하지 않는 것으로 느껴지지 않았다.**)

이 비교적 느린 각성에는 무서운 것도 날카로운 것도 없었다. 안드레이 공작의 마지막 날과 시간은 평범하고 단조롭게 지나갔다.

그 곁을 떠나지 않던 여동생 **마리야**와 **나타샤**도 그것을 느꼈다. 그들은 울지도 떨지도 않았고, 임종이 다가오자 그것을 직감하며 이제 더는 그가 아닌 - 그는 이미 없었고 그들을 떠나 버렸다. - 그에게 가장 가까운 추억인 그 육체를 돌보았다. 그들의 이런 감정이 너무 강렬했기 때문에 죽음의 무서운 일면도 영향을 미치지 않았고, 또한 그들은 자신의 슬픔을 자극할 필요도 느끼지 않았다. 그들은 그의 앞에서도 그가 없는 곳에서도 울지 않았고, 서로 그에 대해 아무 말도 하지 않았다. **자신이 이해한 것을 말로 표현할 수 없다고 느꼈기 때문이다.**

**그들은** 그가 점점 더 깊이, 천천히, 그리고 조용하게 그들을 떠나 어디론가 내려가는 것을 보았고, **그것이 좋다는 것을 알았다.**

영혼이 떠나가는 육체의 마지막 경련이 일었을 때, **마리야**와 **나타샤**는 그곳에 있었다.

"돌아가셨군요!" 그가 몇 분 동안 아무 움직임도 없이 차가워지며 그들 눈앞에 누워 있자, **마리야**가 말했다.

염을 하고 옷을 갈아입힌 유해가 탁자 위의 관에 입관되자 모두 마지막 인사를 하러 와서 울었다.

어린 아들인 **니콜루시카**는 마음을 찢는 괴로운 당혹감에 울었고,

백작부인과 소냐는 나타샤에 대한 동정과 이제 그가 세상에 없다는 생각에 울었고,

　노백작은 자기도 머지않아 이 무거운 한걸음을 내디뎌야 한다는 생각에 울었다.

　나타샤와 마리야도 이제는 함께 울었는데, 자신들의 개인적인 슬픔 때문에 운 것이 아니라, <바로 눈앞에서 일어난 **단순하고도 엄숙한 죽음의 신비, 영혼을 사로잡은 그 경건한 감동**> 때문에 울었다.

　한 번도 느껴 보지 못한 감정이 피예르의 가슴을 가득 채웠다. "전하겠습니다. 그에게 다시 한 번 말하겠습니다." 그리고 피예르는 나타샤에게 말했다. "그런데…… 한 가지 알고 싶은 건…… 당신은 그 나쁜 사람을 사랑했습니까?"

　"그를 나쁜 사람이라고 하지는 마세요." 그녀는 말했다. "하지만 나는 모르겠어요. 아무것도, 아무것도 모르겠어요……" 그녀는 다시 울기 시작했다.

　그러자 <더욱 강한 연민과 애처로움과 애정>이 **그를 사로잡았다.** 그는 안경 밑으로 눈물이 흐르는 것을 느꼈고, 아무도 보지 못하길 바랐다.

　"이제 이 이야기는 그만합시다. 나의 친구여."

그가 말했다. **부드러움과 애처로움과 성실함이 가득한 그의 목소리가 갑자기 나타샤의 귀에 몹시 이상하게 울렸다.**

"이제 그만 이야기합시다. 나의 친구여. 그에게 나는 모든 것을 이야기하겠지만, 당신에게 한 가지 부탁을 하겠습니다. 제발 나를 친구로 생각해 줘요. 만약 당신에게 도움이나 조언이 필요한 일이 생기거나, 누구한테라도 속마음을 털어놓아야 할 일이 생기면 - 물론 지금이 아니라, 당신 마음이 괜찮아지면 - 그때는 나를 떠올려 줘요."

그는 그녀의 손을 잡고 키스했다. "도움이 될 수 있다면, 나는 행복할 겁니다……" 그는 머뭇거렸다.

"그런 말씀 마세요. 나는 그런 걸 받을 자격이 없어요!" **나타샤**는 이렇게 외치고 방에서 나가려 했지만, **피예르**가 그 손을 잡아 멈춰 세웠다. 그는 아직은 할 말이 남았다고 느끼고 있었다. 그는 그 말을 꺼냈고, 자기가 한 말에 스스로도 놀랐다.

"그만둬요. 그만두라고요. **나타샤** 당신의 인생은 이제부터란 말입니다." 그는 말했다.

"내 인생이라고요? 아니요! 나는 모든 것을 망쳐 버렸어요." 그녀는 수치심을 느끼며 자기-비하(自己卑下)의 어조로 말했다.

"모든 것을 망쳐 버렸다고요?" 그는 되풀이했다. "내가 만약 지금과 같은 모습이 아니라 세상에서 가장 아름답고 가장 총명하고 훌륭한 인간이고 또 자유로운 몸이라면, 나는 이 순간 당장 무릎 꿇고 당신의 손길과 사랑을 구했을 겁니다."

나타샤는 고통스러웠던 며칠을 보내고 처음으로 감사와 감격의 눈물을 흘렸고, 그를 바라보다가 방에서 나갔다.


피예르도 목이 메도록 솟구치는 감격과 행복의 눈물을 억누르며 그녀를 뒤따라 뛰듯이 현관방으로 나와, 소매에 팔을 넣으려 허둥대며 모피 외투를 입고 썰매에 올라탔다.

"이제 어디로 가십니까?" 마부가 물었다.

'어디로?' 피예르는 자신에게 물었다. '지금 내가 어디를 갈 수 있겠는가? 클럽에 가거나 방문 따윌 할 수 있을까?' 그는 자신이 경험한 감동과 사랑의 기분을 생각하면, 또 마지막에 눈물 속에서 자기를 바라보던 나타샤의 그 감사에 찬 부드러운 눈빛을 생각하면, **모든 인간이 너무도 가엾고 초라하게만 느껴졌다.**

"집으로 가게." 영하 10°의 추위에도 아랑곳없이 그는 곰털 외투를 입은, 기쁨으로 숨쉬는 널찍한 가슴팍을 열어 헤친 채 말했다.

꽁꽁 얼어붙은 맑은 밤이었다. 지저분하고 어스름한 거리 위, 거뭇거뭇한 지붕 위로 **어두운 <별하늘>이 펼쳐져 있었다. 피예르는 자신의 영혼이 놓여 있던 높이에 비하면 땅 위의 것들이란 모욕적이리만큼 낮다는 것을, 그 하늘을 쳐다볼 때만큼은 느끼지 못했다.**

아르바트 광장에 들어서자, 별이 빛나는 어두운 하늘의 거대한 공간이 피예르의 눈앞에 펼쳐졌다. 그 하늘 거의 한복판에, 프레치스텐스키 가로숫길 상공에, 온통 뿌려놓은 듯한 별들에 둘러싸인, 다른 것들보다 지구와 더 가깝고 하얀빛과 위로 추켜진 긴 꼬리가 눈에 확연한, <1812년의 그 크고 찬란한 혜성>이 반짝이고 있었고, 그것은 이 세상의 모든 공포와 종말을 예언한다던 그 혜성이었다.

그러나 긴 빛의 꼬리를 끄는 그 빛나는 혜성도 피예르의 마음에는 조금도 무서운 감정을 불러일으키지 못했다. **오히려 피예르는 눈물에 젖은 눈으로 행복하게 그 별을 바라보았고,** 아주 빠른 속도로 포물선을 그리며 무한한 공간을 날던 별은 갑자기 대지에 똑바로 꽂히는 화살처럼, 검은 밤하늘에서 자신이 선택한 어느 곳에 뛰어들어 힘차게 꼬리를 치켜세우고 수없이 반짝이는 별들 속에서 하얀빛을 튀기고 멈췄다. 그는 그 **별이 <새로운 생활을 향해**

활짝 꽃핀, 부드럽고 고무된, 그의 영혼 속에 있는 어떤 것>에 화답해 주고 있는 것 같았다.

☯

쌀쌀한 가을 저녁녘 들판 한복판에서 멈춘 지금 그들은 출발할 때의 모든 사람을 사로잡았던 부산함과 어디론가 서둘러 가려 했던 충동에서 깨어나 모두 불쾌한 감정을 느끼고 있었다. 그들은 행군을 멈추고서야 비로소 자신들이 아직 어디로 가는지도 모르고, 여전히 많은 고생과 곤란이 그 앞에 가로 놓여 있다는 것을 알았다. 이 휴식 때 호송병들은 출발 때보다 더 포로를 심하게 대했다. 이때 처음으로 포로의 급식이 말고기로 바뀌었다.

(프랑스) 장교로부터 병졸에 이르기까지 모두가 포로 한 사람 한 사람에게 개인적인 적의라도 품은 듯 이전의 우호적이었던 태도가 갑자기 달라졌다. 포로 인원 점검 때, 모스크바를 출발할 때 혼잡한 틈을 노려 배가 아픈 척했던 러시아 병사가 달아난 것이 발견되자 적의는 더 심해졌고, 장교는 행군의 낙오자는 사살하라는 명령이 떨어졌다고 말했다.

피예르는 사형 집행 때 자신을 압박했던 그 힘이 지금 다시 자기 존재를 쥐고 있다고 느꼈다. 그는 무서웠지만, 그 숙명적인 힘이 짓누르려 할수록 또 그것에 지배되지 않은 생명력이 마음속에서 자라고 강해지는 것을 느꼈다.

해는 오래 전에 졌다. 하늘 여기저기서 별들이 반짝이기 시작하고, 떠오르는 보름달처럼 노을이 하늘 한 끝에 가득 퍼져 거대한 붉은 공이 안개 속에서 묘하게 흔들렸다. 주위는 다시 밝아졌다. 이미 초저녁은 지났지만, 밤은 아직 시작되지 않았다.

피예르는 새 동료들 옆을 떠나서 모닥불 사이를 지나 (다른) 포로 병사들이 있다고 하는 도로 반대쪽으로 걸어갔다. 그들과 이야기를 해보고 싶었다. 그러나 도로에서 프랑스 초병이 그를 저지하더니 돌아가라고 명령했다.

피예르는 돌아왔지만 동료들이 있는 모닥불 쪽이 아니라 말들을 풀어놓은 짐마차들이 있는, 아무도 없는 곳으로 갔다. 그는 발을 모으고 고개를 떨어뜨리고 짐마차 바퀴 옆 차가운 땅바닥에 앉아 깊은 생각에 잠긴 채 오랫동안 꼼짝도 하지 않았다. 한 시간 이상 지났다. 그를 방해하는 사람은 없었다.

별안간 그는 특유의 굵고 선량한 목소리로 웃기 시작했고, 사방에서 사람들이 이상하다는 듯 분명 혼자 웃고 있는 듯한 그의 모습을 바라보았다.

"하하하!" 피예르는 웃었다. 그리고 자신에게 큰 소리로 말했다.

"저 병사는 나를 통과시켜주지 않았다. 그들은 나를 붙잡아 가두고 나를 포로로 잡고 있다. 대체 내가 누구인데? <나>를? <나>를? - 불멸의 영혼인 이 <나>를! 하하하……! 하하하……!"

그는 눈물이 나올 만큼 웃었다.

누군가 일어나 이 괴상하고 몸집이 큰 남자가 왜 혼자 웃고 있는지 보려고 다가왔다. 그러자 그는 웃음을 멈추고 일어나 호기심 강한 그에게서 조금 떨어져 자기 주위를 둘러보았다.

모닥불 튀는 소리와 이야기 소리로 소란스러웠던 끝없이 광대한 야영지도 곧 조용해졌고, 모닥불의 빨간 불도 꺼지며 창백해졌다. 하늘에는 보름달이 높이 떠 있었다. 보이지 않던 야영지의 숲과 들이 이제는 멀리까지 펼쳐져 보였다.

피예르는 밤하늘과, 깜빡이며 멀어져가는 별들의 심연을 바라보았다.

'이것은 모두 내 것이고, 이 모든 것이 내 안에 있고, 이 모든 것이 나다!' 그는 생각했다. '그리고 그들은 이 모든 것을 붙잡아 판자를 둘러싼 바라크 속에 가둔 것이다!' 그는 미소를 짓고, 잠을 자기 위해 동료들 쪽으로 걸어갔다.

<전쟁과 평화>를 필자는 <긴장과 이완!>이라고 했다. 그렇게 어려운 말은 아닐 것이다. 이 세상의 모든 것은 <에너지의 일(놀이)>이다.

잘 아는 대로, 에너지에는 물리적인 것과 정신 심리적인 것, 또 영적인 것도 있다. 이 모든 종류의 에너지가 어딘가로 쏠리게 되면 그곳에는 긴장이 있다. <우리의 생각>도 그런 에너지의 현상이다.

그러나 <우리가 생각하지 않을 때>, 예를 들어 <(꿈 없는) 잠을 잘 때> 생각의 에너지는 움직이지 않는다. 그래서 잠을 자는 것은 이완하는 것이고 그것이 곧 평화이다.

그리고 우리의 삶(생활)이 전쟁('생존 경쟁')이고, 죽음은 평화(이완)이다.

명상(이완)은 곧 그런 것이다. 쉬바 수트라에서는 에너지를 이용해서 <그런 상태>로 들어가는 방법을 샥토파야라고 한다. 그래서 <전쟁과 평화>는 샥토 파야의 전형적인 예다.


누가 평화를 가장 많이 갈구하고 또 누가 평화를 가장 잘 느끼겠는가?

당연히 <전쟁 중에 있는 사람들>이고 또 <긴장을 방금 끝낸 사람들>이다.

## (2) <안나 카레니나> - **우뇌와 좌뇌!**


<현재 필자가 처한 삶의 환경>을 기준으로 굳이 구분한다면,

<불행한 환경>이란 <머리를 바짝 써야 하는 곳>으로, <도시>, <어른>, <직장> 등을 들 수 있고,

<행복한 환경>은 <그냥 가슴으로 사는 곳>으로, <시골>, <어린이>, <가정> 등을 들 수 있다.


이 책은 이렇게 시작된다.

"<행복한 가정>은 모두 고만고만하지만,
<불행한 가정>은 저마다 나름대로 불행하다."


필자에게는 수수께끼와 같은 말로서, **톨스토이**가 올린 첫 번째 화두(話頭)인 것만 같다. (필자에게 <가정>은 <행복한 환경>인데……) 무엇보다 그것에 대한 설명을 보라.


<행복한 가정>은 모두 비슷비슷하지만,
<불행한 가정>은 저마다 나름대로 불행하다.


대체 무슨 뜻인지…… <행복한 가정>과 <불행한 가정>은 그 경계가 모호하다는 것인지……

&lt;안나 카레니나&gt;를 읽기(다루기) 전에 먼저 몇 가지를 알아보자.

잘 아는 대로, 이 책에는 &lt;두 가정&gt;이 나온다. &lt;안나-카레닌&gt; 가정과 &lt;레빈-키티&gt; 가정.

"안나"는 성경의 한나에서 왔으며, &lt;은혜, 자비&gt;라는 뜻이다. &lt;가슴으로 사는 사람&gt;을 가리킨다.

"카레닌"은 호메로스의 시(詩) 카레논에서 왔고, &lt;머리&gt;라는 뜻이다. &lt;머리로 사는 사람&gt;을 말한다.

남편 카레닌의 &lt;이성적인 판단(머리)&gt;은 가슴 즉 감정을 짓누른다.

"레빈"은 레프(Лев) 톨스토이에서 왔고, &lt;사자&gt;라는 뜻이다.

"키티"는 "Kitty"에서 왔고 &lt;어린아이&gt;란 뜻이다.

어린아이의 순수함은 &lt;잠자는(잠재력의) 사자&gt;를 울리고 또 달랜다.

&lt;안나 카레니나&gt;라고 하면, &lt;안나&gt;라는 여인의 불륜의 사랑과, 끝에는 달려오는 기차에 뛰어들어 죽는다는 &lt;고급(?) 연애소설&gt; 정도로만 기억하며 넘어가는 것은 필자로서는 아주 억울한(?) 일이다. 최근에 &lt;안나 카레니나 - 브론스키 백작의 사랑&gt;이라는 DVD도 나왔다. 아주 씁쓸하다.

형과 이야기하는 동안 레빈의 마음을 차지하고 있던 개인적인 일이란 이런 것이었다. - 즉 그에게 **말(語)이란 <눈으로 본 것>으로부터 그 아름다움을 빼앗는 것**이었다. - 그래서 그는 형에게 동의를 표하면서도 어느 틈에 다른 것을 생각하고 있었다. 그들이 숲을 빠져 나왔을 때 그의 주의는 …… 에 온통 쏠려 버리고 말았다. 들판에는 달구지가 줄을 지어 가고 있었다. 그의 생각은 그 목초지를 보는 순간 풀베기라는 문제로 옮겨갔다. 레빈은 언제나 건초를 수확하는 일에는 뭔가 특히 마음을 강하게 움직이는 것이 있다고 느꼈다.

지난해 어느 날 풀을 베러 나갔다가 집사에게 화를 냈을 때, 레빈은 언제나처럼 마음을 가라앉히기 위해 농부의 손에서 풀낫을 빼앗아 직접 풀베기를 시작한 적이 있었다.

그 일이 매우 즐겁게 느껴졌으므로 그는 그 이후에도 서너 차례 되풀이해 보았다. 집 앞의 풀밭을 혼자서 베어 버린 적도 있었다. 그래서 올해는 초봄부터 농부들과 함께 풀베기를 해야겠다는 계획을 세우고 있었다. 그러나 형이 온 후부터 그는 벨까 말까 망설이기 시작했다. 날마다 종일 형을 혼자

두기가 어쩐지 거북스러웠고, 그런 짓으로 형한테 웃음거리가 되지 않을까 하는 두려움도 있었다.

그러나 목초지를 지나면서 풀베기의 인상을 생각해 내고 그는 구애(拘礙)받을 게 없다, 베러 나가야겠다고 거의 마음을 정했다. 형과의 열띤 논쟁 뒤에 그는 또다시 이 계획을 떠올렸다.

'<육체적인 운동>이 필요하다. 그러지 않으면 내 성질은 아주 못쓰게 돼 버린다.' 레빈은 생각했다. 그리고 형이나 다른 사람들 앞에서 아무리 거북할지라도 풀베기를 하기로 결심했다.

저녁 때 레빈은 사무소로 가서 일을 지시하고, 내일 가장 넓고 좋은 **칼리노비** 목초지를 벨 삯꾼을 구하기 위해 마을마다 사람을 보냈다.

"그리고 좀 수고스럽겠지만 내 풀낫을 **티트**한테 보내서 날을 세워 내일 가져오라고 해 줘. 형편을 봐서 내일은 나도 같이 벨 테니까." 그는 당황하지 않으려고 애쓰면서 말했다.

집사는 히죽 웃고 말했다.

"알겠습니다."

저녁에 차를 마시는 동안 레빈은 형한테 그것을 알렸다.

**세르게이 이바노비치**는 고개를 들고는 호기심에 차서 동생을 쳐다보았다.

"말하자면, 어떻게 한다는 거야? 농부들하고 똑같이, 온종일을?"

"응, 그 일은 정말 즐거워." 레빈은 말했다.

"그것 참 좋겠는데, 신체를 단련하기에는. 다만 네가 과연 견뎌낼 수 있을까 걱정될 뿐이야."

"해봤어. 처음엔 꽤 힘들었지만 곧 익숙해지더군. 도중에 그만둔다거나 하지는 않을 것 같아."

"음, 그래! 그런데 어떨까, 농부들은 그걸 어떻게 볼까? 틀림없이 이상한 나리라고 생각하고 웃을 걸."

"아니, 나는 그렇게 생각지 않아. **아무튼 그 일은 유쾌하기도 하지만 동시에, 다른 생각을 할 겨를도 없을 만큼 힘드니까.**"

"그렇지만 너는 농부들하고 어떻게 같이 점심을 하려고? 라피트주(酒)니 칠면조구이를 그리로 가져가게 한다는 것도 좀 쑥스럽잖아."

"아니, 그들이 쉬는 동안 잠깐 집에 들렀다 가면 돼."

이튿날 아침 레빈은 여느 때보다도 더 일찍 일어났으나 농사에 관한 지시로 시간을 끌었기 때문에, 그가 풀베기를 하는 곳에 도착했을 때는 삯꾼들이 벌써 두 번째 두둑을 베고 있었다.

레빈은 본래부터 자기 집에 드나드는 일꾼이 대

여섯 명 있는 것을 보았다. 아주 긴 흰색 **루바시카**를 입은 **예르밀** 영감이 몸을 구부정하게 수그리고 낫을 내두르고 있는가 하면, 또 젊고 귀엽게 생긴, 전에 레빈의 집에서 마부로 일했던 **바시카**가 부지런히 한 줄 한 줄 베어 나가고 있었다. 또 레빈의 <풀베기 스승>인, 몸집이 작고 야윈 농부 **티트**도 있었다. 그는 마치 낫을 가지고 놀기라도 하듯이 몸을 구부리지도 않고 모든 사람의 선두에 서서는 자신의 널찍한 두둑을 베면서 나아가고 있었다.

레빈은 말에서 내려 말을 길가에 매놓고는 **티트**한테로 갔다. 그러자 그는 덤불 속에서 한 자루의 낫을 꺼내서 그에게 주었다.

"딱 마련해 뒀습지요, 나리. 이만하면 면도날처럼 저절로 베어질 겁니다." **티트**는 빙긋 웃는 얼굴로 모자를 벗고 그에게 낫을 건네면서 말했다.

**레빈**은 낫을 받아들고 살피기 시작했다. 자신의 두둑을 끝내고 땀투성이가 된 유쾌한 표정의 일꾼들이 잇달아 길로 나와서는 웃는 얼굴로 주인에게 인사했다. 그들은 모두 그를 바라보고는 있었으나, 그들 가운데 키가 유난히 크고 양피 **재킷**을 입은, 수염이 없고 주름진 얼굴의 영감이 나와서 그에게 말을 건넬 때까지는 아무도 입을 열지 않았다.

"아시겠죠, 나리. 일단 일을 시작한 이상 도중에 그만둔다거나 해서는 안 되십니다!" 그가 말했다.

레빈은 풀 베는 일꾼들 사이에서 킥킥거리는 웃음 소리를 들었다.

티트가 자리를 만들어 주었으므로 레빈은 그 뒤를 따라갔다. 길가라서 풀이 짧고 질겼다. 레빈은 오랫동안 풀을 베지 않은데다가 자기한테 쏠린 그 많은 시선에 얼떨떨해져서, 힘껏 낫을 휘둘렀지만 처음 얼마 동안은 잘 베어지지 않았다. 그의 등 뒤에서 이런 소리들이 들려왔다.

"낫을 대는 것이 서툴군. 자루가 너무 높아."

"뒤꿈치에다 힘을 더 줘야지."

풀은 차츰 부드러워졌고, 레빈은 농부들의 말을 귀담아들으면서도 대꾸하는 일 없이 될 수 있는 한 잘 베려고 애쓰면서 티트의 뒤를 따라갔다. 그들은 백 발짝쯤을 나아갔다. 티트는 좀처럼 멈추려 하지 않고, 지친 기색도 없이 줄곧 쭉 앞으로 나아갔다. 그렇지만 레빈은 이제 더 견뎌내지 못할 것 같은 생각이 들었다. 그만큼 그는 지쳐 버렸다.

그는 자기가 이미 최후의 힘으로 낫을 내두르고 있다는 것을 느끼고 티트한테 좀 멈추자고 할 작정이었다. 그런데 그때 마침 티트가 스스로 멈추더니 허리를 구부리고 풀을 뜯어서 그것으로 낫을 닦고 갈기 시작했다. 레빈은 허리를 펴고 한숨을 길게 내쉬며 주위를 둘러보았다. 그의 뒤에서 따라오던 농부도 역시 지친 모양으로, 레빈의 옆까지도 따라 오지 못하고 냉큼 멈추더니 낫을 갈기 시작했다. 티트는 자신의 낫과 레빈의 낫을 갈았고, 그들은 다시 앞으로 나아갔다.

두 번째도 마찬가지였다. 티트는 잠시도 멈추려 하지 않고 지친 기색도 없이 낫을 한 번씩 내두를 때마다 앞으로 나아갔다. 레빈은 뒤지지 않으려고 애쓰면서 그의 뒤를 따랐으나, 차츰 괴로움이 더해 왔다. 그가 더 이상 힘이 남지 않았다고 느낀 바로 그때에 티트는 발을 멈추고 낫을 갈았다.

그렇게 해서 그들은 첫 번째 두둑을 끝마쳤다. 이 긴 두둑 하나가 레빈에게는 특히 힘들고 괴롭게 느껴졌다. 그러나 그 두둑이 끝나서 티트가 낫을 그 어깨에 둘러메고 느릿느릿한 걸음걸이로 자신의 뒤꿈치가 남긴 자국을 따라 되돌아오기 시작하고, 레빈도 자기가 벤 자국을 따라 마찬가지로 되돌아 올 때, 땀이 물처럼 얼굴에 흘러내리고 코끝에서는 땀방울이 뚝뚝 떨어지고 등은 온통 물속에 잠겼다 나온 것처럼 잔뜩 젖어 있었지만, 그는 무척이나 기분이 좋았다. 특히 자기는 이제 이 일을 견뎌낼 수 있다는 자부심이 그를 한층 더 즐겁게 했다.

그의 만족감을 방해하는 것이란 그저 자신이 벤 두둑이 잘 베어져 있지 않다는 사실뿐이었다. '낫을 손과 팔로만 내두르지 말고, 몸통을 돌려 베도록 해야겠다.' 그는 마치 줄을 대고 벤 것 같은 티트의 반듯한 두둑과, 무늬라도 놓은 것 같이 울룩불룩한 자신의 두둑을 견주어 보면서 이렇게 생각했다.

첫 번째 두둑은 레빈이 눈치를 챘듯이 티트가 그 주인을 다루어 볼 양으로 특별히 빨리 나아갔던 것이었고, 하필 긴 두둑이 걸렸었다. 나머지 두둑들은 한결 손쉬웠지만, 레빈은 여전히 농부들에게 뒤처지지 않으려면 힘을 온통 쥐어짜 내야만 했다.

그는 농부들에게 뒤지지 않겠다는 것과 또 될 수 있는 한 잘 베야겠다는 것 **이외에는 아무것도 생각하지 않았고, 아무것도 바라지 않았다.** 그는 그저 사악사악 낫에 풀이 베이는 소리를 들으며, 자기 앞에서 멀어져가는 티트의 반듯한 모습과, 베고 난 자리에 남은 풀의 반달 모양과, 낫의 날 언저리로 천천히 물결치면서 쓰러져가는 풀과 꽃 우듬지와, 저기까지 가면 한숨을 돌릴 수 있는 자기 앞쪽의 두둑머리를 볼 뿐이었다.

일의 중간쯤에 별안간 그는 후덕후덕하고 땀이 함초롬한 어깨 언저리에 어디서 어떻게 오는지 알 수 없는 냉기의 상쾌한 감촉을 느꼈다. 그는 낫을 갈고 있는 동안 하늘을 올려다보았다. 나지막하고 무거운 먹구름이 몰려와 **굵은 빗방울을 떨어뜨리고**

있었다. 몇몇 농부들은 카프탄이 있는 쪽으로 뛰어 가서 그것을 걸쳤다. 그러나 다른 사람들은 레빈과 마찬가지로 그 시원한 냉기 밑에서 그저 즐거운 듯 어깨를 움츠렸다.

한 두둑 또 한 두둑 일은 진척되었다. 긴 두둑도 짧은 두둑도, 풀이 좋은 두둑도 나쁜 두둑도 있었 다. 레빈은 시간이 가는 것을 까맣게 잊고 이른지 늦은지도 전혀 모르고 있었다. 그의 일에는 지금 그에게 엄청난 기쁨을 가져다준 변화가 일어나기 시작했다. 한창 일을 하고 있는 중에 그는 <어떤 순간들>을 발견하게 됐다. <그 순간들>에는 자기가 하고 있는 일을 잊어버렸고, 일이 한결 손쉬워졌다. 그리고 그동안에는 그의 두둑도 거의 티트의 그것 처럼 반반하고 훌륭하게 베어졌다. 그러나 자기가 하고 있는 일을 의식하고 보다 잘하려 애쓰기 시작 하면, 갑자기 그는 그가 하고 있는 일의 어려움을 느끼게 되었고 두둑도 잘 베이지 않았다.

또 한 두둑을 베고 나서 그가 다시 시작하려고 하는데, 티트가 일손을 멈추고 영감한테로 다가가 뭔가를 말했다. 영감이 말했다.
"아침 드실 때가 됐습니다. 나리."
"벌써 시간이 그렇게 됐나? 그럼 먹어야지."

레빈은 낫을 **티트**한테 건네고, **카프탄**이 있는 쪽으로 **빵**을 가지러 가는 농부들과 함께, 약간 비에 젖은, 기다랗게 베어진 두둑을 가로질러 말이 있는 쪽으로 갔다. 레빈은 말을 풀고, **커피**를 마시러 집으로 돌아왔다.

**세르게이 이바노비치**는 이제 막 잠자리에서 일어나 있었다. 커피를 마시고 난 후 레빈은 다시 풀을 베는 곳으로 떠났다. 형이 옷을 갈아입고 식당으로 나오기 전에.

아침을 먹고 풀을 베는 일꾼들의 줄로 돌아왔을 때는, 레빈은 이전의 자리가 아니라 자기 옆으로 오라고 그에게 청한 익살꾼 영감과 지난 해 가을에 결혼하고 올여름에 처음으로 풀베기에 나온 젊은 농부 사이에 끼었다.

영감은 몸을 반듯이 펴고 구부정한 다리를 성큼성큼 규칙 바르게 옮겨 놓으면서, 걸어가면서 손을 내젓는 정도로밖에 여겨지지 않는 정확하고도 한결같은 동작으로 마치 장난이라도 치는 것처럼 키가 크고 쪽 고른 풀들을 차례로 베어 눕히며 앞으로 나아갔다. **마치 그가 아니라 <한 자루의 예리한 낫>이 저절로 물기가 많은 풀을 베어 나가고 있는 것만 같았다.**

레빈의 뒤에서는 젊은 **미시카**가 따르고 있었다. 싱싱한 풀을 꼬아 머리에다 질끈 동인 젊고 귀염성 있는 그 얼굴은 줄곧 힘들어하는 빛이 역력했다. 그러면서도 남이 그 쪽을 볼 때는 그는 싱글벙글 웃음을 지어 보였다. 일의 고통스러움을 남들한테 눈치채일 바에는 차라리 죽어 버리는 편이 낫다고 여기는 것 같았다.

레빈은 그들 사이에서 나아갔다. 이제는 한낮의 더위도 그다지 힘든 일로 여겨지지 않았다. 온몸을 적신 땀은 오히려 그를 시원하게 해 주었고, 등과 머리와 팔꿈치까지 소매를 걷어 올린 두 팔에 내리 쬐는 태양은 노동에 필요한 힘과 끈기를 주었다. **그리고 그가 하고 있는 일을 조금도 생각하지 않게 하는 <무의식 상태의 순간들>은 더 자주 찾아왔다. 낮이 저절로 풀을 베었다. 그것은 참 행복한 순간이었다.** 그러나 그보다 더 즐거운 순간은, 두둑들이 맞닿아 있는 강가까지 베어 나간 다음에, 영감이 축축하게 젖은 풀로 낫을 닦고 맑은 강물에 낫의 날을 씻고 나서 생철통에 그 강물을 떠서 **레빈**에게 건네준 때였다.

"어떻습니까, 내 **크바스**가! 그래, 좋죠!"

영감은 눈짓을 하면서 말했다. 아닌 게 아니라 **레빈**은 풀잎이 동동 뜬, 생철통의 녹슨 맛이 나는 이 미적지근한 물처럼 맛난 음료를 아직 한 번도 마셔본 적이 없었다.

그리고 그 뒤에는 낫을 손에 든 채 유유히 움직이는 행복한 걸음이 시작되었다. 그동안은 흐르는 땀을 닦는 것도, 가슴 가득히 공기를 들이마시는 것도, 풀 베는 일꾼들의 긴 행렬이며 주위의 숲과 들에서 일어나고 있는 일들을 바라보는 것도 자유였다.

레빈은 오랫동안 베어 나갈수록 더욱더 자주 그 <무의식의 순간>을 느끼게 됐다. 그런 때에는 이미 손이 낫을 내두르는 게 아니라 낫 스스로 끊임없이 자기를 의식하는 생명에 찬 육체를 움직이고 있는 듯했다. 마치 마술에 걸리기라도 한 것처럼, 그에 대해 아무 생각을 하지 않는데도 <일이 정확하고 정밀하게 저절로 되어가는 것>이었다. 이런 때가 가장 행복한 순간이었다.

다만 무의식중에 이루어지는 이 동작을 중지하고 뭔가 의식적으로 해야 할 때, 흙 둔덕 주위를 베어 내거나 억센 싱아를 베야 할 때는 고통스러웠다. 영감은 그런 일도 거뜬히 잘 해치웠다. 흙 둔덕에 이르자 영감은 동작을 바꾸어 어떤 곳에서는 낫등으로, 어떤 곳에서는 낫 끄트머리로 양쪽에서 짧은 타격을 가하여 그 주위를 베어 나갔다. 그러면서도 그는 줄곧 자기 앞에 전개되고 있는 일에 주의를 기울였다. 때로는 싱아를 뽑아 자기가 먹거나 레빈한테 주기도 하고, 낫 끄트머리로 잔가지들을 걸어내기도 하고, 간신히 낫을 피한 어미새가 날아가 버린 메추라기 둥지를 들여다보기도 하고, 또 길에 나온 뱀을 잡아 마치 **포크**로 찌르듯이 낫으로 들어올려 **레빈**에게 보이고는 내던지기도 했다.

레빈이나 뒤의 젊고 귀여운 사내에게는 이러한 동작의 전환은 어려웠다. 그들 둘은 그저 긴장된 움직임을 되풀이하는 일에만 열중하고 있었으므로, 동작을 바꾼다거나 동시에 자기 앞에서 일어나는 것들을 관찰할 여유는 없었다.

**레빈은 시간이 가는 것을 느끼지 못했다.** 만약 누군가가 그에게 몇 시간쯤 베었느냐고 묻는다면 아마 한 삼십 분쯤이라고 대답했을 것이다. 그러나 시간은 벌써 점심시간이 가까이 되어 가고 있었다. 두둑을 베어 나가면서 영감은 레빈에게 키가 큰 풀 사이로 혹은 길을 따라 간신히 보이는, <빵이 든 보따리와 누더기 조각으로 마개를 한 **크바스** 병을 힘겹게 들고 여기저기에서 그들에게로 다가오는> 어린애들을 가리켜 보였다.

"저거 보세요, 딱정벌레들이 기어오네요!"

그는 아이들 쪽을 가리키면서 말하고는 손으로 이마를 가리고 해를 보았다.

그들이 두 두둑을 더 베고 나서 영감은 일손을 멈췄다.

"자, 나리, 점심 드셔야죠!"

그는 결연한 어조로 말했다. 풀 베는 일꾼들은 강가에 도착하자 두둑을 가로질러 **카프탄**들이 놓여 있는 쪽으로 갔다. 그곳에는 음식을 갖고 온 어린 애들이 앉아 있었다. 농부들은 모여 앉았다. 멀리 앉은 자들은 달구지 그늘에, 가까이 앉은 이들은 풀을 던져 놓은 덤불의 나무 그늘에.

**레빈도 그들 가까이 가서 자리를 잡았다. 그는 그곳을 떠나고 싶지 않았다.**

주인에 대한 어렴성은 이미 오래 전에 그 자취를 감추어 버렸다. 농부들은 점심을 먹을 준비를 했다. 어떤 자는 얼굴을 씻고, 젊은 패는 강에 뛰어들고, 어떤 자는 식후에 누워 쉴 곳을 마련하고 빵이 든 꾸러미를 끄르고 **크바스** 병의 마개를 뽑았다. 영감은 호밀빵을 **컵** 속에 부수어 넣고 숟가락 자루로 으깨고 생철통의 물을 붓더니, 다시 한 번 빵을 짓이겨 소금을 뿌리고는 동쪽에 대고 기도를 올리기 시작했다.

"자, 나리, 내 **튜리카**올시다."

그는 **컵** 앞에 무릎을 꿇고 앉으면서 말했다.

**튜리카**가 맛있어서 레빈은 집으로 식사하러 가려다가 관뒀다. 그는 영감과 같이 식사를 하고 아주 흥미롭게 그의 가정사 이야기에 귀를 기울였으며, 영감이 흥미 있어 하는 자신의 일이며 가정사를 그에게 들려주었다. **그는 형보다 이 영감이 더 친근(親近)하게 느껴졌고, 이 사내에게서 받은 부드러운 심정(心情)에** 자기도 모르게 빙그레 웃었다. 영감이 다시 일어서서 기도를 올린 다음 나무 그늘에 풀을 베개 삼아 누웠을 때에는 레빈도 그대로 따라했다.

그리고 뙤약볕 속에서 끈덕지게 들러붙는 파리, 땀에 전 얼굴과 몸뚱이를 간질이는 딱정벌레에도 불구하고 곧 잠이 들었다. 그는 태양이 나무 건너쪽으로 돌아 자기에게 내리쬐기 시작했을 때에야 겨우 눈을 떴다. 영감은 진작 잠에서 깨어 젊은이들의 낫을 손보며 앉아 있었다.

레빈은 주위를 둘러보았으나 곧바로 그 장소를 알아보기가 힘들었다. 그 정도로 모든 것이 바뀌어 있었다. 광대한 풀밭은 베어져 향기를 풍기는 건초 열(列)을 보이면서, 비스듬히 비치는 저녁 햇살에 특별하고 새로운 광채로 빛나고 있었다. 또 강가의 베어 눕혀진 덤불과, 아까까지는 보이지 않았으나 지금은 그 물굽이가 강철처럼 반짝거리는 강이며, 움직이기도 하고 서 있기도 하는 사람들, 아직도 베다 남은 곳의 깎아지른 듯한 풀의 벽(壁), 그리고 빨가벗겨진 풀밭 위를 나는 매, 이런 것들이 모두 전혀 새로운 모습을 하고 있었다. 제정신이 들자 레빈은 이제 얼마쯤 베어졌는지, 또 오늘 안으로 얼마나 더 벨 수 있을지를 생각하기 시작했다.

마흔두 명의 사람으로 일이 꽤 많이 진척되었다. 부역으로는 서른 자루의 낫으로 이틀이나 걸렸던 거대한 풀밭이 벌써 어지간히 베어져 있었다. 베지 않는 데라곤 그저 두둑이 짧은 구석 쪽뿐이었다. 그러나 레빈은 이 날 안으로 될 수 있는 한 많이 베어 두고 싶었기에 짧은 해가 원망스러웠다. 그는 조금도 피로하지 않았다. 그저 더욱더 빨리, 그리고 될 수 있는 한 많이 일을 하고 싶다는 의욕이 있을 뿐이었다.

"마시킨 고지(高地) 쪽도 좀 베면 어떨까, 자넨 어떻게 생각하나?" 그는 영감에게 말했다.

"글쎄올시다. 해가 얼마 남지 않아서요. 젊은 애들에게 보드카 값이라도 좀 쥐여 주시겠죠?"

저녁 새때에 모두 다시 자리를 잡고 앉아 흡연자들이 담배를 피기 시작하자, 영감이 젊은이들에게 '마시킨 고지를 벨 것, 보드카 값이 나오리라는 것'을 알렸다.

"그럼요, 베고 말고요! 가자 티트! 잘해야 해. 밥이야 밤에 먹으면 되는 것이고, 가자!" 이런 목소리들이 들렸다. 그리고 풀 베는 일꾼들은 남은 빵을 먹으면서 자리로 돌아갔다.

"자, 젊은이들, 달려들자고!" **티트**는 마치 달음질이라도 하듯이 앞장서서 베어 나갔다.

"나가자, 나가자!" 뒤에서 베어 나가던 영감은 힘을 들이지 않고 그들을 앞지르면서 말했다. "먼저 베어 버린다! 정신 차려!"

젊은이도 늙은이도 마치 경쟁이라도 하듯이 베어 나갔다. 그러나 그들은 아무리 서둘러도 풀을 망치거나 하는 일은 없었고, 풀의 열도 앞서와 똑같이 반듯하고 훌륭하게 쌓여 나갔다. 한쪽 구석에 남아 있던 부분은 오 분 만에 베어 버렸다. 아직 뒤처진 패가 자신들의 두둑을 미처 다 베기도 전에 앞선 패는 벌써 **카프탄**을 어깨에 척척 걸치고 길을 가로질러 **마시킨** 고지 쪽으로 갔다.

그들이 생철통을 떨그렁거리면서 **마시킨** 고지의 나무가 우거진 골짜기로 들어갔을 때 태양은 벌써 나무 끝에 비스듬히 걸려 있었다. 풀은 골짜기 한가운데서는 허리께까지 닿았고 부드럽고 연하면서 잎이 넓었고, 숲속 여기저기는 새애기풀로 얼룩져 있었다.

세로로 벨 것인가 가로로 벨 것인가를 잠깐 상의한 뒤, **프로호르 예르밀린**이라는 걸때가 크고 머리털이 거무스름한 농부가 앞장섰다. 풀 베는 데는 정평이 나 있는 그는 먼저 자기 몫의 두둑을 베고 나서 다시 제자리로 돌아오더니 또 베어 나갔다. 다른 사람들도 그의 뒤를 이어서 자리를 잡고는, 조그만 골짜기를 따라 산기슭으로 내려가기도 하고 산마루의 숲 바로 언저리까지 올라가기도 하면서 베어 나가기 시작했다. 해는 숲 저 너머로 기울고 벌써 이슬이 내리기 시작해서, 풀 베는 일꾼들은 산마루 쪽에서는 햇빛에 쬐였으나 수증기가 오르고 있는 저지(低地)와 건너 쪽에서는 이슬에 젖어 있는 상쾌한 그늘로 들어갔다. 일은 절정에 달했다.

물기가 많은 풀은 베어질 때 아삭거리는 소리를 냈고, 좋은 향기를 풍기며 줄을 지어 높이 쌓였다. 생철통이 덜그렁하는 소리를 내기도 하고 또 낫이 서로 부딪치는 소리를 내기도 하면서, 여기저기서 짧은 두둑 쪽으로 몰려든 풀 베는 일꾼들은 낫을 가는 숫돌의 휘파람 같은 소리며 기운찬 외침으로 서로 몰아세우면서 나아갔다.

레빈은 이번에도 젊고 귀엽게 생긴 사내와 영감 사이에 있었다. 양피 재킷을 입은 영감은 아까와 마찬가지로 즐겁고 익살맞고 어쩐지 일이 즐거운 모양이었다. 숲속에서는 젖은 풀 사이에서 습기로 띵띵하게 부푼 자작나무버섯이 끊임없이 낫에 걸려 베였다. 영감은 버섯을 볼 때마다 허리를 구부려 주워서 호주머니에 넣었다. "또 할멈에게 줄 선물이다." 그는 그때마다 그렇게 중얼거렸다.

축축하고 부드러운 풀을 베는 것이야 아무것도 아니었지만, 골짜기의 가파른 벼랑을 오르내리는 것은 고통스러웠다. 그러나 영감은 끄떡도 없었다. 앞서와 마찬가지로 낫을 내두르면서 그는 큼직한 짚신을 신은 발을 짧은 걸음으로 야무지게 딛고는 느릿느릿 비탈을 올라갔다. 온몸에 힘을 주는 탓에 **루바시카** 아래에 걸친 잠방이가 부들부들 떨리고 있었으나 그는 풀 한 줄기, 버섯 한 개도 놓치지 않으면서 줄곧 농부들이나 레빈을 상대로 익살을 부렸다. 레빈은 그 뒤를 따르며 빈손으로도 오르기 힘든 험한 언덕배기를 손에 낫을 들고 오를 때마다 이번에는 틀림없이 떨어질 것이라고 **생각했으나, 매번 올라가야 할 데로 올라갔고 또 해야 할 일을 했다. 그는 <어떤 외부의 힘>이 자기를 움직이고 있는 것 같은 느낌이 들었다.**

마시킨 고지의 마지막 두둑도 끝나자, 사람들은 모두 **카프탄**을 입고 즐겁게 귀로에 올랐다. 레빈은 말에 올라타서 **서운한 마음으로** 농부들과 작별하고 집으로 말을 몰았다. 언덕배기에서 그는 뒤를 돌아보았다. 그러나 저지에서 피어오르는 자욱한 안개 때문에 그들의 모습은 보이지 않았다. 그저 거칠고 발랄한 말소리와 껄껄거리는 웃음소리와 낫이 서로 부딪치는 소리가 들릴 뿐이었다.

☯

   (레빈은 아내의 출산이 임박하자, <그런 일>에는) 자신이 돕는 건 불가능하다는 걸 알고 – **자신이 할 수 있는 일은 아무것도 없다는 걸 알고** - 두려움에 빠져 …… <그것>을 도울 방도가 없다는 무력감이 차츰 강해졌다. …… (그리고) **몇 분간이 그에겐 몇 시간처럼 여겨지는가 하면 또 몇 시간이 몇 분처럼 여겨지는 것이었다.**

   그는 그저 일 년 전 현청 소재지의 어느 호텔 방에서 <니콜라이 **형의 죽음의 자리에서 완성되었던 것과 똑같은 그 무언가가 완성되고 있음>**을 알았고 **또한 느꼈을 뿐이었다.** 그러나 그것은 슬픔이었고, 이것은 기쁨이었다. 하지만 그 슬픔도 이 기쁨도 마찬가지로 우리 **생활의 모든 일상적인 조건 밖에 있었고, 이 일상생활 속의 틈새 같은 것이었으며, 그 틈새를 통해 숭고한 무언가가 보이는 것이었다.**
   양쪽의 경우 모두 다 똑같은 쓰라림과 괴로움을 가지고 다가왔고, **어느 경우에도 이 숭고(崇高)한 무언가를 눈여겨보면 똑같이 신비로운 작용에 의해 영혼은 이제껏 전혀 몰랐던 무한히 높은 곳으로, 이미 이성은 도저히 그 뒤를 따를 수 없는 높이에까지 이르는 것이었다.**

'저기로!' 그녀(안나)는 침목(枕木) 위에 흩뿌려져 있는 석탄 섞인 모래와 그 위로 드리워진 차량의 그림자를 바라보면서 혼잣말을 했다.

'저기로, 저 한가운데로 가, 그이를 벌하고 모든 사람들과 나 자신으로부터 벗어나자.'

그녀는 첫 번째 차량(車輛)의 한가운데가 자신의 정면에 왔을 때, 그 밑에다 몸을 던지려고 했지만 손에서 놓으려고 했던 빨간 손주머니가 그녀를 붙잡았으므로 기회를 놓치고 말았다. 그 한가운데는 이미 지나가 버렸던 것이다. 다음 차량을 기다리지 않으면 안 되었다. **해수욕을 하면서 마악 물속으로 뛰어들려고 할 때 여러 차례 경험했던 것과 흡사한 느낌이 그녀를 사로잡았고,** 그녀는 성호를 그었다.

성호를 긋는 이 익숙한 동작이 그녀 마음에 처녀 시절과 어렸을 때의 일련의 추억을 온전하게 불러 일으켰고, 갑자기 그녀를 위해 삼라만상을 뒤덮고 있던 어둠이 걷히고 한순간, 생이 그 모든 빛나는 과거의 환희와 더불어 그녀 앞에 나타났다.

그러나 그녀는 다가오는 두 번째 차량의 바퀴에 눈을 떼지 않았다. 그리고 바퀴와 바퀴 사이의 그

한가운데가 그녀 앞까지 온 바로 그 순간, 그녀는 빨간 손주머니를 내던지고는 어깨 사이에 머리를 틀어박고 두 손을 짚고 차대 밑으로 넘어지면서, 그리고 곧 일어나려고 하는 듯한 가벼운 동작으로 무릎을 꿇었다. 바로 그 순간, 그녀는 즉시 자기가 저지른 짓에 공포를 느꼈다.

'나는 어디에 있는 것일까? 나는 무슨 짓을 하고 있는 것일까? 무엇 때문에?'

그녀는 몸을 일으켜 뛰어나오려고 했다. 그러나 무언가 거대하고 무자비한 것이 그녀의 머리를 꽝하고 떠받고 그 등을 할퀴어 질질 끌고 갔다.

'주여, 제 모든 것을 용서하소서!" 그녀는 이미 저항하기엔 늦었음을 느끼면서 중얼거렸다.


한 농부가 뭐라고 웅얼거리며 쇠붙이 위로 몸을 구부리고 일을 하고 있었다. **그러자 그녀가** 불안과 기만과 비애와 악으로 가득 찬 **책**(즉 **삶**)을 **읽을 수 있게 해 주었던 촛불이 그 어느 때보다도 환하게 타올라, 지금까지 어둠에 싸여 있었던 모든 것을 그녀에게 비추어 보이고는 파지직 소리를 내면서 어두워지다가 영원히 꺼져 버렸다.**

☯          ☯          ☯

이제 "<안나 카레니나> - **우뇌와 좌뇌!**"로 돌아
가자.

필자는 안나와 카레닌을 우뇌와 좌뇌로 보았다.
그리고 <좌뇌와 우뇌에 대한 것>은 여러 책에서,
정말이지 여러 번 다루었다.

여기서는 "**<좌우측 뇌를 서로 연결하여 정보를
주고받게 하는** 전선과 데이터 케이블 뭉치인 **뇌량
(腦梁, 뇌들보, corpus callosum)>이** 있고, **그것이
손상되었을 때는 <어떤 증상>이 있고**"를 약간 살펴
본다. 먼저, <의학적(醫學的)인 것>.

"**뇌들보가 손상되어 원활한 정보 교환이 이루어
지지 않으면** <분할-뇌(分割腦) 증후군(Split-Brain
Syndrome)>이 발생한다.

또한 간질병의 치료로 **<뇌들보 절제술>을 하면,**
발작이 뇌들보를 타고 반대쪽 반구로 퍼지는 것을
막을 수 있어 일부에서 효과를 보기도 한다."

**부부 사이에 원활한 대화와 교감이 이루어지지
않으면,** <'한 가정', '한 몸', '한 머리'에서 '갈라진
소리들'이 나오게 된다>는 것이다.

또한 우리네 가정에서 일어나는 저 간질(癎疾)과
같은 발작 때문에 <뇌들보 절제술>인 **이혼(離婚)을
하게 되면** 일부에서 효과를 보기는 하나……

아, 이제 **톨스토이**의 화두가 풀리는 것도 같다. <활성화되어 균형 잡힌 뇌(腦) 이야기>!

"<행복한 가정>은 모두 고만고만하지만,
<불행한 가정>은 저마다 나름대로 불행하다."

<행복한 가정>은 (소통하고 교감하여 부부 둘)
모두 비슷비슷하지만,
<불행한 가정>은 (그렇지 못하여 부부 각각이)
저마다 나름대로 불행하다.

끝으로 <안나 카레니나>의 제사(題詞)를 다루지 않을 수 없다. 적어도 성경의 말씀이니 말이다.

"원수 갚는 것은 내가 할 일이니
내가 갚아 주겠다."

우리의 원수(怨讐)로는 여러 가지가 있을 것이다. "아이고, 이 웬수야!"하고 들려오는 소리로 보면 <부부>도 <자식>도 원수가 될 수 있겠다. 성경에도 "사람의 원수는 자기 집안 식구이리라"고 말하고 있으니 말이다.
<이런 원수 갚는 일>은 신(神)에게 맡기는 것이 좋다. 최소한 내가 <신 노릇>은 하지 않아야 한다.

그리고 **예수**는 오히려 "너희는 원수를 사랑하고, 너희를 미워하는 사람들에게 잘 해 주라."고까지 말한다. 얼핏 생각하면 무척 어려운 일 같지만, 그 효과는 만점이다. <이 "에고"를 간단하게 사라지게 하는 일>에는 말이다. 우선 애증(愛憎)이 교차하는 "웬수" 가족을 향해서 한번 해보라.

　그러나 우리의 진짜 원수는 누구이겠는가?

　우리의 진짜 원수는 <죽음(死亡)>일지도 모른다. 사도 **바울**도 "맨 나중에 멸망 받을 원수는 사망이니라."라고 말하기 때문이다.
　<이런 원수> 갚는 일은 그냥 신에게 맡기는 것이 좋지 않다. 이런 원수를 향해서는 <신(神) 노릇>을 해야 한다. 거기에 동참해야 한다.

☯

　그런데, 그러면 이런, 이런!
　"멸망 받을 원수"인 <죽음>에게 <신(神) 노릇>을 해서 "원수를 갚아" 그 <죽음>이 없어지면, 그러면 <죽음> 뒤에 올 <부활>이 없어지는데……

　그러면 곧 다룰 <부활>도 없을 거고.

104

## (3) <부활(復活)> - 회개와 갱생!

　한자어 부활(復活)의 부(復)는 <돌아올 복> 혹은 <다시 부>이고, 활(活)은 <살 활>이다. 우선 한자를 협의(狹義)로 읽으면, <비슷한 말>로는 재활, 재생, 소생, 갱생(更生) 등이 있겠고, 종교어로 읽는다면 내생, 환생, 윤회전생(輪廻轉生), 회개(悔改), 변화, 개심(改心), 회심, 전심(悛心), 참회 등이 있겠다.

　그러나 여기서는 회개(repentance)와 갱생(更生)으로 본다.

　갱생(更生, rebirth, 르네상스)의 의미는 이 소설 <부활>의 마지막 문장에서 찾아 음미(吟味)했으면 좋겠다.

　"그날 밤을 기점으로 네흘류도프에게는 완전히 **<새로운 삶**(부활)>이 시작되었다.
　**<그의 생활>**이 새로운 환경에 들어섰기 때문이 아니라, 그 후로 일어난 모든 일이 그에게는 예전과는 전혀 다른 의미를 지녔기 때문이다.
　**<그의 새로운 인생**(갱생)>이 어떻게 끝날지는 더 지켜봐야 할 것이다."

"repent(회개하다)"의 어원은 re(back, again)와 pen(후회)이 결합된 <(진정으로) 다시 후회하다>는 뜻이다. 그러나 회개의 뜻은 여러 번 다룬 것으로, "메타노이아($\mu\varepsilon\tau\acute{\alpha}\nu o\iota\alpha$)"가 가장 좋고 또 올바르다. **비갸나 바이라바, 쉬바 수트라** 등에서부터 다루고 다룬 것이다.

<생각을 바꾸는 것> 즉 <마음을 바꾸는 일>을 말한다. 여기에 우리의 <영성 읽기>는 초점을 맞춘다. 그러나 <생각을 바꾸는 일>은 <지나가는 생각>, <얼핏 떠오른 어떤 생각> 같은 것을 바꾸는 일을 뜻하지 않는다. 그런 것은 저절로 바뀌고 사라진다.

<내가 지금까지 굳게 믿고 있는 것으로 여겨지는 생각>, 즉 나의 사상, 신조, 신앙, 믿음을 바꾸거나 없애는 것을 말한다. <그런 일>은 소위 <"나"라는 것의 죽음>을 말한다.

소설 <부활(復活, воскресение)>은 <그런 것>을 말하는 <영성 소설>이다. 잘 아는 대로, 기독교의 "성탄"과 "성탄절"처럼 "부활"과 "부활절"은 **바로 나에게 일어나는 무엇일 때** 의미가 있는 것이다. 영성 혹은 신성이 **내게 태어날 때** "성탄"의 의미가 있는 것이고, 영성 혹은 신성이 죽음과 같은 **나의 삶에서 살아날 때** "부활"의 의미가 있는 것이다.

**그런 것이 아니라면, 아무것도 아니다!**

이제 <영(靈)의 철학가> **톨스토이**의 <부활>을 잘 보자. 다시 말하지만, <생각의 변화> 즉 <마음의 변모(變貌)>를 눈여겨보라.

☯          ☯          ☯

행여 법정(法廷)에 있는 사람들이 자신의 과거를 알게 되었을 때의 수치심을 생각하자, 그는 너무나 두려운 나머지 머릿속이 하얘졌다. 그가 느낀 그 공포감은 말할 수 없을 정도로 강한 것이었다.

☯

누구나 그렇듯 **네흘류도프**의 내면에도 두 개의 자아가 있었다. 하나는 다른 사람의 행복과도 합치되는 행복을 추구하는 <정신적 자아>이고, 하나는 자신의 행복만 추구하고 이를 위해서는 전 세계의 행복도 내팽개칠 수 있는 <동물적 자아>였다.

과거의 그는 <뛰어난 사유(철학)와 탁월한 감수성(詩)을 가진 선학(先學)들과의 교감>과 <자연과의 교감>이 반드시 필요하다고 **생각했으나,** 지금의 그에게는 인간 사회의 제도와 친구들과의 교제 등이 더 중요했다.

그전에 자신의 <정신적 자아>를 진정한 '나'라고 **여겼던**(생각했던) 그는 이제 <건강하고 활기 넘치는 동물적 자아>를 자신의 '나'로 **간주**(생각)**했다.**

이 모든 끔찍한 변화는 그가 자기 자신이 아니라 <다른 사람을 의식하고 따르면서부터> 시작되었다. <다른 사람을 의존하며 산다는 것>은 그저 <남들이 정해 주는 대로 사는 것>, <다른 사람들의 평판에 따라 사는 것>으로, 자신의 정신적 자아를 거슬러 동물적 자아의 편에 선다는 뜻이었다. **자기 자신을 신뢰하며 살 때는 항상 다른 사람의 비판과 비난을 감수해야 했지만**, 다른 사람들(의 가치관)을 따르기 시작하니 스스로가 문제를 해결할 필요가 없었고, 오히려 주변 사람들의 칭찬을 한몸에 받았다.

❧

**'그 동물적 본능이 미학이나 시학의 허울을 쓰고 찬양과 숭배를 요구하면**, 우리는 좋은 것과 나쁜 것을 분간 못하고 거기에 완전히 넋을 놓게 된다. 그런 상태가 정말 끔찍한 것이다.'

네흘류도프는 살아오며 스스로 '영혼의 정화'라고 명명(命名)한 현상을 몇 차례 겪었다. 그가 말하는 영혼의 정화란 <불현듯 내면의 활동이 느려지거나

아예 멈춰 버리는 것을 깨닫고는 그 원인이 되는 영혼의 찌꺼기들을 모조리 쓸어내 버리는 정신적 활동>이었다.

이런 종류의 각성 후에 네흘류도프는 항상 평생 지켜나갈 생활신조를 세우곤 했다. 그 다짐한 바를 일기에 쓰고 다시는 바뀌지 않기를 바라며 새로운 생활을 시작했다. 그는 이 과정을 영어로 '인생의 새 장(章)을 연다.'고 표현했다. 하지만 매번 세상의 유혹에 휘말려 저도 모르게 빠져들었고 그 전보다 더 깊은 수렁으로 떨어지곤 했다.

'그래, 그녀를 만나서 **용서해 달라고 빌어야겠다.** 그래, **어린아이처럼 비는 거야.**'

그는 제자리에 서서 **어릴 적에 그랬듯이 가슴에 두 손을 모으고** 눈을 들어 **누군가에게 말을 건네기 시작했다.**

"하느님 아버지, 절 도와주시고 인도해 주소서. 제 안에 깃드시어 온갖 추함을 씻어 주소서!"

그는 하느님께 자신의 영혼 속에 깃들어 깨끗이 해 달라고 애원하고 기도했다.

그러는 동안 그가 애원하던 바는 이미 실현되고 있었다. **그의 내면에 존재하는 하느님이 의식 속에**

**깨어난 것이다. 하느님의 영성을 느낀 그는** 삶의 기쁨과 활력, 자유와 강력한 선(善)의 힘까지 체감했다. 인간이 행할 수 있는 최고선(最高善)을 행할 수 있을 것 같았다.

**스스로에게 이렇게 말하고 있자니 그의 두 눈에 눈물이 맺혔다.** 그 눈물은 선한 동시에 추악한 것이었다. 오랫동안 <그의 내면에 잠들어 있던 정신적인 존재>가 드디어 눈을 떴음을 알리는 기쁨의 눈물이기 때문에 선한 눈물이고, 자기 자신의 선량함에 감동해서 흘린 자화자찬의 눈물이기 때문에 또한 추악한 눈물이었다.

☯

그는 <자신이 그녀를 정신적으로 깨어나게 만들어야 한다>고 생각했다. 그것이 얼마나 어려운 일인지는 잘 알고 있었지만, 바로 그 사실이 그를 더 강하게 끌어당기고 있었다. 그가 지금 그녀에게서 느끼는 감정은 여태껏 한 번도 느낀 적이 없었다. 그녀 아닌 다른 누구에게서도 느껴 보지 못한 그런 감정이었다. 그 안에 이기적인 마음이라고는 전혀 없었다. 그녀에게서 바라는 것은 아무것도 없었다. 그의 유일한 마음은 그저 그녀가 지금과 같은 상태에서 깨어나 예전의 그녀로 돌아가는 것이었다.

면회를 가면서 **네흘류도프**는, 그녀를 위해 힘쓰겠다는 자신의 의도와 참회를 들은 **카츄샤**가 몹시 기뻐하고 감동하여 다시 예전의 그녀로 돌아가리라 기대했다. 하지만 절망스럽게도 그가 아는 **카츄샤**는 사라지고 **마슬로바**만 남아 있었다. 그는 두렵고 당황스러웠다.

☯

가장 널리 알려진 미신(迷信)의 하나는, 인간이란 저마다 고유한 성격을 지니고 있어서 선한 사람과 악한 사람으로, 똑똑한 사람과 어리석은 사람으로, 열정적인 사람과 무딘 사람 등으로 나뉠 수 있다는 것이다. 하지만 그렇지 않다. 우리는 어떤 사람에 대해 말할 때 그 사람은 악하기보다는 선할 때가 더 많고, 멍청할 때보다는 똑똑할 때가 더 많고, 또 무딜 때보다 열정적일 때가 더 많다고 해야 한다. 반대의 경우도 마찬가지다. 어떤 사람에 대해서는 선하고 똑똑하다고 하고, 또 어떤 사람에 대해서는 악하고 멍청하다고 한다면, 그것은 옳지 않다. 그렇지만 유감스럽게도 우리는 언제나 사람들을 그런 식으로 분류한다. 그것은 잘못된 일이다.

**사람은 흐르는 강물과 같다.** 강물은 어디에 있든 언제나 같은 물이다. 다만 강(江)이 어떤 곳은 좁고 물살이 빠르고 어떤 곳은 넓고 물살이 느리며, 또 어떤 곳은 맑고 어떤 곳은 흐리며, 또 어떤 곳은 차갑고 또 어떤 곳은 따뜻하다. 사람도 마찬가지다. 사람은 누구나 인간의 특성을 맹아(萌芽)처럼 품고 있어서 어떤 때는 이런 것이, 어떤 때는 저런 것이 튀어나오는 것이다. 그래서 같은 사람이라도 본디 모습과 전혀 다른 사람으로 보일 때가 있고, **몇몇 사람들은 이런 변화가 아주 급격하게 일어나기도 한다. 네흘류도프도 그런 유형이었다.** 그의 급격한 변화는 육체적인 이유에서 비롯되기도 했지만 또 정신적인 이유에서 비롯되기도 했다. 그런 변화가 지금도 그의 내부에서 일어나고 있었다.

재판이 끝난 후 그리고 **카츄샤**와의 첫 면회 때 그가 느꼈던 갱생(更生)의 장엄함과 기쁨은 완전히 사라져 버렸다. 게다가 그것은 최근의 마지막 면회 이후 두려움으로 바뀌었으며, 심지어 그녀에 대한 혐오까지 생겨 버렸다. **네흘류도프**는 절대 그녀를 내버려두지 않을 거라고, 그녀가 원한다면 결혼도 하겠다는 결심을 절대 바꾸지 않겠다고 다짐했다. 하지만 그 다짐은 너무나 괴롭고 고통스러웠다.

다시 침묵이 흘렀다.
"아, 병원 말예요." 갑자기 그녀가 말을 꺼냈다.

"만약 원하시면 거기로 갈게요. 그리고 이제 술도 마시지 않을게요." 그녀는 사시(斜視) 눈으로 그를 바라보며 말했다.

네흘류도프는 말없이 그녀의 눈을 바라보았다. 그녀의 눈이 가만히 웃고 있었다.

"아주 잘 생각했어." 그는 간신히 이렇게 대답을 하고는 그녀와 헤어졌다.

'그래, 맞아. 그녀는 완전히 다른 사람이 됐어.' 지금까지의 의심이 사라지자 네흘류도프는 여태껏 한 번도 느껴 보지 못한 <사랑의 절대적인 힘>에 대한 확신을 다시 느낄 수 있었다.

'하느님이 만든 이 모든 사건을 이해하는 일은 내 권한 밖이다. 그렇지만 내 양심(良心)에 새겨진 하느님의 의지를 행하는 일은 내 권한이다. 나는 이것을 확실히 알고 있다. 그리고 이것을 행할 때 나는 안식을 찾을 것이다.'

'그래, **나 자신을 주인이 아닌 하인(下人)이라고 여기자.**' 이렇게 생각하자 스스로 만족스러웠다.

한 가지 확실한 것은, 그녀가 변했고 지금 그녀 내부에는 중요한 영적 변화가 진행 중이며 이 변화 덕분에, 그는 그녀와 결합되고 있을 뿐만 아니라 이 변화로 이끌어 주신 하느님과도 결합되고 있다는 사실이었다. 그리고 또 이 결합은 그를 기쁨과 감격이 충만한 상태에 이르게 했다.

❧

　다음날 아침, 잠에서 깬 네흘류도프가 제일 먼저 느낀 것은 어제 뭔가 추악한 짓을 했다는 찜찜한 기분이었다. 하지만 **아무리 생각해 봐도 추악(醜惡)하거나 나쁜 행동은 없었다. 문제는 <생각>이었다. 추악한 생각을 한 것이다.** 즉 <카츄샤와 결혼하고 농민들에게 토지를 임대한다는 그런 계획이 모두 실현될 수 없는 인위적인 망상에 불과하고 자신은 결국 이것들을 지키지 못할 테니 그냥 예전처럼 살 수밖에 없다는 생각>을 말이다.

　딱히 나쁜 짓(행동)을 한 것은 아니나 결국 나쁜 짓으로 귀결되는 <그런 생각들>은 나쁜 짓보다 더 나쁘다. <나쁜 생각>, <부정적인 생각>은 계속해서 나쁜 생각과 나쁜 짓을 양산하기 때문이다.[1]

　아침부터 어제 했던 생각을 머릿속에 떠올려 본 **네흘류도프**는 비록 잠깐이긴 했지만 자신이 어떻게 그런 생각을 할 수 있었는지 놀라울 따름이었다.

　자신이 계획한 일이 아무리 낯설고 힘들지라도 그는 그것만이 <자신에게 가능한 유일한 삶>이라는 것을 알고 있었다. 그리고 **과거의 삶으로 돌아가는**

**것**이 아무리 쉽고 익숙하더라도 **그것은 곧 죽음을 의미한다**는 것도 잘 알고 있었다.

✍ ¹ "걱정을 해서 걱정이 없어진다면 다 걱정이 없겠다." <나쁜 생각>이란 얼추 이런 단계의 것일 게다. — "해결이 될 문제라면 걱정할 필요가 없고, 해결이 안 될 문제라면 걱정해도 소용이 없다." ⧗

☯

'… 그녀가 마음 내키는 대로 하도록 내버려두자. … 나는 내 양심이 시키는 대로 하면 되는 거다. 내 양심은 내가 지은 죄를 참회하기 위해 자유를 희생하라고 요구한다. 그녀가 어디로 유형을 가든 그녀를 끝까지 따라가 위장 결혼이든 뭐든 그녀와 결혼하겠다는 나의 결심은 절대 변함이 없다.'

그는 독기가 느껴질 정도로 완고하게 스스로를 타이르며 병원을 나와서 단호한 걸음으로 형무소 정문을 향했다.

네흘류도프의 마음속에는 <선>과 <악>, <그녀의 고통에 대한 연민>과 <상처받은 자존심>이라는 두 가지 감정이 격렬하게 싸우고 있었다. 결국 승리를 거둔 것은 선한 감정, 그녀에 대한 연민이었다.

그녀를 진심으로 불쌍히 여긴 게 먼저인지 자신
또한 그녀를 비난하는 이유와 똑같은 추악한 죄를
저질렀다는 사실을 떠올린 게 먼저인지는 기억할
수 없었다. 그는 순간적으로 거의 동시에 자신의
죄책감과 그녀에 대한 연민을 느꼈던 것이다.

그녀를 용서하겠다고 마음먹자(생각하자) 그녀에
대한 연민과 정다움이 한층 강해졌다. 그는 그녀를
위로해 주고 싶었다.

"나는 내가 말한 대로 할 거요. 당신이 어디로
유형가든 난 당신과 함께할 거요."

"괜한 생각이에요." 그녀는 서둘러 그 말을 가로
막았다. 그녀의 얼굴에 다시 화색이 돌았다.

☯

'유죄로 판결나는 순간에 눈물을 흘렸지.' 그녀는
스스로에게 말했다. '그래, 난 평생 하느님께 감사
드려야 할 거야. 죽었다가 깨어나도 알 수 없는 것
들을 알게 해 주셨으니까.'

그녀는 이 사람들을 움직이는 동력이 무엇인지
힘들이지 않고 이해할 수 있었고, 민중의 한 사람
으로서 이들에게 온전히 공감했다. 그녀는 이들이
귀족을 반대하고 민중을 옹호하고 있다는 사실을
알게 되었다. 그녀가 이들을 높이 여기고 이들에게

완전히 매료된 것은 이들 모두가 귀족 출신임에도 불구하고 민중을 위해 자신들의 특권과 자유로운 삶을 포기했기 때문이었다.

**네흘류도프**는 그녀가 내적으로 점점 더 뚜렷하게 변화하고 있다는 사실을 발견했다. 그가 간절하게 보고 싶어 했던 변화였다.

그가 지금 느끼는 감정은 <연민과 감동>이라는 아주 소박한 정서였다. 그는 감옥에서 그녀를 처음 만났을 때 그것을 느끼기 시작했고, 그 이후 남자 간호사와의 염문(사건의 전모는 나중에 밝혀졌다)을 알고 난 뒤 병원을 나오면서 그 혐오감을 극복하고 그녀를 용서할 때 새삼 강렬히 느낀 적이 있었다. 그때도 그것이 지금과 똑같았지만 예전에는 일시적이었다면 지금은 항구적이라는 점이 달랐다.

그는 모든 생각과 행동에서 이 <연민과 감동>을 보편적인 정서로 넓혀나가게 되었다. **카츄샤**뿐만 아니라 모든 사람을 대할 때 그러했다.

이 감정 덕분에 **그의 영혼 속에서 출구를 찾지 못하고 막혀 있던 사랑**(이라는 그 에너지)**의 흐름은 그가 만나는 모든 사람에게** 흘러갈 수 있는 널찍한 통로를 마련했다.

☯

네흘류도프는 도하선(渡河船)의 난간 앞에 서서 넓은 강을 빠르게 흐르는 물살을 보고 있었다.

성당의 둔탁한 종소리가 강물을 타고 들려왔다. 그의 곁에 서 있던 마부와 짐마차 수레꾼들이 하나둘씩 모자를 벗고 성호를 그었다. 하지만 난간에 바싹 붙어 있던 한 노인만은 성호를 긋지 않았다.

"늙은 양반, 당신은 왜 기도를 올리지 않소?"

네흘류도프의 마부가 모자를 고쳐 쓰며 물었다.

"누구한데 기도하란 말이오?" 헝클어진 머리의 노인은 단호하게 즉각 대꾸했다.

"누구긴 누구겠소, 하느님께죠." 마부가 비꼬는 투로 말했다.

"그 <하느님>이란 분이 어디에 계시는지 나한데 보여 줘 봐요."

노인의 말에는 진지하고 강건한 기류가 흘렀다. 마부는 만만찮은 상대를 만났다는 생각이 들었지만 말문이 막히면 다른 사람들에게 망신을 당할까 봐 재빨리 대답했다.

"어디라뇨? 당연히 저 하늘에 계시죠."

"당신이 거길 가 봤소?"

"가 보고 안 가 보고는 중요하지 않고, 하느님께 기도해야 한다는 사실은 만인이 다 알아요."

"그 누구도, 어디에도 하느님을 본 사람은 없소. 하느님은 자신 품안의 **독생자**[1]를 지상에 보내셨을 뿐이오."

✎ [1] 독생자(獨生子)는 보통 기독교의 성자(聖子) 예수 그리스도를 말하지만, 여기서는 <우리 각자(各自) 모두>가 하나님의 독생자라는 말이다. <우리 내면에는 신성(神性)이 있다>는 있다는 뜻이다. ⧗

"영감님, 그러면 당신의 신앙은 뭐요?" 짐마차 옆에 서 있던 중년 사내가 물었다.

"난 신앙이 없소. **난 <나 자신>[1] 말고는 누구도 믿지 않아요.**" 노인은 언제나처럼 빠르고 단호하게 대답했다.

"<나 자신을 믿는다>는 것이 무슨 뜻이지요?"

네흘류도프가 대화에 끼어들었다. "(나 자신은) 실수할 가능성도 있잖아요."

"**절대 그럴 리 없소이다.**"

노인이 머리를 가로저으며 단호하게 대답했다.

✎ [1] <나 자신>은 당연히 <우리 내면의 신성>을 말한다. <신의 내재성(內在性)> 즉 그리스도성(性), 불성(佛性), 영성(靈性)을 말한다. ⧗

"그렇다면 어째서 그렇게 <다양한 종교(宗敎)>가 있겠습니까?" 네흘류도프가 물었다.

"자기 자신을 믿지 않고 **남을 믿으니까**[1] 종교가 발생하는 겁니다. 저도 남을 믿던 때가 있었고… 모든 종파는 전부 자기만 옳다고 합니다. 모두 눈먼 개처럼 각자 엉뚱한 곳을 헤매고 있는 겁니다.

**종교는 많아도 영성은 하나입니다. 당신 안에도, 제 안에도, 저 사람 안에도 모두 똑같은 것이 들어 있어요. 말하자면 모든 사람이 자기 안의 영성을 믿으면 결국 모두 하나가 되는 것입니다. 그러니까 <자기 자신>을 믿어야 해요.** 그래야 만인이 하나가 됩니다."

✍ [1] **남(의 말)을 믿으니까** : 우리는 <남의 (신성) 체험>, <남의 (경험한) 말>을 믿는다. **예수의 경험, 붓다의 체험을 믿는다.** <그런 것>은, 어떤 종교의 신도가 되는 것에는 도움이 되겠지만, <영성의 길>에서는 아무 소용이 없다. ⧗

"당신은 오래전부터 그런 믿음을 가지고 계셨던 건가요?" 네흘류도프가 물었다.

"저요? 오래됐습니다. 벌써 이십삼 년째 이렇게 쫓겨 다니고 있으니까요."

"쫓겨 다니다니요?"

"예수님이 쫓겨났듯이 저도 그렇게 쫓겨 다니고 있습니다. 재판도 당하고 사제들한테 끌려가기도 했고, 정신병원에 갇히기도 했습니다. **하지만 제게 아무 짓도 할 수 없었습니다. 저는 자유로운 사람이니까요.**

'네 이름이 뭐냐?'고 묻더군요. 제가 제 자신한데 어떤 명칭을 부여하고 있다고 생각했나 봐요. 그렇지만 전 모든 것을 거부합니다. **저한테는 이름도 없고, 집도 없고, 조국도 없고, 아무것도 없어요. 저는 <저 자신>일 뿐입니다.**[1] 이름이 뭐냐고요? 제 이름은 인간입니다.

&#9997; [1] **저는 <저 자신>일 뿐입니다.** : 잘 아는 대로 이것은 유명한 말로, 영어로는 "I am that I am.", 우리말로는 "나는 스스로 있는 자니라."로 알려져 있지만, "**나는 나**(나 자신일 뿐이)**다.**"가 가장 좋다. 다른 것은 다 나의 겉모습(겉옷, 우상)일 뿐이다. &#8987;

'나이는?' 저는 나이를 세지 않습니다. 셀 수가 없어요. 왜냐하면 **전 과거에도 존재했고 미래에도 항상 존재할 것이기 때문입니다.**

'네 아버지와 어머니는 누구냐?'하고 묻더군요. 제가 대답했습니다. 저한테는 아버지와 어머니가 없습니다. 저한테는 오직 하느님과 대지가 있을 뿐입니다. **하느님이 아버지이고 대지가 어머니입니다.**

그들은 또 '황제를 인정하느냐?'고 물었습니다. 인정하지 못할 거 없잖습니까? 그 사람은 자기한테 황제이고, 저는 저 자신한테 황제니까요. 그랬더니 '너와는 대화가 안 되는구나.'라고 하더군요. 그래서 내가 말했죠. 저와 대화해 달라고 부탁한 적 없습니다. 그랬더니 저를 괴롭히더라고요."

✍ 이것은 **소와 참나 이야기**에서 다룬 우리나라 춘성(春城) 선사의 일화를 연상케 한다. ⧗

"지금은 어디로 가시는 중입니까?" 네흘류도프가 물었다.

**"하느님이 이끄시는 대로 갑니다. 일이 있으면 일을 하고, 일이 없으면 빌어먹어야죠."**[1]

도하선이 건너편 강가에 닿았다. 네흘류도프는 지갑을 꺼내 노인에게 돈을 주려 했지만 그는 거절했다.

"저는 돈을 받지 않습니다. 빵은 받지요."

"아, 죄송합니다."

"죄송할 거 없어요. 절 모욕한 게 아니니까요. 또 **그럴 수도 없고요.**"

노인은 말을 마치고 벗어둔 배낭을 어깨에 둘러맸다.

✎ ¹ **일이 있으면 일을 하고**, 배가 고프면 먹으면 되고, 밥이 없으면 굶으면 되고, 비가 오면 맞으면 되고, 힘이 다하면 죽으면 된다. 항존자(恒存者)의 - '살아 있는 동안 깨달은 자'의 - 태도다. ⧗

☯

"당신은 이미 저를 위해 많은 일을 해 주셨어요. 당신이 없었더라면……"

**그녀는 뭔가를 말하고 싶었지만 목이 메어 말할 수 없었다.**

"내게 고마워할 건 하나도 없어요." 그가 말했다.

"어떻게 셈을 할 수 있겠어요? 우리의 셈은 나중 하느님께서 해 주실 거예요." 그녀가 말했다. **그녀의 검은 눈이 조금씩 젖어 들어 빛나기 시작했다.**

"당신은 참 좋은 여자예요!" 그가 말했다.

"제가 좋은 여자라고요?" **그녀가 눈물을 떨구며 말했다.** 애수(哀愁) 어린 미소가 그녀의 얼굴을 환하게 비쳤다.

"전 가 봐도 될까요?" 그녀는 영국인이 기다리는 것을 눈치채고 이렇게 말했다.

"이별 인사는 하지 않겠어요. 우린 다시 만나게 될 테니까요." 네흘류도프가 말했다.

"용서하세요." 그녀는 겨우 들릴 만한 소리로 말했다. 그들의 시선이 마주쳤다. 사시인 그녀의 묘한 시선과 '잘 가세요' 대신 '용서하세요'란 말을 할 때 얼굴에 애수 어린 미소를 보자 그는 깨달았다. 그녀의 결심에 대한 자신의 가정(假定)의 두 번째가 정답이었다. 그녀는 여전히 그를 사랑하고 있었다. 자신이 네흘류도프를 옭아맨다면 그의 인생을 망치리라 생각한 것이다. 자신이 시몬손과 함께 떠나는 것이 네흘류도프를 해방시켜 주는 길이라 믿었고, 자신이 원하던 방식으로 결론을 맺게 돼 기쁘기도 하지만 그와 헤어진다고 생각하니 마음이 아팠던 것이다.

<영적인 삶을 사는 사람들>에게 자주 일어나는 그 기적이 그에게도 일어났다. <처음에는, 모순이나 황당한 농담처럼 여겨졌던 어떤 생각(말)>이 <살아가면서, 점점 더 옳은 생각(말)>이라고 반복적으로 확인되다가, 어느 날 갑자기 <그 생각(말)이 가장 명료하고 확실한 진리>로 밝혀지는 경우가 있는데, 그에게 바로 그런 일이 일어난 것이다.

이제 제사(題詞)를 다루자.

그때 베드로가 예수께 물었다.

"형제가 저에게 죄를 지으면 몇 번을 용서해야 합니까? 일곱 번을 용서해야 합니까?"

"일곱 번이 아니라, 일곱 번을 일흔 번 하더라도 용서하라."

예수는 <용서의 비결>을 비유로써 설명한다.

어떤 왕이 자신에게 10,000 **달란트**나 빚진 어떤 종의 사정을 **<불쌍히 여겨>** 탕감해 주었는데, 그 종은 자기에게 겨우 100 **데나리온**을 빚진 친구를 감옥에 가둬 버리자, 왕이 그를 꾸짖었다.

"이 간악(奸惡)하고 사악(邪惡)한 인간아! **<내가 너를 불쌍히 여겼듯>** 너도 네 동류(同類)를 불쌍히 여겨야 하지 않느냐!"

그 왕이 다른 말로 다시 꾸짖는 소리가 들리는 듯하다.

"너는 네 형제 눈에 있는 티끌은 보면서
　네 눈에 있는 들보는 깨닫지 못하느냐?"

<용서 - 잃어버린 기술> 등의 책이 생각난다.
용서는 인간의 영원한 화두다!
왜 용서해야 하는가?

< 2 > 도스토예프스키의 세 작품
    <카라마조프가의 형제들> - 성부(聖父)?
    <백치(白痴)> - 성자(聖子)?
    <악령(惡靈)> - 성령(聖靈)?


    <카라마조프가의 형제들>은 <민음사>의 것을,
    <백치(白痴)>와  <악령(惡靈)>은  <열린  책들>의
것을 이용했다.


    영화는 <카라마조프가의 형제들>은 율 브린너가
주연한 미국판과 또 일본판이 있고,
    <백치>는 일본판이 있으나 추천하고 싶지 않고,
    <악령>은 영화로는 없는 것 같다.


    (<카라마조프가의 형제들>과 <백치>를 영화화한
<일본의 수준>은 부럽고, 언급할 만하다.
    영성이 깊을수록,  그것을  언어로든  영상으로든
드러내고 표현한다는 것은 그만큼 어려울 것이다.)


    <죄와 벌>은 흑백 영화로 추천할 만하다.

## (1) <카라마조프가의 형제들> - 성부(聖父)?

"하늘 天, 땅 地, **검을 玄**, 누를 黃……"

우리가 들어온 천자문(千字文)은 <**하늘은 검고**, 땅은 누르다>는 말로 시작한다. 하늘을 푸르다고 하지 않은 까닭은 잠시 미루고, 우선 **카라마조프의** "**카라**"**는** (터키어로, 요즘은 **튀르키예어**) <**검다**>**는 뜻**이 있음을 지적한다.

그리고 또 우리가 잘 아는 글 한 대목.

"아버님 날 낳으시고 어머님 날 기르시니……"

<어머니가 아니라, 아버지가 "낳은" 그 까닭도 일단 미루고, 먼저 **카라마조프가의 형제들**>이란 작품을 "낳은" **도스토예프스키**란 "아버지(작가)"를 살펴보자.

환갑인 60세를 (겨우) 살다 간 **도스토예프스키**의 삶 자체가 극적(劇的)이다. <가난>, <유형(流刑)>, <간질(癎疾)>, <도박(賭博)>의 네 가지가 그렇다.

그는 28세에 <사형 선고>를 받았고, 30대인 한창 때를 8년 동안 유형으로 보냈고(13%), 평생 동안 <간질 발작>에 시달렸다고 하며, 도박을 즐겼다고 한다. <유형>과 <간질>은 그의 작품에서, <도박>은 **타르코프스키**의 <희생>에서 다룬다.

여기서는 <가난>에 대해서 약간 다루자.

<도스토예프스키의 가난>은 그의 작품 <가난한 사람들> 등을 통해 짐작할 수 있을 것이다. 지금은, 재미없지만, 필자가 경험한 가난을 약간만 다룬다.


필자는 <6.25 전쟁>이 끝난 직후인 <전후(戰後) 베이비 붐> 세대다. 아마도 초등학교에 들어가기 전일 것이다. 하도 배가 고파서 초가집 앞 텃밭의 흙덩이를 먹었던 기억이 있다. 필자가 초등학교에 들어갔을 때 1학년은 23반까지 있었고, 우리 반은 17반으로 103명이었다. 의자 두 개를 붙여 세 명이 앉았다. 선생님이 두 명만 앉은 것을 보고 물으면, 누군가가 "가 죽었어예(그 아이는 죽었어요)."라고 대답하는 소리는 아직도 들리는 듯하다.

"엊저녁 못 먹은 사람?" <오늘 아침을 못 먹은 사람?>이라고 물었다가 전부 손을 들자, 선생님은 고쳐 물었다. 그래도 우리 대부분은 손을 들었고, 주먹밥을 얻어먹으려고 줄을 서 운동장으로 갔다. 공부는 그 뒤의 일이었다. 아마도 그때 처음으로 "일용(日用)할 양식"의 의미를 알았던 것 같다.

필자의 부친이 나중에 했던 이야기가 생각난다. 며칠을 굶어서, 어린 자식들은 힘없이 누워 있고, 먹일 것이라곤 전혀 없게 되자, "도둑질하고 싶은 마음이 들더라."는 말.

훗날 필자가 교회를 다니면서도 또 지금까지도 고수(固守)하는 것은 이것이다.

나로 가난하게도 마옵시고 부하게도 마옵소서!
혹 내가 배불러서 하나님을 모른다 할까 하오며,
혹 내가 가난하여 도적질할까 두려워함이니이다.

☯

<카라마조프가의 형제들>은 도스토예프스키의 <마지막 작품>으로, 그는 후편을 쓸 작정이었다고 한다. 어쨌든 필자는 "형제들"보다는 "아버지"에게 초점을 맞춰 성부(聖父)까지도 생각해 보려고 한다.

잘 아는 대로, 기독교에서는 삼위일체의 교설이 있다. '성부(聖父) - 성자(聖子) - 성령(聖靈)'이라는 것 말이다. 부(父)가 있으면 자(子)는 당연히 있을 것이고, 이 경우에 성령은 모(母)인 것도 같다.

하여튼 <아들>이 있고, 그 아들이 자라게 되면, <아버지>는 뒤로 물러나거나 밀려나게 되는 것은 당연한 일이다. 그렇지 못하면 소위 <Life Cycle> 에서 맞지 않는 것이 된다.

<출생>-<유지>-<죽음>은 그런 식으로 이어진다. 그것을 인도에서는 <브라흐마>-<비슈누>-<쉬바> 라고 부른다. 그것은 삼위일체다.

그리고 꼭 기억해야 할 것은 "어린이는 어른의 아버지"라는 말처럼, 만약 어떤 <출생>이 <죽음>의 아버지라면, <죽음>은 또 어떤 <출생>의 아버지가 된다는 것이다. 그러므로 '아버지'라는 말은 어떤 것의 <원인> 혹은 더 나아가 <근원(根源)>이라는 것이다.

☯

필자는 **비갸나 바이라바**에서 ("**저 <자유의 땅>, 내면의 하늘을 찾아서**"에서) <우리 인간의 성장과 발달>을 다루었다.

"한 인간이 시작될 때 - 잘 아는 대로 우리 몸은 지(地), 수(水), 화(火). 풍(風)과 또 <그것들을 엮어주는 것(공간)>으로 이루어진다(구성된다). - 그는 특정한 지점에 근거(根據)해야 한다.
태아는 어디에서 모체(母體)와 붙어 있고, 어디로부터 그 생명력을 얻고 있는가?"

그러면서 특히 <가슴>의 중요성을 다루었다.

"그러나 갓난아이는 곧 다른 구심점을 개발한다. **그것은 <가슴>, 즉 <느끼는 무엇>이다.** 갓난아이는 느낀다. 그는 아직 <말>을, 언어를 모른다. 언어는 머리의 것이다. 그가 내는 소리에는 어떤 느낌이 들어 있다.

그리고 가슴은 <사랑이 숨쉬는 곳>일 수 있다. **어린아이는 사랑을 받으면서 사랑을 배우게 된다.** 어린아이는 사랑을 받으면서 반응하고 그 반응으로 어떤 중심이 생겨난다. **심리학자들은 <어린아이가 사랑을 받지 못하면 결코 사랑할 수 없다>고 한다.** 그러므로 이 <사랑의 중추>는 개발되는 것이다.

**많은 사람들이 이 사랑의 가슴이 없이 살아간다.** 부모들은 자신들이 자식을 사랑한다고 생각하지만, **그러나 사랑한다는 것은 그렇게 쉬운 일이 아니다. 사랑은 아주 어려운 무엇이다. 그것이 인류가 사랑 없이 사는 이유다.**"

우리는 <우리의 이런 비극적인 상황>을 솔직히 인정하면서, 우리가 보통 말하는 <아버지>에게로 돌아가자. 그리고 <친부 살해> 내지 <부성 살해>에 대해서도 알아보자.

도스토예프스키는 작중(作中) 변호사 페츄코비치를 통해 말한다.

"<아버지>란, <진정한 아버지>란 무엇입니까?

이토록 위대한 말의 뜻은 도대체 무엇이며, 이 호칭 속에 들어 있는 무섭도록 위대한 이념이란 또 무엇입니까? 우리는 지금 막 <참된 아버지>는 어떤 것인가, 어떠해야 하는가를 지적했습니다.

고(故) 표도르 파블로비치 카라마조프씨는 지금 우리의 마음속에 떠오른 아버지의 개념과는 조금도 닮지 않았습니다. 이것은 재앙입니다. 그렇습니다. 정말로 어떤 아버지는 재앙이나 다름없습니다.

저는 방금 <아버지란 무엇이냐?>고 물었고, 또 이것이 <위대한 말>이며 <고귀한 호칭>이라고 외쳤습니다. **<말>이란 정직하게 사용해야 되는 것이니만큼** 저는 감히 그 대상을 그에 걸맞은 말로, 그에 걸맞은 호칭으로 부르도록 하겠습니다.

피살된 **카라마조프** 노인과 같은 아버지는 아버지라고 부를 수도 없고 또 그렇게 불릴 자격도 없는 위인(爲人)입니다.

<아버지에 대한 사랑>은, 그것이 아버지에 의해 화답 받지 못하는 한, 터무니없는 불가능한 것에

지나지 않습니다. 무(無)에서 사랑을 창조할 수는 없습니다. 무에서 창조할 수 있는 자는 신(神)밖에 없습니다.

'**아버지들이여 자녀들을 노엽게 하지 마십시오.**'[1] 어느 사도는 <사랑에 불타는 마음>을 담아 이렇게 쓰고 있습니다. 저는 모든 아버지들을 위해서 이 말씀을 상기하는 바입니다. 저는 한 인간이자 시민으로서 호소하는 바입니다. '비보스 보코!'[2] 이 말로 말입니다.

✍ [1] 아비들아 너희 자녀를 격노케 말지니 낙심할까 함이라 (골로새서 3:21)

[2] Vivos Voco! "I call the living!" "살아 있는 모든 자들에게 호소하노라!" 프리드리히 실러의 <종(鍾)의 노래>의 제사(題詞) 첫 구절이다. ⌛

이 땅 위에 머무는 시간이 길지도 않건만 우리는 고약한 일을 많이 저지르며 고약한 말을 많이 내뱉습니다. 하지만 또 그렇기 때문에 **우리 모두 서로에게 좋은 말을 하기 위해 <우리가 함께 사귈 수 있는 적절한 순간>을 포착하도록 합시다.**

저 또한 그렇습니다. **이 자리에 있는 동한 저는 저에게 주어진 이 순간을 이용하는 것입니다. 이 자리가 '드높은 의지'에 의해 우리에게 선사된 것은**

**우연이 아닙니다.**

저는 이곳의 아버지들만을 위해서 말하는 것이 아니라, 모든 아버지들을 위해 외치는 바입니다.

"아버지들이여 자녀들을 노엽게 하지 마십시오." 그러니 **우리 자신이 먼저 그리스도의 성약(聖約)을 이행한 후,** 그다음에 비로소 우리 아이들에게 감히 뭔가를 요구하든지 합시다.

그렇지 않으면 우리는 <아버지>가 아니라 우리 자녀들의 <원수>이며, 그들 또한 우리의 자녀들이 아니라 우리의 원수가 되고 마는 것이니, 그것도 우리 자신의 손으로 그들을 원수로 만든 것입니다!

'**너희가 되어서 주는 만큼, 너희도 되어서 받을 것이다.**'[1] 이건 제 말이 아니고 성서의 말씀입니다.

우리 아이들이 우리한테서 받은 만큼 우리에게 그대로 돌려준다고 한들 어떻게 그들을 비난할 수 있겠습니까?"

✍ [1] '너희가 되어서 주는 만큼……'

공관(共觀) 복음서 모두에 나오며, 전문(全文)은 다음과 같다.

비판(批判)하지 말라! 그리 하면

너희가 비판을 받지 않을 것이요

정죄(定罪)하지 말라! 그리하면
너희가 정죄를 받지 않을 것이요
용서(容恕)하라! 그리하면
너희가 용서를 받을 것이요
**너희의 헤아리는 그 헤아림으로**
**너희도 헤아림을 도로 받을 것이니라** ⌛

☯

자, 이제 신화에서 다루는 <친부(親父) 살해>를
살펴보자.

아마도 그 <첫 사건>은 **우라노스**일 것이다.
**우라노스**의 아내 **가이아**는 남편에게서 벗어나기
위해 막내아들 **크로노스**에게 부탁하여, 아들이 낫
으로 <아버지의 고환(睾丸)>을 자르도록 한다.
신들이 죽을 수는 없으니, **고환이 잘리는 것으로**
**그의 "생명"은 다한 것이다. 즉 죽은 것이다.**
잘 아는 대로, **우라노스**는 <하늘>을, **가이아**는
<대지>를, **크로노스**는 <시간>을 의미한다. 아마도
하늘이 땅과 더불어 만들어놓은 모든 것은 시간이
흐르면서 없어진다는 의미일 것이다. 그러니 시간
즉 세월 앞에는 장사가 없고, **크로노스**는 하늘과
땅의 최초의 왕이 된다.

[크로노스는 왕좌를 빼앗기지 않으려고 아내가 자식들을 낳은 즉시 집어삼키는 괴물(?)이 되고…… 막내아들 제우스("하늘", "빛")의 태어남과 기지로, 삼켰던 아이들을 토해 낸다.]

그러나 **크로노스의 근원(根源)**이 어디였던가?
<우라노스의 고환>에는 이미 **시간이 잠재성으로 들어 있었다.** 물론 우리가 아는 <과거, 현재, 미래>라는 순서나 양(量) 등이 아닌 채로 말이다.

**<죽는다>**는 의미를 다시 새겨보라. <영원한 존재에게 있어서> 말이다. 그리고 그 **<영원한 존재>** 즉 **<시간이 없는 존재>**에게 있어서 시간이란 의미를 **생각해 보라.**

☯

우리가 잘 아는 도덕경에 나오는 말.

<가장 훌륭한(太上) 지도자>는
<겨우 그 존재 정도만 알려진 자>,
그다음은 <사람들이 가까이하고 칭찬하는 자>,
그다음은 <사람들이 두려워하는 자>,
가장 좋지 못한 것은 <사람들이 업신여기는 자>.

<지도자>란 말 대신에 <아버지>나 <신(神)>으로 읽으면 더 많은 것을 생각할 수 있다. 자신이 어느 누군가의 <아버지>인 사람은 이해가 쉬울 것이다.

그리고 흔히 말하는 <신>으로 읽고 생각한다면, 우리는 <읽고 생각하는 그 사람>의 <영적 수준>을 가늠해 볼 수 있다. 이해하기가 어렵겠지만, <신>은 곧 나 자신이기 때문이다.

그것은 누군가가 말했듯이, <자아 팽창>이 아닌 <자기 확장>이기 때문이다. 즉 "나"라는 말을 여러 층위에서 모두가 사용하고 있기 때문이다. 그러나 그 의미는 하늘과 땅의 차이다.

☯

이제 <하나님 아버지>란 말을 다루자.

교회 다닐 때의 일이다. "하나님 아버지"란 말은 가부장적 사회의 유물로, 남녀평등에 어긋나므로 <하나님 어버이>라는 말을 써야 한다는 말을 들은 적이 있다.

<그런 생각의 방식>이라면 "아버님 날 낳으시고" 라는 말은 틀렸고, 천지현황(天地玄黃)은 천지청황 (天地靑黃)이 맞을지도 모른다. 그러나 밤에 보는 하늘은 검게 보일 수 있고, 노을 진 하늘은 붉을

때가 있다.

"하늘"을 우러러 우리 조상들은 <하느님>이라고 불렀다. (<하늘>에 대해서는 여러 번 다루었다.)

## 하늘은 있는 것인가, 없는 것인가?

그것은 <있다>고도 할 수 있고, <없다>고도 할 수 있다. 아니면 그것은 <있다>고도 할 수 없고, <없다>고도 할 수 없다.

언어로는, 말로는 "하늘은 있다."고 할 수 있다. 그러나 그 <텅 빈 것>은 정말로 <있는 것>인가? 아니면 <없는 것>인가?

그렇지만 "하늘" 즉 그 <텅 빈 공간>이 없다면, 그 안의 삼라만상(森羅萬象)은 그 어디에, 그리고 어떻게 존재할 것인가?

<텅 빈 하늘과 같은 것>, <'없다'고도 할 수 있으면서 명확히 있는 것>, 그런 것이 <하느님>이고 <신(神)>이다. 그것이 <태상(太上)의 지도자>이고 <지고(至高)의 존재>다.

<그런 아버지>일 때, **<아들>인 우리**는 내 마음껏 무한히 그의 세계를 탐구할 수 있다. 그의 세계는 그만큼 깊으니까 말이다. 그럴 때, 그런 것을 느낄 때면, 누구든 "**좋으신 하나님**"이라고 할 것이다.

## (2) <백치> - 성자(聖子)?

　<성자(聖子)>는 잘 아는 대로, 사형(死刑)을 언도 받고 십자가에서 죽은 **예수**를 말한다. 그리고 그는 <하나님의 아들>이라고 말한다.

　여기서는 그런 것을 살핀다.

　즉 <사형 선고>를 받고 <죽음의 문턱>에 이르는 과정과 또 <하나님의 아들>이라는 것이 의미하는 바를 말이다. **도스토예프스키는 그 자신의 경험을** 백치(白痴) **미쉬낀** 공작을 통해서 이렇게 말한다.

　미쉬낀 공작(公爵)이 말했다.

　"나는 <**12년 동안 감옥에 있었던 사람**>의 말을 들은 적이 있어요. 그는 나의 교수님한테 치료를 받던 환자였습니다. 그는 가끔 간질(癎疾) 발작을 했고, 때론 불안을 못 이겨 울부짖으며 자살까지 시도한 적이 있습니다. 그의 감옥 생활은 확실히 우울하기 짝이 없는 것이었지만, 푼돈을 위한 것은 아니었습니다. 이 사람의 지기(知己)란 감옥 천장의 거미와 철창 밖의 나무 한 그루가 전부였습니다.

그러나 <작년에 만났던 다른 사람>의 이야기를 해 주는 편이 더 낫겠군요. 아주 <이상스런 사건>이었지요. 이상(異常)스럽다는 것은 <그런 사건>이 아주 드물게 일어나기 때문이랍니다.

그 사람은 다른 죄수들과 함께 사형대 위로 끌려가서 정치범으로 총살형을 받는다는 선고문을 들었습니다. 그런데 20분쯤 후에 사면령이 내려져서 그보다 감형된 형량을 선고받게 되었지요. 그렇지만 그는 이 두 개의 선고 사이에, 20분 아니면 적어도 15분 동안은 <나는 몇 분 후면 죽을 것이다>라는 의심할 수 없는 확실성에 사로잡혀 있었던 거지요.

그는 가끔 그 당시의 인상을 떠올리곤 했는데 그 얘기를 난 무척이나 듣고 싶었어요. 그래서 나는 몇 번씩이나 그에게 꼬치꼬치 되묻곤 했어요. 그는 마치 어제 일처럼 모든 걸 생생하게 기억하고 있었습니다. **<그 몇 분 동안의 어느 한 순간>도 결코 잊을 수가 없다**고 했어요.

<세 개의 기둥>이, 구경꾼들과 병사들 곁에 있는 처형대에서 약 스무 발자국쯤 떨어진 곳에 세워져 있었습니다. 죄수들이 여러 명 되어서였지요. 처음엔 세 명의 죄수를 그 기둥으로 끌고 가서 거기다 묶었습니다. 그리고 **가운** 같은 기다란 흰 사형복을

입히고, 총이 보이지 않도록 흰 벙거지를 눈까지 눌러 씌웠지요. 그러고 나서 각 기둥의 정면에는 서너 명의 병사가 한 조를 이루어 정렬했습니다. 내가 아는 그 죄수는 여덟 번째로 서 있었고, 세 번째 처형을 기다리고 있었지요. 신부가 십자가를 들고 모든 죄수들 앞을 돌아다녔습니다.

**그에게 목숨이 붙어 있을 시간은 5분 정도밖에 없었던 거지요. 이 5분이 그에게는 무한대의 시간 이고 엄청난 재산처럼 여겨졌다고 그는 말했어요. 그는 이 5분 동안 많은 삶을 살 수 있다는 느낌이 들어서 그것이 마지막 순간이라는 생각은 하지도 못했다고 했습니다.**

그는 남아 있는 5분 동안에 <해야 할 일>을 정리 했던 거지요. 우선 동료들과의 작별에 2분을 할당 하고, 마지막으로 자기 자신을 성찰해 보는 데 2분, 그리고 나머지 시간은 주변을 둘러보는 것에 할당 했답니다. 그는 이 세 가지를 시간에 맞춰 그대로 실행에 옮겼던 일을 그때도 아주 생생히 기억하고 있었어요. 그는 스물일곱 살이란 젊고 혈기왕성한 나이에 죽어 가야 했던 것입니다.

그는 동료들과 작별을 고하며 그 중 한 사람에게 아주 엉뚱한 질문을 던지고는 어떤 대답이 나올까 매우 궁금해 하기까지 했다고 했습니다. 동료들과 작별을 고한 뒤, 자기 자신을 생각해 보는 2분이 찾아왔지요. 그는 이미 자신이 무엇을 생각할지를 알고 있었답니다. 어떻게 이런 일이 벌어졌는지를 가능한 한 빨리 그리고 선명하게 그려보고 싶었던 겁니다. **나는 지금 존재하며 살고 있다. 하지만 3분 후면 무언가 다른 존재로 변할 것이다. 그 존재가 생명체인지 비(非)생명체인지는 모른다.** 생명체라면 도대체 어떤 존재가 될까? 그리고 어디에서 살게 될까? 그는 이 모든 것을 2분 동안에 생각해 보려 했던 것입니다! 멀지 않은 곳에 교회당이 있었고, 그 교회당의 황금빛 **돔**은 태양에 이글거렸습니다. 그는 눈부시게 이글거리는 그 교회 꼭대기를 뚫어 져라 쳐다보았다고 했습니다. 그것에서 시선을 뗄 수가 없었지요. 그는 <저 빛이야말로 나의 새로운 본성이다, 3분 후에 나는 저 빛과 융합될 것이다> 라고 생각했습니다. 곧 다가올 새로운 것에 대한 혐오감과 불투명성은 실로 무섭기 짝이 없었던 게 지요.

그렇지만 이 순간 그에게 가장 괴로웠던 것은 <만약에 이대로 죽지 않는다면 어떻게 되나?> 하는 생각이 끊임없이 머릿속에서 떠오르는 거였습니다. '만약 내가 죽지 않는다면 어떻게 될까? 만약 생명을 다시 찾는다면…… 그것이 영원(永遠)이 아닐까! 그럼 이 모든 것이 나의 것이 된다! 그때 나는 매 순간을 1세기로 연장시켜 아무것도 잃지 않고, 1분 1초라도 정확히 계산해 두어 결코 헛되이 낭비하지 않으리라!'

결국 그의 상념은 독한 마음으로 변하여, 차라리 한 순간이라도 빨리 총살시켜 주었으면 하는 바람이 생겨났다고 술회했습니다."

알렉산드라가 한마디 했다.

"공작은 아마, 단 한 순간도 값을 매길 수 없는 것이고, 때로는 5분이 그 어떤 보물보다 더 소중할 수 있다는 것을 강조한 것이겠죠. 하지만 공작에게 그런 얘기를 들려준 그 사람은 감형 처분을 받고 <영원한 삶>을 선사 받지 않았나요? 그 사람은 이 엄청난 부(富)를, 매 순간을 정확히 계산하며 살았나요?"

"아, 아니 그렇지 않았습니다. 그렇잖아도 내가 거기에 대해 물어보았지요. 그 사람은 전혀 그렇지 않았다고 합니다. 너무나 많은 순간과 시간을 잃고 살았답니다."

☯

공작은 회상(回想)에 젖어 나머지 모든 것을 잊어 버린 채 마치 기다렸다는 듯이 말문을 열었다.

"그 사형수가 층계를 다 올라가 단두대에 발을 내디딘 바로 그 순간, 그 사람은 내가 있는 쪽을 바라보았지요. 그때 나는 그의 얼굴을 보고 모든 걸 이해하게 됐습니다…… 하지만 이걸 어떻게 다 말로 표현하겠습니까? 나는 댁이나 그 누구든 그 광경을 그렸으면 하는 마음이 굴뚝같습니다. 그때 나는 이런 그림이 매우 유익할 거라고 생각했지요. 그러나 그 그림을 그리기 위해서는 이전에 있었던 모든 일을 낱낱이 다 알아야 할 필요가 있습니다.

그 사형수는 감옥에 있으면서 처형일이 아직도 일주일이나 더 남아 있을 거라고 생각했지요. 그는 일반적인 절차를 염두에 두고, 사형 집행 서류가 오려면 1주일은 걸릴 거라고 생각했지요. 그런데 갑자기 어떤 사건으로 인해 그 기간이 단축되었던 겁니다. 새벽 5시, 그는 아직 잠을 자고 있었어요. 때는 10월 말이어서 5시쯤이면 아직 날이 컴컴하고 어두웠지요. 형무소장이 간수와 함께 조용히 들어 와 조심스럽게 그의 어깨를 툭툭 치자, 그는 몸을 약간 일으켜 팔꿈치로 몸을 받쳤습니다. 불빛을 본 순간 그는 짤막하게 말했습니다.

'무슨 일이오?'

'10시에 사형 집행을 한다!'

그는 잠이 덜 깨서 귀를 의심하며, 서류상으로는 1주일 후인데 벌써부터 왜 그러느냐면서 입씨름을 벌였지요. 그런데 정신이 완전히 들고 나서부터는 아무 말도 하려 하지 않고 입을 다물어 버렸어요. 들리는 말로는, 그 사람이 '이렇게 느닷없이 집행을 하다니 괴롭군……'이라고 말하고 나선 줄곧 아무 말도 하지 않았다고 하더군요.

그리고 서너 시간 동안은 흔히 하는 절차를 밟았어요. 신부를 만나고 또 포도주와 커피와 쇠고기가 나오는 아침을 먹었어요. 사실 그런 아침을 준다는 것은 조롱이 아니고 뭐겠습니까? 이 얼마나 잔인한 일입니까, 게다가 그들은 순수한 마음에서 그러한 행동을 하며 그것을 박애 정신이라고 확신했던 겁니다. 그다음에는 몸단장을 시켰던 게지요. 사형수에게 몸단장이 대체 무슨 소용입니까?

그리고 마침내 그를 시내에 있는 형장(刑場)으로 데려간 겁니다. **형장까지 끌려가는 동안에 그는 <남아 있는 시간>이 무한할 거라는 생각을 했을** 것 같아요. 그는 길을 가며 이렇게 생각했을 **겁니다.**

'사형장까지는 오래 걸릴 것이다. **아직도 거리를 세 군데나 지나가야 된다. 그동안 나는 살아 있다.**

이 거리를 지나면 다음 거리가 또 남아 있고, 오른편에 빵 가게가 있는 거리가 또 하나 더 있다……. 그 빵 가게까지 가려면 아직도 얼마간은 더 가야 한다!'

주변에는 군중이 운집해 있었고, 그들의 외침과 소음, 수만의 얼굴과 눈이 한데 엉켜 있었지요. 그 모든 것을 참아 내야 했지만 가장 힘들었던 것은, '수많은 저들 중에서 아무도 처형당하는 이가 없고, 나만 홀로 처형을 당하는구나!' 하는 생각이었지요. 여기까지가 서론입니다.

단두대(斷頭臺)에는 조그만 계단이 설치되어 있었습니다. 그는 그 계단 앞에 이르자 갑자기 울음을 터뜨렸습니다. 그는 아주 건장하고 남자다운 사내였는데, 대단한 악당이었다고 말하더군요. 시종일관 그 곁에는 신부가 따라다녔습니다. 함께 수레까지 타고 왔을 정도니까요. 신부는 뭐라고 계속 말을 했지만 그 사형수는 무슨 말을 하는지 거의 듣는 것 같지 않았어요.

**아무리 들으려 한다 해도 세 마디째부터는 무슨 말인지 이해하지 못했을 겁니다.** 누구든 다 그렇지 않겠습니까? 마침내 그는 그 계단을 올라가기 시작했어요. 그때 그의 발은 묶여 있어서 조금씩밖에 발을 뗄 수가 없었습니다.

신부는 - 그는 틀림없이 현명한 사람일 거예요. - 말을 멈추더니 그에게 십자가에 **키스**하도록 했습니다. 계단 밑에서 사형수의 얼굴은 무척 창백해 보였어요. 그런데 단두대에 올라갔을 때는 더 창백해져 마치 백지장 같았어요. 아마 두 다리의 힘이 다 빠져 나무처럼 뻣뻣해지고, 목이 눌려 구역질이 날 지경이었는지도 모르죠.

여러분은 **지독하게 놀란다거나 무서워 오싹하는 순간에, 정신은 말짱한데도 몸이 전혀 말을 듣지 않는 경우를 겪어 봤나요?** 예를 들면, 머리 위로 내려앉는 것같이 죽음이 불가피한 상황에서는 그 누구든 제자리에 털썩 주저앉아 눈을 감고 날 잡아가라 하고 모든 걸 포기할 겁니다.

이와 같이 약한 마음이 일기 시작했을 때 신부는 재빨리 그 사형수의 입에다 말없이 십자가를 갖다 댔습니다. 사각의 작은 은제(銀製) 십자가였지요. 신부는 매 순간 그것을 갖다 댔습니다. 그는 십자가가 입술에 닿을 때마다 눈을 뜨고는 몇 초 동안 기운을 차린 듯이 발을 옮겼어요.

그는 탐욕스럽게 십자가에 **키스**를 해댔습니다. 그는 비상시를 위해서 무언가를 움켜잡아 비축해 놓듯이 성급하게 **키스**를 했지요. 그렇지만 이러한 순간에 종교적인 감화를 받는 것 같지는 않았어요.

이렇게 해서 기요틴의 작두날까지 온 겁니다…….

　이상한 것은 <이런 순간>에 인간은 기절할 만도 한데 그런 경우가 드물다는 것입니다. 기절은커녕 정신이 <기가 막히게> 말짱해지고, 마치 작동 중인 기계처럼 **강하게, 강하게 머리가 움직이는 것 같습니다.** 내 상상이지만, 끝도 없는 여러 가지 생각이, 어쩌면 우스꽝스럽기도 하고 이런 상황과는 아무 상관도 없는 엉뚱한 생각들이 서로 맞부딪히면서 떠오르지 않았나 생각해 봅니다. 말하자면,
　'저 사람이 날 쳐다보고 있구나. 그런데 이마에 사마귀가 있군. 여기 이 형리(刑吏)의 아랫단추가 녹이 슬어 있는데……' 하는 식이죠.

　왜냐하면 **한편으로는 모든 것을 알고, 기억하고 있다는 거지요. 도무지 잊어버릴 수 없는 점(點)이 있기 때문입니다.** 그것 때문에 기절할 수도 없고, **모든 것이 그 <점(點)> 주위에서 빙빙 돌고 있지요.**
　머리가 이미 칼날 밑에 눕혀져, 무엇이 닥칠까 그 결과를 빤히 알고 있는데, 갑자기 자기의 머리 위로 날카로운 쇳덩이가 미끄러져 내려오는 소리를 듣는 최후의 1/4초가 어떠할지 생각해 보세요! 그 소리는 반드시 들릴 것입니다. 나라도 단두대 밑에 있다면 그 소리를 의식적으로라도 들으려 할 거고

듣게 될 겁니다! 어쩌면 그 순간이 1/10초에 불과할지도 모릅니다. 그러나 여하튼 그 소리는 반드시 듣게 됩니다.

그리고 한번 상상(想像)해 보십시오. 지금까지도 왈가왈부(曰可曰否)하지만, **머리가 떨어져 나간 후 1초 정도는 자기 목이 날아갔다는 것을 의식할 수 있다는 것이 얼마나 해괴(駭怪)합니까.**
만약 그것이 5초 정도라면 어떻게 될까요?

층계의 맨 위의 단(段)만 가까이 명확히 보이게끔 단두대를 그려보세요. 사형수는 백지장처럼 하얀 얼굴로 마지막 계단을 밟고 있으면서, 신부가 내민 십자가에 새파랗게 질린 입술을 탐욕스럽게 내밀고 두 눈은 <모든 걸 다 알고 있다>는 듯이 십자가를 바라보고 있는 겁니다. 그림의 핵심은 십자가와 그 머리입니다. 신부의 얼굴, 형리의 얼굴, 아래쪽에 보이는 몇몇 머리와 눈, 이것은 배경의 **액세서리**로 안개에 싸인 듯 그려도 됩니다……. 이것이 상상해 본 모습입니다."

공작은 말문을 닫고 모두를 쳐다보았다.
"듣고 보니 전혀 은둔주의자 같지 않군."
**알렉산드라**가 혼잣말을 했다.

이제 백치(白痴)를 성자(聖子, 하나님의 아들 즉 하늘의 어린아이들)라고 한 이유를 알아보자.

(길지만, 읽으며 나름 그 이유를 캐 보시길……)

"<학교 선생님>은 그렇게 해서 결국은 나의 첫 번째 적이 되었지요. 아이들로 인해서 나에겐 많은 적들이 생겨났습니다. 급기야는 슈나이더 교수까지 나에게 싫은 소리를 하게 되었어요. 그들이 무얼 그리 두려워했느냐고요? 아이들에게는 모든 것을 다 말해도 됩니다. **언제나 내게 충격적이었던 것은 <어른들이 아이들을 형편없이 모르고 있다>는 사실이었지요. 심지어는 친부모까지 자기 자식들을 잘 모르고 있었으니까요.**

아이들이 어리다고, 아직 알기에 이르다고 해서 그들에게 무언가를 숨길 필요는 없습니다. 그것은 매우 서글프고 불행한 태도입니다! **아이들은 모든 것을 이해하고 있기 때문에, 심지어는 <부모들이 '애들은 너무 어려서 아무것도 이해하지 못한다'고 생각하는 것>까지도 훌륭히 알아챕니다.**

어른들은 잘 모르겠지만, 아주 곤란한 상황에서조차 지극히 중요한 조언을 해 줄 수 있습니다. 오,

이 <착하고 어린 새>가 꾸밈없이 행복한 눈망울로 당신을 바라보는데, 이 <어린 새>를 속인다는 것은 부끄러운 것입니다! 내가 아이들을 <어린 새>라고 부르는 이유는 이 세상에서 어린 새만큼 착한 게 없기 때문이지요. 어쨌든 마을 사람들이 모두 나름 싫어했던 주요한 까닭은 어떤 사건 때문이었지요.

그런데 학교 선생님 **티보**는 한마디로 나를 시기했습니다. 그는 아이들이 내가 가르치는 것은 모두 이해하는데 자기가 가르치는 것은 거의 이해하지 못하는 데 대해 처음에는 고개를 저으며 놀라기만 했는데, 내가 그에게 우리는 아이들에게 아무것도 가르쳐 줄 수 없으며 오히려 우리가 아이들에게서 배워야 한다는 말을 하고 난 뒤부터는 나를 비웃기 시작했습니다. 그도 아이들과 함께 생활하고 있었는데 어떻게 나를 중상할 수 있었을까요?

**<영혼(靈魂)의 병(病)>은 아이들을 통해 치유될 수 있습니다**…… 슈나이더 교수의 병원에는 불행한 환자가 한 사람 있었습니다. 아무리 불행하다 하더라도 그의 불행을 쫓아가지는 못할 겁니다. 그는 정신 착란으로 입원해 있었지요. 그러나 내가 보기에는, 그는 미친 사람이 아니었어요. 그는 지독하게 괴로워하고 있었을 뿐이었습니다. 그게 바로 그의 병의 전부였지요.

그런데 나의 아이들에게 그 환자가 얼마나 소중한 존재가 되었는지 여러분이 안다면…… 하지만 이 환자에 대해선 다음에 얘기하는 게 낫겠어요.

지금은 그 모든 사건의 전모를 얘기해 주겠어요. 아이들은 처음에 날 좋아하지 않았지요. 난 어른인데다가 언제나 꾸물대는 느림보였으니까요. 게다가 나 스스로도 인정하지만 난 멍청한 데가 있었고, 더욱이 외국인이었어요. 아이들은 처음에 날 보고 비웃었죠. 그리고 내가 **마리**에게 **키스**하는 걸 보고 나에게 돌멩이까지 던지기 시작했어요. 난 단 한 번밖에 그녀에게 **키스**하지 않았는데…… 그렇게들 웃지 마세요."

공작은 아가씨들이 킥킥거리자 웃음을 막았다.

"사랑해서 **키스**한 건 절대로 아니었어요. **마리**가 얼마나 불쌍한 아가씨인지 안다면 여러분도 나처럼 그 아가씨를 가엽게 여길 겁니다.

그녀는 같은 마을에 살았지요. 그녀의 어머니는 아주 나이 많은 노파였고, 그들 모녀에겐 두 개의 창문이 난 아주 낡은 집이 있었습니다. 그 노파는 마을 당국의 허가를 받아 한쪽 창문을 떼어 내고 그 창문을 통해 빨랫줄이니, 실, 담배, 비누와 같이 자질구레한 물건들을 팔아 연명하고 있었습니다.

그 노파는 환자였고 두 다리가 부어올라 줄곧 앉아 있어야 했지요. **마리**는 그 노파의 딸로 스무 살쯤 된 허약하고 몸이 마른 처녀였어요. 그녀는 오래전부터 폐병을 앓아 왔지만, 매일같이 집집을 돌아다니며 힘든 일을 맡아 했습니다. 그녀는 남의 집 청소를 해 주고, 옷가지를 빨아 주고, 마당을 쓸어 주고, 가축을 몰아넣는 일을 했지요.

어느 떠돌이 **프랑스** 상인이 그녀를 유혹해 데려 갔다가 일주일 후에 그녀를 홀로 길 위에 팽개쳐 놓고 도망간 적도 있었지요. 그녀는 온통 누더기가 되어 더러워진 옷을 입고 다 떨어진 나막신을 끌며 거지꼴로 돌아왔습니다. 그녀는 일주일 내내 걸어 왔고, 들판에서 노숙을 하다가 심하게 감기에 걸렸지요. 다리는 상처투성이였고, 두 손은 부르터 있었으며 풀잎에 마구 베어져 있었습니다. 그러잖아도 그녀는 원래 아름다운 편이 아니었어요. 소리 없이 반짝이는 두 눈만이 착하고 결백해 보일 뿐입니다.

아주 말이 없는 여자였지요. 언젠가 한번은 일을 하면서 느닷없이 노래를 부르기 시작해서 모두들 깜짝 놀라 웃었던 일이 있었답니다. '**마리**가 노래를 부르다니! 이럴 수가! **마리**가 노랠 불렀어!' 그녀는 몹시 당황하였고 그다음부터는 영원히 입을 다물어 버렸던 거지요.

그때까지는 그래도 귀여움을 받았지만, 그녀가 병이 들어 남루한 모습으로 돌아왔을 때는 아무도 그녀에게 동정심을 베풀지 않았어요. 너무 잔인한 사람들이었어요! 그들은 너무 가혹한 생각을 갖고 있었던 거예요! 어머니가 제일 먼저 그녀를 미움과 경멸로 맞이했어요. '어미를 이렇게 망신시키다니!' 제일 먼저 그녀를 수치의 구덩이로 몰아간 사람은 그녀의 어머니였습니다.

마을 사람들은 **마리**가 돌아왔다는 소식을 듣고, 남녀노소 불문하고 모두들 **마리**를 보러 그 노파의 집으로 급히 몰려들었지요. **마리**는 다 찢어진 옷을 입어 거의 몸이 드러난 채 노파의 발밑에 엎드려 울고 있었습니다. 사람들이 모여들자 그녀는 흐트러진 머리로 얼굴을 가리고 바닥에 엎드렸습니다.

사람들은 둥그렇게 원을 그린 채 파충류를 보듯 그녀를 내려다보았어요. 노인들은 그녀를 나무라고 욕을 했으며, 젊은이들은 비웃고 경멸어린 욕설을 퍼부으며 그녀를 꾸짖고는 거미를 보듯 했습니다. 그녀의 어머니는 이 모든 것을 허용했고, **마리**는 그냥 앉은 채로 머리를 끄덕이며 수긍을 했지요.

노파는 병이 악화되어 죽어 가는 상황이었어요. 노파는 결국 두 달 후에 죽고 말았습니다. 노파는 자기가 죽는다는 것을 알고 있었으나 죽는 날까지 딸을 용서할 생각을 하지 않았지요. 그리고 딸과는 단 한 마디도 하지 않았을 뿐더러, 잠잘 때는 딸을 건초더미로 내쫓고, 음식도 거의 먹이지 않았어요. 노파는 다리가 아파서 자주 더운 물로 찜질을 해 줘야 했는데, **마리**가 매일 어머니의 다리를 씻겨 주고 돌보아 주었습니다. 그렇지만 노파는 말없이 딸의 병간호를 다 받으면서도 그녀에게 따뜻한 말 한마디 건네지 않았습니다. **마리**는 이 모든 걸 다 참아 냈지요.

나중에 그녀와 알고 나서 느낀 바였지만, **그녀는 모든 것을 당연한 것으로 받아들였고, 자신을 가장 미천한 존재로 여겼던 겁니다.**

노파가 아주 자리에 눕게 되자 동네 할머니들이 노파를 돌봐 주려고 교대로 찾아왔습니다. 그 마을 에서는 그게 관례가 되어 있었지요. 그때 **마리**는 아무것도 얻어먹지 못하는 신세가 되었습니다.

마을 사람들은 그녀를 박대하여 여전히 아무런 품팔이 자리도 주지 않았던 거예요. 모두 한결같이 그녀에게 침을 뱉었던 겁니다. 또 남자들은 그녀를 여자로 봐주지도 않았고, 그녀에게 심한 상소리를 해댔지요. 간혹 가다가는, 보기 드문 경우였지만, 사람들은 일요일에 만취하여 **마리**를 향해 동전을 던지기도 했어요. 그녀는 말없이 그것을 주웠고요.

그녀는 그때 벌써 기침을 하며 피를 토해 내기 시작했습니다. 그녀의 누더기 옷은 완전히 헤져서, 그걸 걸치고 마을을 돌아다니기가 창피할 정도가 되었지요. 그녀는 집에 돌아온 날부터 맨발로 돌아다녔습니다. 그럴 때면 한 40명이나 되는 아이들이 놀려대기 시작하고 그녀에게 흙을 던지기까지 했습니다. 그녀는 목장에 찾아가 소를 치게 해 달라고 했지만 일언지하에 거절당했습니다.

그녀는 하는 수 없이 허락도 받지 않고 소 떼와 함께 집 밖으로 돌아다녔어요. 그녀가 좋은 일을 많이 했다는 것을 알고는, 목동은 그녀를 내쫓지 않고 때로는 그녀에게 먹다 남은 점심이나 **치즈**와 **빵** 같은 것을 주었습니다. 그는 이런 행위를 아주 대단한 적선이라고 여겼지요.

노파가 죽자 교회의 목사는 공개적으로 **마리**에게 모욕을 주었습니다. **마리**는 여느 때처럼 누더기를 입고 관 뒤에 서서 울고 있었고, 사람들은 그녀가 어떻게 울고 또 어떻게 관을 쫓아가는지 궁금해서 많이 모였어요. 그 목사는 아주 젊은 분이었는데 위대한 목회자가 되어 보겠다는 야심을 갖고 있었지요. 그는 **마리**를 가리키며 사람들에게 말했어요.

'이 존경스런 노부인의 죽음을 불러온 장본인이 바로 여기에 있습니다!' - 노파가 이미 2년 전부터 병을 앓아 온 사실로 미루어 볼 때 그 말은 완전히 거짓이었지요. - '이 여인이 여러분들 앞에 얼굴을 들지 못하고 있습니다. 이 여인이 이렇게 된 것은 하늘의 뜻입니다. 보시다시피 이 여인은 맨발에다 누더기를 걸치고 있습니다. 이것이야말로 선행을 잃은 자들의 본보기입니다! 도대체 이 여인이 누구입니까? 바로 돌아가신 분의 딸입니다!'

그 목사의 설교는 바로 그런 식이었어요. 한번 상상해 보세요. 그러나 모두 그 비열한 말을 듣고 만족스러워하는 거였어요.

그런데 그때 이상한 일이 벌어졌지요. 아이들이 끼어든 겁니다. 왜냐하면 그때 아이들은 이미 모두 다 내 편에 서서 **마리**를 사랑하기 때문이었습니다. 사실 그전에 있었던 일인데, 나는 평소에 **마리**에게 무언가를 해 주고 싶었습니다. 그녀에겐 돈이 몹시 궁했지만, 나는 돈이라곤 한 푼도 없었어요.

내게 있는 것이라고는 작은 **다이아몬드** 핀밖에 없어서 난 그걸 어느 고물상에게 팔았습니다. 그 고물상은 이 마을 저 마을 돌아다니면서 헌 옷을 팔고사고 하던 사람이었지요. 그는 내게 8 **프랑**을 주었지만 그 **다이아몬드** 핀은 40 **프랑**은 나갔을 겁니다.

나는 **마리**와 단 둘이 만날 기회를 찾다, 마침내 어느 날 산으로 가는 지름길의 울타리 곁의 나무 뒤에서 만나게 되어, 나는 8 **프랑**을 주면서 아껴 쓰라고 했습니다. 왜냐하면 내게는 돈이 더 이상 나올 데가 없었기 때문이었지요.

그다음에는 그녀에게 **키스**를 해 주며, 내가 무슨 나쁜 의도가 있어서 이런 행동을 하는 게 아니라고 했어요. 내가 그녀에게 **키스**를 하는 것은 그녀를 사랑해서가 아니라 동정해서이고, 애초부터 나는 그녀가 조금도 죄를 지었다고 생각하지도 않았고, 다만 <불행한 여인>이라는 생각만 하고 있다고 말했어요. 나는 그녀가 모든 사람들 앞에서 죄 지은 사람처럼 미천하게 굴지 말라고 확신을 시켜 주며 위로해 주고 싶었어요.

그러나 그녀는 이해를 못 했던 것 같아요. 지금에 와서야 느끼는 것이지만, **마리**는 시종일관 거의 침묵을 지키며 내 앞에 서서 고개를 푹 수그리고 무척이나 수치스러워했어요.

나의 말이 끝나자 그녀는 내 손에 **키스**를 했고, 나 또한 그녀의 손을 잡고 거기에다 **키스**를 하려 하니까 그녀가 손을 얼른 **빼더군요**. 이때 갑자기 아이들이 우리를 보았던 겁니다. 거의 한 무리가 되어 나타났지요.

나중에 안 일이지만, 아이들은 처음부터 내 뒤를 줄곧 밟아 왔던 거였어요. 아이들은 휘파람을 불고 손바닥을 치며 웃어 댔습니다. **마리**는 대뜸 도망을 치더군요. 내가 무슨 말을 꺼내려고 하자 아이들이 나에게 돌을 던지기 시작했어요.

그날 온 마을이 이 일을 알게 되었고, 모든 것을 또다시 **마리**에게 덮어씌웠어요. 사람들은 그녀를 더욱더 싫어하기 시작했지요. 심지어는 그녀에게 벌을 주자는 말까지 나돌았습니다. 그러나 다행히 그쯤으로 일이 끝나 버렸습니다.

그 대신 아이들은 그녀가 가는 길을 막아서기도 하고, 예전보다 더 심하게 놀리고, 오물을 던지고, 그녀를 쫓아내기도 했습니다. 아이들에게서 도망칠 때면 그녀는 워낙 가슴이 약해서 헉헉거렸습니다. 아이들은 그녀를 뒤쫓아가며 욕을 했습니다. 나는 언젠가 그런 아이들에게 뛰어들어 싸움을 하려 한 적도 있었어요.

그다음부터 나는 아이들에게 내 힘이 닿는 대로 매일같이 설득하기 시작했어요. 아이들은 여전히 욕지거리를 해댔지만 간혹 잠자코 내 말을 듣기도 했지요. 나는 아이들에게 **마리**가 <무척이나 불행한 사람>이라는 걸 얘기해 주었어요. 그러자 아이들은 곧 욕설을 멈추고, 이제는 말없이 **마리**를 비껴가기 시작했지요. 우리는 조금씩 대화를 해 나가기 시작했고, 나는 아이들에게 아무것도 숨기지 않고 모든 것을 다 얘기해 주었습니다. 아이들은 큰 호기심을 가지고 귀를 기울였으며 곧 **마리**를 불쌍히 여기기 시작했지요.

어떤 아이들은 그녀와 만나면 상냥하게 인사까지 했어요. 거기서는 아는 사람이건 모르는 사람이건 마주치게 되면 고개를 숙이며 '안녕하세요!' 하고 말합니다. 상상컨대, **마리**는 무척 놀랐던 겁니다. 한번은 두 여자아이가 먹을 것을 **마리**에게 가져다 주고는 내게 와 얘기를 해 주었어요. 그 아이들은 눈물을 흘렸고 자기네는 그녀를 무척이나 사랑하게 될 것 같다고 말했어요.

곧 이어 모두 정말 그녀를 사랑하기 시작했고, 동시에 나까지 사랑하게 된 겁니다. 아이들은 자주 나에게 찾아와 이것저것 얘기해 달라고 청했어요. 아이들이 나의 이야기를 듣고 싶어 했던 걸 보면 내가 훌륭한 이야기꾼이었던 모양이에요. 나중에는 오로지 그들에게 얘기를 해 주기 위해 공부를 하고 독서를 했습니다. 그 후 3년 내내 나는 그들에게 얘기를 해 주었지요.

훗날 **슈나이더**를 포함해서 모두 나를 비난했죠. 내가 아이들에게 아무것도 숨기지 않고 어른들 대하듯이 그들에게 할 말 안 할 말 다 털어놓는다는 거였어요. 그래서 이렇게 대답했지요. 아이들에게 거짓말하는 것은 수치스런 일이다, **아이들은 어른들이 아무리 숨기려 해도 어차피 모든 걸 다 알아낸다, 그리고 자기네끼리 알아내면 나쁜 방향으로 해석을 하지만 내가 알려 주면 그럴 염려가 없다, 모두들 자기가 아이였을 때를 회상해 보라,** 그러나 사람들은 내 말에 수긍하지 않았어요……

나는 **마리**의 어머니가 죽기 2주일 전에 그녀에게 **키스**했습니다. 그래서 목사가 장례식에서 설교를 했을 때 아이들은 이미 모두 내 편이었지요. 나는 곧 아이들에게 목사의 처사를 설명해 주었습니다. 모두 목사에게 분노했고, 어떤 아이들은 돌멩이로 유리창을 깨기까지 했어요. 나는 말렸습니다. 그건 어리석은 행동이었기 때문이지요.

그러나 마을 사람들은 즉시 그 사건을 알아내고, 내가 아이들을 망쳐 놓았다고 나를 비난하기 시작했어요. 그리고 또 사람들은 아이들이 **마리**를 사랑하고 있다는 사실을 알자 보통 놀라는 것이 아니었어요. 그러나 **마리**는 이미 행복을 느끼고 있었어요.

어른들은 자기 아이들에게 **마리**를 만나는 것을 금지했으나, 아이들은 몰래 무리를 지어 마을에서 반 **베르스타** 떨어진 먼 곳까지 가서 그녀를 만나곤 했습니다. 아이들은 그녀에게 먹을 것을 갖다 주고, 그 중에서 어떤 아이들은 그녀를 포옹하고 **키스**를 해 주며 '당신을 사랑해요, **마리!**'라고 말해 주려고 일부러 달려왔다가 뒤도 안 보고 쏜살같이 되돌아가는 거였어요. **마리**는 그런 갑작스런 행동에 미칠 것만 같았지요. 그녀는 꿈에도 그런 행복을 느껴 본 적이 없었어요.

그녀는 부끄럽기도 하고 또 기쁘기도 했습니다. 그런데 중요한 것은, 특히 여자아이들이 그랬는데, 그녀한테 찾아가서 내가 그녀를 사랑하고 그녀에 대해 아주 많은 얘기를 해 준다고 전했던 거예요. 아이들은 그녀에게, 내가 모든 것을 얘기해 줘서 그들이 지금 그녀를 좋아하고 가엾게 여기며, 또 앞으로도 그렇게 할 거라고 말했습니다. 그러고는 나에게 뛰어와서 환희에 넘치는 호들갑스런 얼굴로 말을 했지요. 그들이 방금 **마리**를 만났는데 **마리**가 나에게 고개 숙여 인사를 했다는 거였어요.

저녁이면 나는 날마다 폭포가 있는 곳으로 나갔어요. 거기에는 마을 쪽에서 완전히 가려진 장소가 한 군데 있었지요. 주변에는 **포플러** 숲이 있었는데 아이들은 그곳으로 나를 보러 밤마다 모였습니다. 어떤 아이들은 부모 몰래 찾아오기도 했어요. 아이들은 **마리**에 대한 나의 사랑을 무척 즐기려 했던 것 같아요. 내가 그곳에 살고 있는 동안 아이들을 속였던 적은 그때 단 한 번이었어요.

나는 아이들에게 '나는 **마리**를 사랑하지 않는다. 나는 사랑에 **빠진** 게 아니라 그녀를 가엽게 여기고 있는 것이다.'라고 할 수가 없었지요. 모든 것으로 미루어볼 때 아이들은 그들이 상상하고 있는 것과 자기들 멋대로 생각한 이상을 원했기 때문입니다. 그래서 나는 입을 다물고 아이들이 추측하는 것과 같은 표정을 짓고 있었지요. 이 어린 마음씨들이 얼마나 섬세하고 다정했는지!

그들의 착한 **레옹**(공작)이 **마리**를 사랑하고 있는 데, **마리**가 누추하기 짝이 없는 옷차림에 신발조차 없다는 사실이 말도 안 된다고 생각했어요. 그 뒤 무슨 일이 있었는지 상상이 되세요? 아이들은 **마리** 에게 나막신과 양말과 속옷, 심지어는 어떤 **드레스** 까지 구해서 갖다 주었어요. 아이들이 어떻게 그런 머리를 쓸 수 있었는지 이해가 안 갈 정도였어요. 모두 한마음이 되어 힘을 합친 결과였지요.

내가 그들에게 '이게 어찌된 영문이냐?'고 묻자 그들은 그저 싱긋 웃기만 했고, 여자아이들은 손뼉 을 치며 나에게 **키스**를 했습니다. 나 역시 이따금 사람들 몰래 **마리**를 만나러 가곤 했지요. 그러나 그녀의 병세는 악화되어 마침내 목동 일을 제대로 봐주지 못하게 되었습니다.

그래도 아침이면 가축들과 함께 목초지로 나오긴 했습니다. 그녀는 목초지로 나와 한 귀퉁이에 앉아 있곤 했지요. 그녀는 가파른 바위가 위로 돌출해 있는 가장 후미진 곳에 앉아 있었어요. 아무에게도 보이지 않는 그곳에서 그녀는 아침부터 가축들이 우리로 들어가는 무렵까지 거의 하루 종일 꼼짝도 않고 앉아 있었어요.

그녀는 폐병으로 몸이 너무 쇠약해져서, 머리를 바위에 기대고 눈을 감고 힘겹게 숨을 쉬며 졸고 있었습니다. 그녀의 얼굴은 해골처럼 핼쑥하였고, 이마와 정수리에는 식은땀이 줄줄 흘렀어요. 내가 그녀를 본 모습은 언제나 그러했어요. 나는 잠깐 동안만 그녀를 보러 가곤 했지요. 나 역시 사람들 에게 노출되는 것을 꺼렸기 때문이에요.

내가 나타나기만 하면 몸을 부르르 떨며 두 눈을 번쩍 뜨고 나의 손에 키스를 하러 달려왔고, 나는 그것을 마다하지 않았습니다. 이것이 그녀의 행복 이었기 때문입니다. 내가 앉아 있는 동안 그녀는 내내 몸을 부르르 떨며 울었어요. 그녀는 수차례나 무슨 말을 꺼냈지만 나는 무슨 말인지 이해하기가 힘들었어요. 그녀는 미친 사람처럼 기쁨으로 몹시 떨고 있었어요. 이따금 나는 아이들과 함께 가기도 했습니다.

그럴 때면 아이들은 우리에게 약간 떨어져 망을 보았어요. 아이들은 그러한 행동에 상당한 보람을 느끼는 것처럼 보였어요. 우리가 떠나면 **마리**는 또다시 홀로 남아 머리를 바위에 기대고 눈을 감은 채로 마치 꿈을 꾸고 있는 사람처럼 꼼짝도 않고 있었어요. 어느 날 그녀는 더 이상 가축을 돌보러 밖으로 나올 수 없어서 텅 빈 자기 집에 남아 있게 되었지요.

아이들은 곧 이 사실을 알아내고, 거의 모두가 그녀에게 병문안을 갔습니다. 그녀는 자리에 누워 있었어요. 아이들은 교대로 그녀를 이틀을 돌보아 주었어요. **마리**가 죽어간다는 소식을 듣고 나서는 할머니들이 찾아와 간병을 시작했어요. 마을 사람들도 **마리**를 불쌍히 여기기 시작했던 것 같아요. 어른들은 더 이상 아이들을 제지하거나 나무라지 않았지요. **마리**는 계속 잠에 취해 몽롱한 상태에 잠겨 있었어요. 그녀는 무섭게 기침을 했지요.

할머니들은 아이들을 내보냈으나, 아이들은 창문 밑으로 와서 '안녕, 우리의 착한 **마리**!'라고 했지요. **마리**는 아이들을 보고 인사말을 듣는 순간 기운이 나서, 할머니들의 만류에도 팔꿈치로 힘겹게 몸을 일으켜 고개를 끄덕이며 고마움을 표시했어요.

아이들은 여느 때처럼 음식을 가져왔으나 **마리**는 거의 아무것도 먹지 못했습니다.

그 아이들 덕에 그녀가 행복하게 죽었다고 나는 단언하는 바입니다. 그녀는 죽는 순간까지 자신을 커다란 죄인으로 생각했기에 아이들의 사과를 받아들인 것 같았어요. 그리고 자신의 끔직한 불행을 잊어버렸지요. 아이들은 작은 새들처럼 창가에서 날개를 파닥이며 매일 아침 그녀에게 외쳤습니다. '우리는 널 사랑해, 마리.' 그녀는 생각보다 아주 빨리 죽었어요. 나는 훨씬 더 오래 살 줄 알았지요.

그녀가 죽기 전날 석양 무렵에 나는 찾아갔어요. 그녀는 나를 알아보는 것 같았고, 나는 마지막으로 그녀의 손을 꼭 쥐었습니다. 그녀의 손은 비참할 정도로 뼈만 앙상했어요. 그런데 다음날 저녁 사람들이 오더니 마리가 죽었다고 말해 주는 거였어요. 이때는 더 이상 아이들을 제지할 수 없었어요.

아이들은 마리의 관을 꽃으로 장식했고, 그녀의 머리에는 화환을 걸어 주었어요. 교회 목사는 더 이상 죽은 자를 욕하지 않았어요. 그녀의 장례식엔 사람이 별로 없었어요. 다만 호기심에 찬 사람들이 몇 명 왔을 뿐이지요. 그러나 관을 내갈 때는 아이들이 직접 운구하려고 한꺼번에 달려들었습니다. 아이들이 힘에 부치자 어른들이 거들었고, 나머지 아이들은 관 뒤를 따라오며 엉엉 울었지요.

그 뒤에 **마리**의 초라한 무덤은 아이들의 영원한 숭배지가 되었습니다. 아이들은 해마다 무덤가에 꽃을 꺾어다 놓았고, 주변에는 장미꽃을 심었어요. 그러나 장례식 이후로 온 마을 사람들이 아이들 일 때문에 나를 구박하기 시작했어요. 앞장서서 나를 몰아붙였던 사람은 목사와 초등학교 교사였지요. 아이들은 나를 만나는 것이 금지되었고, **슈나이더** 교수는 이를 감시하는 임무를 맡았습니다.

그러나 우리는 만났고, 멀리서 신호를 하여 의사 전달을 했지요. 아이들은 나에게 글을 적은 쪽지를 보내왔어요. 나중에 모든 일이 원만하게 끝났지만, 그 당시에는 아주 재미있었어요. 나는 오히려 그런 구박 덕분에 아이들과 더욱 가까워졌어요. 그곳에 있던 마지막 해에 나는 마침내 **티보** 선생과 목사와 화해를 하게 되었지요.


그런데 **슈나이더** 교수는 나와 많은 얘기를 주고 받으면서 아이들에게 대한 나의 <방법론>에 대해, 해롭다고 했어요. 그러나 내게 무슨 <방법론> 같은 게 있단 말인가요? 마침내 **슈나이더** 교수는 자기의 생각을 말해 주었는데, 아주 이상한 생각이었어요. 바로 스위스를 떠나기 직전이었지요.

그는 **내가 완전한 어린애, 즉 진짜 어린애라는 거였어요. 나는 키와 얼굴만 어른이지, 정신적 성장**

**이나 성격, 어쩌면 지능까지도 어른이 아니며**, 내가 예순 살까지 살더라도 이 상태로 그대로 남아 있을 거라고 자신했어요. 나는 한참 웃었지요. 물론 그의 말은 틀렸어요. 내가 무슨 어린애입니까?

그렇지만 한 가지 맞는 말은, 난 어른들과 함께 있는 걸 별로 좋아하지 않는다는 거예요. 예전부터 난 그들을 좋아하지 않았어요. **그들은 사랑할 줄 모르기 때문이지요.** 어른들이 내게 무슨 말을 하든, 그들이 아무리 다정하게 대하더라도, 나는 그들과 함께 있는 게 답답했어요. 조금이라도 빨리 그런 자리를 빠져나가 동무들에게 갈 수 있는 게 기쁠 거라고 생각했지요. 물론 나의 동무들이란 언제나 아이들이었어요.

내가 아이들을 좋아하는 까닭은 내가 아이라서가 아니라, 아이들에게 마음이 저절로 끌려가기 때문입니다. 그 마을에 살기 시작했을 때였지요. 나는 혼자 다니다 이따금 정오 무렵 학교 수업을 마치고 떠들며 책가방과 석판을 들고 교실에서 뛰어나오는 아이들과 마주친 적이 있었어요. 아이들은 장난을 치며 깔깔대고 자기네끼리 뭐라고 떠들곤 했어요. 그럴 때면 내 영혼은 온통 그 아이들에게 갑자기 빨려 들어가는 거였어요.

왜 그런지 모르겠지만, **나는 그들을 만날 때면 비상한 힘이 솟아 행복감을 느꼈어요**. 나는 멈추어 서서, 뛰어가는 그들의 작은 다리며, 함께 달려가는 소년 소녀들, 그들의 웃음과 눈물을 바라보며(많은 아이들이 학교가 파하고 집으로 돌아가는 도중에 싸움을 해서 울음을 터뜨리고는, 다시 화해를 하고 놀기 시작했죠.) 행복감에 웃음을 지었고, 그럴 때마다 내 모든 우울함도 떨쳐 버렸습니다.

그 후 3년 내내 나는 사람들이 우수에 젖어 슬퍼하는 까닭을 도무지 이해할 수가 없게 되었지요. 나의 운명은 온통 아이들을 위해 예정되어 있었던 겁니다. 나는 그 마을을 떠날 의향이 전혀 없었고, 여기 러시아로 돌아올 것이라는 생각은 없었어요. 나는 항상 그곳에만 있게 될 줄 알았어요. 하지만 슈나이더 교수가 더 이상 부양할 여유가 없다는 걸 알게 되었고, 나를 급히 보내야 할 중요한 문제가 생겼지요.

어쩌면 나의 운명이 돌변해 버릴지도 모르지만, 그것은 중요한 게 아닙니다. 중요한 건 이미 나의 모든 삶이 바뀌어 버렸다는 겁니다. 나는 열차에서 생각했지요. '이제 나는 속세로 간다. 나는 아마 그 세계에 대해 모를지도 모른다. 하지만 새로운 삶이 찾아온 거다.' 사람들과 함께 지낸다는 것은 아마 지루하고 힘들 거라고 생각하고, 우선은 공손하고 솔직해야겠다고 마음먹었어요. 아무도 나에게 그 이상을 요구하지 않을 거라는 생각에서였지요.

어쩌면 여기서도 나를 **어린아이로 취급할지 모릅니다.** 그렇지만 상관없어요! 게다가 무슨 이유인지 모두들 나를 **백치(白痴)로 여기고 있어요.** 실제로 언젠가 나는 병 때문에 백치와 흡사해 보였던 적이 있었지요. 그렇지만 지금은, 내가 무슨 백치란 말인가요? 사람들이 나를 백치로 여기고 있는 것까지 본인 스스로 알고 있는데 말입니다. 난 사람들 속으로 들어갈 때 이렇게 생각합니다.
'사람들이 나를 백치, 바보로 여기고 있지만 나는 현명한 인간이다. 저들이 그걸 깨닫지 못하고 있는 거다……'

자주 그런 생각이 들었지요. 베를린에서 스위스 아이들이 나를 못 잊어 보낸 작은 편지들을 받았을 때, 내가 그들을 얼마나 사랑했는지 깨달았어요. 첫 편지를 받았을 때는 너무 괴로웠어요! 그들은 나를 떠나보내며 굉장히 슬퍼했던 거예요! 그들은 이미 한 달 전부터 전송 준비를 했지요.
'레옹이 떠나간대, 영원히 떠나간대.' 저녁마다 예전처럼 폭포수 곁에 모여, 우리는 이별을 아쉬워했어요. 가끔은 쾌활하게 지내기도 했습니다. 단지 밤이 깊어 헤어질 때가 되면 그들은 여느 때와는 달리 나를 힘차고 뜨겁게 안았어요. 어떤 아이들은 나에게 남몰래 다가와 아무도 보지 않게 나를 안고 키스를 했어요.

내가 그곳을 떠나는 날, 모든 아이들이 무리를 지어 역까지 나를 배웅해 주었어요. 철도역은 마을에서 한 1 베르스타 떨어진 곳에 있었지요. 그들은 억지로 참으려고 했으나, 많은 아이들이 그만 참지 못하고 엉엉 울기 시작했어요. 특히 여자아이들이 더 그랬지요. 우리는 늦지 않으려고 서둘렀습니다.

그런데 무리 속에서 아이 하나가 갑자기 내게로 뛰어나와 나를 껴안고 키스하는 것이 아니겠어요. 그래서 우리는 그 자리에 멈춰서야 했죠. 아이들은 서두르며 가고 있었지만 그 아이의 작별 인사가 끝날 때까지 멈춰서서 기다려 주었어요.

내가 열차에 타고 나서 열차가 움직이자 아이들 모두가 '만세!'라고 외치며 열차가 완전히 사라질 때까지 그 자리에 서 있었습니다. 나 역시 그쪽을 바라보았지요……"

✎ <하나님의 아들> 예수는 이렇게 말했다.
"<평화를 이루는 사람>은 복이 있나니
  그들을 <하나님의 아들>이라고 부를 것이다."
그러니 <peace-maker>가 정답이구먼.

171

그러나 <하나님의 아들> 예수는 이런 말도 했다.
"내가 세상에 **화평**을 주려고 온 줄로 아느냐?
**아니라**, 도리어 **분쟁**(紛爭)케 하려 함이로라!"
그러니 <trouble-maker>도 정답이겠구먼.

아, 이런, <고요하던 나의 정의(定義)의 세계>에
평지풍파(平地風波)를 일으키는 이유가 무엇인가?
예수가 **평화의 왕**(peace-maker)으로 왔다는 것은
만인이 아는 것인데…, <trouble-maker>라니?

이 조용하던 나의 머리에 어떤 경련(痙攣)이 일어
난다. "뇌(腦)-경련" 내지 "뇌전증" 말이다. 그리고
그것은 좋은 일이다. ⧖

이제 <**간질**(腦電症)**의 영성**>을 알아보자.
여기서는 간질(epilepsy)의 의학적 면은 다루지
않고, 다만 성경의 의사 **누가**의 말을 인용한다.

"귀신(鬼神, spirit)이 그를 잡아 갑자기 부르짖게
하고(scream), 경련(痙攣)을 일으켜 거품을 흘리게
하며, 몹시 상(傷)하게 하고야 겨우 떠나가나이다."

갑자기 무엇인가가 그의 앞에서 전개되었던 것 같았다. 비상한 <내면의 빛>이 그의 영혼을 비춰 주었던 것이다.

**이 순간은 아마 0.5초가량 지속되었을 것이다.** 하지만 그는 **자기의 가슴 속에서 그 어떤 힘으로도 억제할 수 없이 저절로 터져 나온 무서운 비명의 첫마디를 분명히 기억했다.**

그런 직후에 그의 의식은 순간적으로 사위었고 완전한 암흑(暗黑)에 묻혀 버렸다.

이미 오래전에 없어졌던 간질병 발작이 일어난 것이었다. 잘 알다시피 간질병 발작은 순간적으로 온다. 이 순간에는 갑자기 얼굴, 특히 시선(視線)이 유난히 일그러진다. 전신(全身)과 모든 안면 근육은 경련을 일으킨다. **그 무엇과도 견줄 수 없는 상상 불가능한 무서운 비명(悲鳴)이, 인간적인 모든 것을 일순간에 토해 버리려는 듯 한꺼번에 가슴속에서 터져 나온다.**

그래서 이 광경을 지켜보고 있는 사람들조차도 그것이 바로 이 사람의 비명이라는 것을 상상하지 못한다. <이 사람의 내부에 있는 다른 누군가>가 비명을 지르는 것 같은 생각을 들게 한다.

많은 사람들은 <간질병 발작을 일으키는 사람들 대부분이 무언가 신비한 것 같은, 지독한 공포감을 일으킨다>고 말한다.

그래서 추정할 수 있듯이, 그처럼 지독한 인상을 수반하는 공포감이 갑자기 **로고진**을 그 자리에서 마비시켰다. 이로써 공작은 이미 **로고진**이 뽑아 든 피할 수 없는 칼 세례를 면할 수 있었다.

**로고진**은 그게 간질병 발작이라는 것을 생각해 볼 겨를도 없이, 공작이 비틀거리며 뒤로 벌렁 자빠져 충계 아래로 굴러 떨어져 돌계단에 뒤통수를 부딪치는 것을 보고는, 넘어진 공작을 피하여 허둥 지둥 도망쳤다.

☯

그의 간질병 증후 중에는 거의 발작 직전에 오는 어떤 단계가 있었다(물론 의식이 분명한 상태에서 발작이 올 때에 한해서지만). 그 **단계에 들어서면** 우수와 정신적 암흑과 억압 사이에서 **순간적으로 그의 뇌는 불꽃을 튀기고 모든 활력은 폭발적으로 긴장한다.** 삶의 감각과 자의식(自意識, '내가 존재한다는 것을 절실히 아는 느낌')은 번개처럼 이어지는 매순간 거의 10배로 증가되었다.

그의 모든 감정, 의심, 걱정은 지극히 평온함으로 바뀌는 동시에 빛을 뿜는 기쁨, 조화, 희망이 되고, 그의 이성은 <결정적인 원인>을 이해하는 데까지 이른다. 그러나 이 순간들, 이 광채들은 발작 바로 전에 오는 결정적 1초를 예고할 뿐이다. 그 순간은 물론 견딜 수 없는 것이다.

나중에 건강한 상태에서 그 순간을 곰곰이 생각해 보면서 그는 곧잘 자기 자신에게 이렇게 말하곤 했다. **극도의 자각(自覺)과 자의식이 <최상의 삶>의 형태로 떠오르는 이 <섬광의 순간들>은** 정상적인 육체의 상태를 거부하는 병(病)에 지나지 않는다. 만약 그렇다면 그것은 최상의 삶이 아니라 반대로 가장 저열(低劣)한 것에 속하는 것이다.

하지만 공작은 마침내 극히 <역설적인 결론>에 도달했다. <그것이 병(病, dis-ease)이라는 사실이 어쨌단 말인가?> 그는 이렇게 단정했다.

**<이 긴장이 비정상적이든 아니든 그게 무슨 상관이란 말인가? 이미 건강한 상태에서 상기되고 검토되는 한순간의 감각이 최상의 조화와 아름다움으로 확인된다면, 그 결과 자체가 여태껏 들어 보지도 못하고 추측해 보지도 못한 '충만과 중용과 화해의**

감정'과, '고귀한 삶의 합성과 혼합된 법열(法悅)'을 가져다준다면, 이런 긴장이 비정상적이든 아니든 그게 무슨 상관인가?>

안개에 싸인 것 같은 이 표현은 상당히 설득력이 약했지만 그로서는 충분히 납득할 만한 것이었다. 그것이 진정한 <아름다움과 기도>이자 고귀한 삶의 총체라는 것을 그는 도저히 의심할 수 없었고, 또 의심할 만한 여지도 없는 것처럼 생각되었다. 그가 <존재할 수 없는 어떤 비정상적인 환영>을 본 것이 아니었을까? 아니면 <이성을 침해하고 영혼을 곡해 하는 최면제나 아편이나 술에서 비롯되는 환영>을 보는 것이 아닐까? 그는 병적인 상태가 끝나자마자 거기에 대해 정상적으로 판단할 수 있었다.

이 순간들은 자의식이 특별히 강해지는 순간일 뿐이다. 그러한 상태를 한마디로 표현할 수 있다면, 그것은 <자의식> 즉 <가장 직접적인 자기 자신에 대한 자각(아는 자를 아는 일)>이 극도로 강화되는 순간이라고 할 수 있다. 만약 1초 동안, 즉 발작이 일어나기 직전의 의식이 깨어 있는 마지막 순간에, 그가 분명히 의식적으로 <그렇다! 이 순간을 위해 나의 모든 생(生)을 내줄 수 있다!>고 말할 수 있었 다면, 물론 그 순간은 그의 전 생애만큼의 가치가

**있는 것이다.** 그러나 그는 자신의 결론이 가지고 있는 변증법적인 면에 대해서는 개의치 않았다.

**망연(茫然), 정신적인 암흑, '백치 상태'가 - 멍청하게 있는 상태 - 그의 앞에 이 <고상한 순간들>의 선명한 귀결처럼 서 있었다.** 물론 그는 그런 것에 대해서는 진지하게 논쟁하지 않을 것이다. 그 결론 속에는, 즉 이 순간에 대한 그의 평가 속에는 의문의 여지없이 실수가 있었다. 그러나 감각의 현실은 그를 약간 당황하게 했다.

도대체 현실을 어떻게 처리해야 하는가? 사실, 그것은 실제로 있어 왔던 일이었다. <이런 순간에 느끼는 무한한 행복>을 생각한다면 <이 한순간은 모든 생애에 버금가는 것>이라고 그는 말하지 않았던가! 언젠가 그는 **모스크바**에서 **로고진**과 만났을 때 이렇게 말한 적이 있었다.

"**<이 순간>에는, <바로 이 순간>에는 <시간이 더 이상 있지 않을 것이다>**[1]라는 그 심상치 않는 말이 나에게 와닿기 시작했어."

그는 웃으며 덧붙였다.

"아마 <이 순간>은, <간질병 환자였던 **마호멧**이 쓰러지려는 물병에서 물이 막 쏟아지기 전에 **알라** 신(神)의 모든 집들을 자세히 관찰할 여유(餘裕)가 있었다는 바로 그 순간>[2]일 걸세."

✍ ¹ 요한계시록(10:6)의 "지체하지 아니하리니" 즉 "There should be time no longer! 거기에는 시간이 더 이상 있지 않을 것이다!"의 인용. 때로는 직역이 <원래의 의미(맛)>를 줄 때가 많다.

² 꾸란(코란)의 주석가들은 마호멧이 일곱 번째 하늘로 들려 올라갔는데 (거기에서 오래 머무르다) '올라가는 순간 넘어뜨린 물병'을 바로 붙잡기 위해 때 맞춰 자기 방으로 돌아왔다고 한다.

<간질의 영성>은 <악령>에서도 나온다. ⌛

## (3) <악령> - 성령(聖靈)?

악령의 제사(題詞) 하나는 푸쉬킨에서다.

아무리 해도 흔적은 보이지 않고
길을 잃었으니 어떻게 해야 하나?
**악령이 우리를** 들판으로 이끌어
**사방으로 헤매게 하는 것 같구나**
  ……
그들은 얼마나 되며 어디로 쫓겨 가는가?
왜 저리 구슬피 울고 있는가?
집 지키는 귀신의 장례를 치르고 있는가,
마녀를 시집보내고 있는가?

☯

<지금까지 어떤 특별한 일도 없었던 우리 도시>[1]
에서 <최근에 발생한 매우 이상한 사건들>을 서술
함에 있어서, 나는 나의 능력 부족 탓에 이야기를
약간 돌려서, 다름 아닌 <재능 있고 널리 존경받는
스쩨빤 뜨로피모비치 베르호벤스끼의 몇몇 신변
이야기>에서부터 시작해야겠다. ……

179

그는 <매우 영리하고 재능 있는 사람>으로, 말하자면 학자(學者)였다. 그러나 학문에서는…… 그러니까 한마디로 그가 학문에서 이룬 업적은 그다지 많지 않거나 거의 없는 것 같다.

하기야 우리 **루시에서**² 학문하는 사람들에게는 늘 있는 일이다.

✎ ¹ <"지금까지 어떤 특별한 일도 없었던 우리" 도시>의 이름은 (소설에서는) 뒤에 따로 나온다.

그러나……

인도의 영성에서는 "푸랴슈타카(여덟 도시)"라는 말이 있다.

<붓디, 아함카라, 마나스와 다섯 탄마트라>는 <미묘한 몸(숙쉬마 샤리라, 微細身)>으로, 우리의 육체가 죽더라도 존속하여, 윤회의 주체가 된다고 한다. 우리는 그냥 "마음"이라고 하자. 혹은 우리가 잘 모르므로 "무의식(無意識)"이라는 말도 좋다.

그러므로 "우리 도시"라는 말은 "푸랴슈타카"를 가리킬지도…… 그렇게 읽으니 더 낫지 않은가!

하여튼 도스토예프스키는 처음부터 <"지금까지 어떤 특별한 일도 없었던 우리"라는 도시>에, 즉 <내 "마음"에서> 악령이 우리를 들판으로 이끌어 사방으로 헤매게 하는 것 같은 상황을 묘사하려는 것 같다. <내 마음>이 곧 <그 도시>라는 말이다.

² **루시**는 "러시아"의 고대 이름이라고 한다.

그리고 '**루시**'는 고생물학이 발견한 <인류 최초의 여성(女性)>에게 붙여진 이름이다.

<루시>라는 영화도 생각난다. 필자는 TV의 여러 **채널**에서 참으로 우연하게도 여러 번 보게 되었다.

"인간이 뇌(腦)를 100% 사용할 수 있다면" 저럴 것이라는 영화다. 우리는 보통 10%도 사용하지 못한다고 어디선가 읽은 것도 같다. 그러나 <몇 %의 뇌를 사용하느냐>가 아니라, <몇 %의 좌우 뇌의 동시 활성이냐>를 주제로 본다면 영화는 아주 많은 것으로 우리의 상상을 자극한다. ⧖

☯

우리의 왕자는 갑자기 별다른 이유도 없이 여러 사람들에게 두세 가지 참기 어려운 무례한 행동을 저질렀다. 여기서 요점은 바로 이런 무례함이 전대미문(前代未聞)의 행동으로, 그 어디에서도 찾아볼 수 없고, **전혀 일반적인 경우도 아니며, 정말 저열하고 유치(幼稚)한 짓으로서, 왜 그랬는지 아무도 알지 못했고,** 전혀 아무런 동기도 없었다는 것이다.

우리 **클럽**에 **가가노프**라고 지긋한 나이에 공적도 있고 존경받는 원로가 한 분 있었는데, 그는 말끝마다 흥분해서 **"천만에, 내 코를 잡아끌 수는 없을 걸세!"**라는 말을 덧붙이는 순진한 **말버릇**[1]을 갖고 있었다. **그런 건 있을 수 있는 버릇이었다.** 그런데 어느 날 그가 클럽에서 열띤 주제로 토론을 하다 이 말을 덧붙였을 때, 혼자 한쪽에 서서 그 누구의 주의도 끌지 않던 **스따브로긴이 그에게 다가가더니 갑자기 두 손가락으로 그의 코를 세게 휘어잡고 홀 안을 두세 걸음 질질 끌고 다녔다.** 그가 가가노프 씨에게 무슨 악의를 품고 있었다고는 볼 수 없다.

그것은 순수하게 **어린애 같은** 장난이라고 생각할 수도 있겠지만, 용서받을 수 없는 행동임에는 분명했다. 하지만 나중에 사람들의 이야기로는 그가 그 일을 저지른 순간 **꼭 정신 나간 사람처럼** 딴생각에 빠져 있는 것 같았다고 한다. 그러나 이것은 한참 지나서야 사람들이 떠올린 기억이었다. 처음에는 모두 격분해서 그다음 순간만을 기억하고 있었다.

그는 이미 모든 상황을 이해하고 있는 듯했지만 당황하지도 않았고 오히려 <조금의 후회도 없이> 재미있다는 듯이 웃고 있었다. 엄청난 소동이 벌어졌고 사람들이 그를 에워쌌다. **스따브로긴은 몸을 돌려 주위를 둘러보며 아무에게도 대답하지 않은 채, <소리지르고 있는 사람들의 얼굴>을 호기심을 가지고 훑어보았다.**

그러다 갑자기 무슨 생각이 떠올랐는지 - 사람들 말에 따르면 적어도 그랬다. - 눈살을 찌푸리더니, 모욕당한 **가가노프**에게 성큼 다가가 유감스럽다는 표정으로 이렇게 중얼거렸다.

"물론 용서해 주시겠지요. 제가 왜 갑자기…… 그런 어리석은 행동을 하고 싶어졌는지 잘 모르겠습니다……"

이런 성의 없는 사과는 새로운 모욕이 되었다. 고함소리가 더욱더 커졌다. 그러자 우리의 왕자는 어깨를 으쓱하더니 밖으로 나가 버렸다.

이 모든 일이 추악했음은 말할 필요도 없었고, 얼핏 보아서는 미리 계산되고 고의적으로 행해진 추악한 사건 같았으며, 우리 사교계 전체를 극도로 모욕하기 위해 저지른 행동 같았다. 모든 사람에게 그렇게 이해되었다. 사람들은 지체 없이 단합하여 **스따브로긴**을 **클럽 명단에서 제명했다.**

✍ **순진한 말버릇**[1]은 우리가 일상에서 흔히 쓰는 버릇이다. 예를 들어, 우리는 어떤 음식을 먹고는 "맛없다!"고 할 수 있다. 필자는 **그 따위 말을 하는** 사람의 **혓바닥을 세게 거머쥐고** 그 귀가 멍하도록 외칠 것이다. "맛없는 음식은 없다!"

**<늘 쓰는 말>이 "전혀 다르게 들릴 때"**, 그때가 바로 <그 순간>이다. ⧗

많은 손님이 모여들었다. 그들은 꾀죄죄한 모습들이었지만 쾌활했다. 자존심이 강하고 질투심이 많은 **리뿌진**은 일 년에 두 번 사람들을 초대했는데, 이때는 돈을 아끼지 않았다. 귀빈격인 **스쩨빤 베르호벤스끼**는 병으로 오지 못했다. 차가 나왔고 많은 안주와 **보드카**가 있었다. 세 개의 탁자에서는 **카드놀이**가 펼쳐졌고, 젊은이들은 저녁식사를 기다리는 동안 **피아노**에 맞춰 춤을 추었다.

**스따브로긴**은 <아주 예쁘고 자그마한 숙녀로서 그의 앞에서 굉장히 수줍어하는> 리뿌진의 아내를 일으켜 세워 곡에 맞춰 두 바퀴를 돌았고, 그 후 옆에 앉아 이야기를 나누며 그녀를 웃게 만들었다.
그러다가 마침내 **그녀가 웃을 때 정말 예쁘다는 것을 깨닫자, 그는 갑자기 모든 손님들이 보는 앞에서 그녀의 허리를 감싸 안고 세 번 정도 연달아 단물을 빨아들이듯이 그녀의 입술에 키스를 했다.**[1] **불쌍한 여인은 너무 놀라서 기절하고 말았다.**

**스따브로긴**은 모자를 집어 들더니 곧 난리가 난 사람들 속에 멍하니 서 있는 그녀의 남편에게 다가가서 그를 바라보며 그 자신도 당황한 듯 "화내지 말게."라고 빨리 중얼거린 뒤 밖으로 나가 버렸다. 리뿌찐은 그를 따라 현관으로 뛰어가 직접 외투를 건네주고 계단까지 정중하게 배웅했다.

그러나 다른 사건들과 비교하면 별다른 악의는 없었던 이 이야기에 다음 날 꽤 재미있는 상황이 덧붙었다. 이 사건으로 리뿌찐은 그 후 사람들의 존경을 얻기에 이르렀으며, 그는 이것을 자신에게 완전히 유리하게 이용했다.


✍ ¹ 굳이 도스토에프스키를 따르지 않더라도 "신(神)은 선이나 악보다 더 높은 곳에 있음"은 잘 아는 일이다.

신은, 영(靈)은 비도덕적(非道德的)이거나 부도덕(不道德)하지 않고, 그냥 무도덕(無道德)한 존재다.

그것이 괴테가 파우스트에서 메피스토펠레스를 <언제나 악(惡)을 원하면서도 언제나 선(善)을 창조하는 힘의 일부분>이라고 하는 이유다.

메피스토펠레스는 말한다.

"나는 항상 <부정(否定)하는 영>이외다. **생성하는 일체의 것은 필히 소멸하기 때문**이지요. 그러므로 아무것도 생성하지 않는 편이 낫다는 겁니다.

당신들이 죄(罪)라느니, 파괴(破壞)라느니, 간단히 말해서, <**악**이라고 부르는 모든 것>이 내 본래의 특성이지요."

또 그것이 **토마스 만**이 <요셉과 그 형제들>에서 천사가 **빵**을 슬쩍하는 장면을 그리는 이유다. ⧗

☯

제1부 제5장의 소제목은 <**현명한 뱀**>이다.

"그런데 여기서부터 당신이 이해하지 못하는 게, **그 아이는** 다른 사람들처럼 **그녀**(<**절름발이 여인**>, **마리야 찌모페예브나**)[1]를 **결코 조롱하지 않는다**는 거예요! 사람들이란! 당신은 이해하지 못하겠지만 그 아이는 그녀를 <모욕하는 자들>에게서 보호하고 <후작 부인을 대하듯> - 끼릴로프라는 그 사람은 아마도 다른 사람들을 깊이 이해하는지는 몰라도 니콜라(스따브로긴)는 제대로 잘 이해하지 못한 것 같군요! - 존중하는 마음으로 감싸고 있는 거예요.
어쨌든 **이런 대조(對照)에서** 불행(不幸)이 시작된 것이지요. <그 불행(不幸)한 여자>가 다른 상황에 있었더라면 그 정도 정신 나간 듯한 망상(妄想)에 이르지는 않았을 텐데.
여자, 여자만이 그걸 이해할 수 있지요, **뾰뜨르 스쩨빠노비치**. 당신이…… 그러니까 당신이 여자가 아니라서가 아니라, 적어도 이번 같은 경우에 이해할 수 없다는 사실이 정말 유감스럽네요!"

"그 말은 **나쁘면 나쁠수록 더 좋다**[2]는 의미지요? 알겠습니다, 잘 알겠습니다. 바르바라 뻬뜨로브나. 그건 종교의 속성과 유사한 것이지요. 인간의 삶이 힘들면 힘들수록, 혹은 전 민중이 학대받고 불행해지면 불행해질수록 그들은 더 집요하게 천국에서의 보상을 꿈꿉니다. 게다가 십만 명이나 되는 성직자들이 몽상에 불을 지피기도 하고 또 그걸 이용해서 사리사욕을 채우느라 분주히 움직인다면…… 저는 부인을 이해할 수 있습니다, 바르바라 뻬뜨로브나. 염려하지 마십시오."

"글쎄요, 정확히 그런 건 아니지만, 어쨌든 한번 말해 봐요. 정말로 니콜라(스따브로긴)는 이 불행한 유기체 안에 – 무엇 때문에 그녀가 <유기체>라는 단어를 사용했는지 나는 이해할 수가 없었다. – 타오르고 있는 몽상을 끄기 위해서, 자신도 그녀를 조롱하고 다른 관리들처럼 대해야 했을까요?

당신은 정말로 저 고상한 연민의 감정, 니콜라가 끼릴로프에게 단호하게 '나는 저 여인을 조롱하는 게 아니야!'라고 대답한 순간 느낀 유기체 전체의 고결한 전율을 부정하는 건가요? 얼마나 <고결하고 거룩한 대답>인가요!"

"숭고하죠." 스쩨빤 뜨로피모비치가 중얼거렸다.

✍ ¹ 마리야 찌모페예브나는 주정뱅이 레뱟낀의 여동생으로, 그는 동생을 마리야 네이즈베스뜨나야 라고 부른다. 네이즈베스뜨나야는 <미지(未知)의> 라는 뜻이다. 마리야라는 뜻은 잘 아는 것이고.

이 <절름발이 여인>은 스따브로긴의 법적 아내로 러시아를 상징하는 것으로도 본다.

곧 다룰 영화 <거울>에서도 이 이름이 나온다. ('내 머리빗이 어디 있지?'라는 장면에서)

² 나쁘면 나쁠수록 더 좋다는 말은 사도 바울의 "죄가 더한 곳에 은혜 더욱 넘쳤나니"를 떠오르게 한다. 그만큼 <이런 대조>가 극적(極的)이고 극적 (劇的)이기 때문이다.

<악령>에서 두 번이나 나오는 성경 구절은 바로 이것이다. (마지막 일곱 번째) 라오디게아("正義") 교회에 전하기를

"네가 차지도 않고 뜨겁지도 않다.

**네가 차든지 뜨겁든지 하면 좋겠다.**

네가 이같이 미지근하여

뜨겁지도 않고 차지도 않으니

내 입에서 너를 뱉어 버리겠다."

이것이 <영성(靈性)의 올바른(正義) 교회>에 대한 성령의 메시지다. 마치 악령(惡靈)과 성령(聖靈)의 차이인 것도 같다. 필자는 그 이유를 <찌혼의 암자 에서> 등에서 두 번 이상 다룬다. ⌛

제2부 제1장에다 도스토예프스키는 <밤>이라는 소제목을 붙였다. 샤또프와 스따브로긴의 이 <밤의 대화>를 읽으면서, 필자는 저 성경의, 니고데모가 예수를 찾아온 그 <밤의 대화>를 떠올렸다.

<민중(民衆)을 이긴("니고데모"라는 이름의 뜻)>, 그리고 <이스라엘["신(神)을 이긴"의 뜻]의 선생>인 니고데모에게 예수는 한마디를 던진다.

"진실로, 진실로 네게 이르노니
　사람이 **거듭나지 아니하면**
　**<하나님의 나라>를 볼 수 없느니라.**"

잘 알아듣지를 못하자, 예수는 거듭 말한다.

"진실로, 진실로 네게 이르노니
　사람이 **물과 성령으로 나지 아니하면**
　<하나님의 나라>에 들어갈 수 없느니라.
　**육(肉)으로 난 것은 육이요**
　**영(靈)으로 난 것은 영이니**
　내가 네게 '거듭나야 하겠다!' 하는 말을 놀랍게
여기지 말라.

**바람은** 임의로(제가 불고 싶은 대로) 불매 네가 그 소리는 들어도 어디서 와서 어디로 가는지 알지 못하나니

<성령으로 난 사람>도 다 그러하니라."

☯

"<나>를 존중(尊重)해 줄 것을 부탁하네. 아니, 요구하네." 샤또프[1]가 소리쳤다.

"그러니까 내 인격이 아니라 - 그런 건 될 대로 되라지. - <다른 것>에 대해, 단지 **지금 이 순간,** <나의 몇 마디 말>[2]에 대해 말일세……

**우리는 두 개의 존재로 무한(無限) 속에서 만난 것이네……** 이 세상에서 마지막으로 자네 말투를 버리고 인간적인 말투로 말해 주게! 일생에 단 한 번만이라도 인간적인 목소리로 말해 주게나. 나를 위해서가 아니라 자네를 위해서 하는 말이네.

알겠나? **내가 자네의 뺨을 때렸을 때 그것으로 자네의 <무한한 힘>[3]을 인식할 기회를 준 것이니, 그 이유만으로도 나를 용서해야 하네……** 자네는 또다시 그 혐오스러운 사교적 미소를 짓고 있군. 오, 언제쯤 나를 이해해 줄지! 귀족 도련님 근성을 버리라고! 내가 이것을 요구하고 있다는 것을, 요구

190

하고 있다는 것을 이해해 주게. 그러지 않으면 말하고 싶지 않네. 무슨 일이 있어도 말하지 않겠네!"

그는 너무 흥분해서 헛소리까지 했다.

✎ 1 샤또프라는 이름은 <샤따쨔(흔들리다)>에서 온 파생어로, 이전의 허무주의자였던 그는 러시아라는 땅에 근거를 두고 난 후 신(神)에 대한 믿음을 갈망하지만 <흔들리고> 있는 것을 보여 준다.

2 <나의 몇 마디 말>의 이 부분은 신중히 읽어야 한다. 샤또프가 존중해 달라며 요구하는 진실한 **그 무엇**은 우리의 <겉 사람(인격, **페르소나**)> 즉 흔히 우리가 말하는 <나>가 아니다. 그것은 <**다른 것**> 즉 <**다른 무엇**>이다. <**지금 이 순간**> <**나의 진실한 몇 마디 말**>이 <**그 무엇**>을 드러낼 것이다.

진실로, 진실로 <진실한 곳(진리의 자리)>에서는 **말이 곧 그 사람**(<**나**>)이기 때문이다.

3 <**무한한 힘**>은 물론 <물리적인 괴력(怪力)>을 말하는 것이 아니다. <물리적인 힘>이란 한마디로, **디지털**한, 계량(計量), 계수(計數)할 수 있는 유한한 힘이다.

여기서는 <뺨을 맞고도 반응하지 않은 것> 등을 가리키는 <영적인 힘>, <영성의 힘>으로, 그것은 <무한한 힘> 곧 '전능(全能)'을 말할 것이다. ⧖

"자네가 했던 말 기억하나? **<무신론자는 러시아 사람일 수가 없으며, 무신론자는 그 즉시 러시아인이기를 멈춘다>**[1]라고 했던 말 기억하나?"

"그래?" 스따브로긴은 되묻듯이 이렇게 말했다.

"나한테 묻는 건가? 자네 잊었나? 그런데 **이건** 자네가 간파한 것으로, 러시아 **정신의 가장 중요한 특성 중 하나를 정확하게 지적하고 있지.**

자네가 이걸 잊을 리는 없겠지? 내가 좀 더 상기시켜 주자면, 자네는 그때 **<정교도가 아닌 사람은 러시아인이 될 수가 없다>**라고도 했네."

"그건 슬라브주의 사상인 것 같군."

  ✎ [1] 러시아를 꼭 러시아로 읽을 필요는 없다. <한국, 조선(朝鮮)>으로 읽어도 얼마든지 좋고 또 맞다. **<고요한 아침의 나라>**에는 "**하늘**", "**하느님**", "**하나님**"이라는 고유한 **말이** 있어, **우리의 심성을 잘 보여 주기 때문이다.** 그것이 필자가 이런 글을 쓰는 이유이기도 하고. ⧗

"아니, 지금의 슬라브주의자들은 그걸 거부하고 있네. 현재의 민족은 영리해졌거든. 하지만 자네는 훨씬 더 멀리 갔어.

자네는 **로마 가톨릭**은 이미 기독교가 아니라고 믿었지. 자네는 **로마**가 <악마의 세 번째 유혹>[1]에

굴복한 **그리스도**를 선포했다고 말했고, **가톨릭**에서 <지상의 왕국 없이는 **그리스도**도 이 지상에서 버틸 수 없다>고 전 세계에 선언했을 때, 바로 그것으로 <적(敵)-그리스도를(Anti-Christ)를 선포한 것이며 결국 **유럽** 전체를 파멸시켰다고도 했네.

지금 **프랑스**가 괴로워하고 있다면 그것은 오로지 **가톨릭** 때문이다, 왜냐하면 악취 나는 **로마**의 신을 거부했지만 새로운 신을 찾지 못했기 때문이라고 자네는 분명히 지적했네. 이것이 그때 자네가 했던 말이었지! 나는 우리 대화를 잘 기억하고 있네."

✍ ¹ <악마의 세 번째 유혹>은 광야에서 마귀가 **예수**를 산 위로 데려가 지상의 권력과 위용을 보여주며, 자기를 경배하면 그 모든 것을 주겠다고 한 것을 말한다.

나중 **예수**는 <심판 즉 판단의 자리에서> "**로마 총독**" 빌라도에게 "<내 나라>는 이 세상(로마)에 속한 것이 아니라. <내 나라>는 여기에 속한 것이 아니니라."고 거듭 말한다.

그러나 지금도 <**로마** 교황(敎皇)청>은 이 세상의 것을 흉내내느라 바쁜 것 같다. ⌛

"<**만약 내가 신을 믿는다면**>¹ 지금도 틀림없이 그 말을 되풀이했을 거야. 신자(信者)처럼 말했다고 해서 거짓말을 했던 것은 아니네." 스따브로긴은 매우 진지하게 말했다.

"하지만 분명히 말하겠는데, 내 과거의 생각을 되풀이하는 게 너무나 불쾌한 인상을 불러일으키는군. 그만할 수 없겠나?"

✎ ¹ **만약 내가 신을 믿는다면** : 이 말은 <지금의 나는 신을 믿지 않는다>, <지금의 나는 타락하여 무신론자다>라는 그런 의미가 전혀 아니다.

이것은 <나는 지금 신을 "믿는" 수준>이 아니라, <나는 지금 신을 "살아가는" 수준>이라는 말이다. 신이든 영(靈)이든, 그 수준에서 나온 말로 읽어야 한다. <성경을 "믿는" 수준>이 아닌 <아예 성경 속에서, 성경을 "살아가고 있는" 수준> 말이다. ⧗

"<**만약 신을 믿는다면**>이라고?" 샤또프는 상대의 요구에 조금도 주의를 기울이지 않고 소리쳤다.

"하지만 자네는 그때 만약 진리가 **그리스도** 밖에 있다는 것을 수학적으로 증명한다고 해도, 진리와 함께 있기보다는 '**그리스도**'¹와 함께 있는 쪽을 택하겠다고 말하지 않았나? 그렇게 말했지? 그렇지?"

"그런데 나한테도 질문할 기회를 줬으면 하네." 스따브로긴이 목소리를 높였다. "이 모든 초조하고 또…… 심술궂은 시험은 대체 무엇 때문인가?"

"이 시험은 영원히 지나갈 것이고 그것이 자네 머릿속에 떠오를 일도 결코 없을 것이네."

"자네는 여전히 우리가 공간과 시간 밖에 있다고 주장하는 건가……"

"조용히 하게!" 샤또프가 갑자기 고함을 쳤다. "나는 어리석고 서툴지만, 내 이름은 조롱받으며 파멸해도 상관없어! 다만 내가 지금 자네 앞에서 당시 자네의 사상을 반복할 수 있도록 해 주었으면 하네…… 오, 단지 열 문장만, 결론만이라도."

✍ ¹ 그리스도라는 말은 흔히 <예수 그리스도>를 가리킨다. **붓다**(부처)라는 말이 옛날 인도의 어떤 한 인물만을 가리키는 말이 아니듯이, 여기서는 <그리스도성(性)>, 신성(神性), 영성, 불성(佛性)을 가리키는 말이다.

그 신성은, 물론 시공간 안팎으로 자유롭다. ⌛

"결론만이라면 말해 보게……"

스따브로긴은 시계를 쳐다보려다가 그만두었다.

샤또프는 의자에서 다시 몸을 숙였다가 한순간 또다시 손가락을 위로 들어 올리려 했다.

"어떤 민족도," 그는 마치 글을 읽어 내려가듯이, 동시에 또 스따브로긴을 계속 위협적으로 쳐다보며 말을 시작했다.

"어떤 민족도 아직까지 과학과 이성의 원리 위에 설립된 적이 없다. 다만 일시적인 어리석음 때문에 이루어진 경우를 제외하면 단 한 번도 그런 예가 없다. **사회주의는 본질상 무신론일 수밖에 없는데**, 그것은 그들이 첫 문장에서부터 자기들은 무신론적 조직이며, 특별히 과학과 이성의 원칙 위에 자리 잡으려 한다고 선언했기 때문이다. 이성과 과학은 민중의 삶에서 창세 이래로 지금까지 항상 부차적이고 종속적인 임무만 수행해 왔으며, 종말까지도 계속 그럴 것이다.

**민족은 <다른 힘>에 의해 형성되고 또 움직인다.** 그것은 명령하고 또 지배하는 힘이지만, 그 힘이 어디에서 발생했는지는 알 수도 없고 설명할 수도 없다. **이 힘은 끝까지 가려고 하는 억제할 수 없는 갈망의 힘이며 동시에 또 끝을 부정하는 힘이다. 이것은 지칠 줄 모르고 끊임없이 자기 존재를 증명하고 죽음을 부인하는 힘이다.**
성서에 쓰여 있듯이, <삶의 정신>은 <생명수 샘>이며, 묵시록은 그 샘이 마를 것이라고 위협하고 있다. 그것은 철학자들이 말하는 미학적 원칙이자 그들이 동일시하는 도덕적 원천이다. 나는 그것을 아주 간단히 <신에 대한 탐구>라고 부르겠다.

민족 운동의 모든 목적은 어떤 민족에게나 어떤 시대에나 단 하나 <신에 대한 탐구>, 반드시 <자기 자신의 신에 대한 탐구>이며, 그 신만을 <유일한 진리>로 믿는 것이다. **신은 <민족 전체의 시작부터 마지막까지를 아우르는 종합적 인격>이다.**

모든 민족 혹은 많은 민족에게 <하나의 공통된 신>이 있었던 적은 없으며, 항상 각 민족에게는 <자기들만의 특별한 신>이 있었다. 신이 <공통의 신>으로 되는 일은 민족성 소멸의 징조이다. 신이 공통의 신이 될 때, 신과 그 신에 대한 믿음도 그 민족과 함께 사멸한다.

민족이 강하면 강할수록 그들의 신은 더 특별해진다. 종교, 즉 <선과 악에 대한 개념>을 가지지 않은 민족은 존재한 적이 없다. **모든 민족은 선과 악에 대한 자신들만의 개념을 가지고 있고, 자신들만의 선과 악을 가지고 있다.**

많은 민족들이 <선과 악에 대해 공통된 개념>을 갖기 시작할 때 민족들은 소멸되고, 더불어 선악의 구별 자체도 지워지고 사라지기 시작한다.

**이성은 단 한 번도 <선과 악의 정의>를 내리지 못했으며, 심지어 선과 악을 대략으로라도 구별해 내지 못했다.** 반대로 항상 수치스럽고도 초라하게 그 둘을 혼동했다. 과학은 폭력적인 방법으로 해결했다. 특히 <반-과학(anti-science)>이 이 점에서 주목할 만하다. 그것은 역병이나 기아, 전쟁보다 더 고약하며, 현 시대에 이르기까지 알려지지 않았던, 인류에게 가장 무서운 재앙이다. **반-과학**, 그것은 지금까지 단 한 번도 도래한 적이 없는 폭군이다. 자신의 사제와 노예들을 거느리고 있는 폭군이며, **그 앞에서 모든 사람은 지금까지 상상조차 할 수 없었던 사랑과 미신으로 무릎을 꿇고, <과학>마저 수치스럽게 그의 행동을 눈감아 준다.**

　이 모든 것이 자네의 말이었네, **스따브로긴**. 단 반-과학에 대한 말은 빼고. 그것은 내 말일세. 왜냐하면 나 자신이 반-과학이기 때문이지. 그러므로 나는 그것을 증오한다네. 그러나 자네의 사상이나 말에 대해서는, 단어 하나도 바꾸지 않았네."

　"그렇지 않은 것 같은데."

　**스따브로긴**이 조심스럽게 지적했다.

　"자네는 열렬히 받아들였고, 또 자신도 알아채지 못한 채 열렬히 개작해 버렸네. 신을 단지 민족의 속성으로까지 끌어내린 것만 보더라도……"

　그는 갑자기 **샤또프**를 빤히 바라보기 시작했다. **그것은 <그가 한 말>에 대해서라기보다는 <그 인물 자체>에 대한 주의(注意)였다.**

그 <밤의 대화>는 밤과 함께 깊어만 간다. <그의 토끼가 잡혔는지 아직 도망 다니고 있는지> 묻자, 샤또프는 말한다.

"감히 나한테 <그런 말>로 질문하지 말고 다른 말로 물어보게, 다른 말로!" 그는 갑자기 온몸을 부들부들 떨기 시작했다.

"좋아, 그럼 <다른 말>로 묻지." 스따브로긴은 엄격한 표정으로 그를 쳐다보았다.

"내가 다만 알고 싶은 건, **자네는 신(神)을 믿나, 믿지 않나?**"

"나는 러시아를 믿네…… 나는 <러시아 정교>를 믿네. 나는 <그리스도의 몸>[1]을 믿네……

나는 새로운 강림이 러시아에서 이루어지리라고 믿네…… 나는 믿네……"

샤또프는 흥분해서 중얼거리기 시작했다.

"그러면 신은? 신(神)은?"

"나는…… 나는 **신을 믿게 될 거야.**"

스따브로긴은 안면 근육 하나 움직이지 않았다. 샤또프는 그를 자신의 시선으로 태워 버리려는 듯 활활 타오르는 도전적인 눈빛으로 쳐다보았다.

✎ ¹ <그리스도의 몸>은 곧 교회를 말한다.

<내가 영(靈) 혹은 영성인 것을 느끼게 되면>, <나 자신이 신성 혹은 **의식**(意識)인 것을 "아는" 상태>에서는, 내 몸은 곧 성전(聖殿)이 된다. ⌛

"내가 '신(神)을 **전혀 믿지 않는다.**'고는 말하지 **않았잖은가!**" 그는 결국 이렇게 소리쳤다.

"나는 내가 불행하고 지루한 책(冊)에 불과하다는 것, 그리고 당분간, 당분간…… 그 이상 아무것도 아니라는 것을 알려 주려고 했을 뿐이야. 하지만 내 이름은 사라져도 그만이야! 문제는 자네야, 내가 아니라……

나는 재능이 없는 사람이라 내 피밖에는 내놓을 게 없고, 재능 없는 사람이라면 누구나 그렇듯 그 이상은 아무것도 아니네. 내 이 피 역시 사라져도 그만이지! 나는 자네에 대해 말하는 거야. 난 여기서 2년 동안 자네를 기다렸네. 나는 지금 자네를 위해 30분 동안이나 벌거벗고 춤추고 있다고. 자네, 자네만이 이 깃발을 들어 올릴 수 있다고……!"

그는 말을 끝맺지 못하고 절망에 빠진 듯 탁자에 팔꿈치를 괴더니 두 손으로 머리를 감싸 안았다.

"말이 나왔으니, 정말로 이상해서 한 가지만 말해야겠는데," 스따브로긴이 갑자기 그를 막았다.

"무엇 때문에 <그 깃발>이라는 걸 계속 나한테 떠넘기려는 건가? **뾰뜨르 베르호벤스키** 역시 내가 <그들의 깃발을 들어 올릴 수 있다>고 했다더군. 그는 내가 <비범한 범죄 능력>으로 그들을 위해서 **스쩬까 라진**[1]의 역할을 해 줄 수 있으리라고 생각하고 있다더군."

 "뭐라고? <비범한 범죄 능력>이라고?"

 "바로 그거야."

 ✐ [1] 스쩬까 라진은 17세기 러시아 농민 반란을 일으켰다고 하며, 푸쉬킨의 시에도 나온다. ⧗

 "내가 자네를 사랑할 수 없다는 게 유감스럽군, **샤또프**." 스따브로긴은 냉정하게 말했다.

 "자네가 그럴 수 없다는 것도 알고 있고, 거짓말 하지 못한다는 것도 알고 있네. 이보게, 나는 모든 것을 바로 잡을 수 있어. 자네에게 토끼를 잡아다 주겠네!"

 스따브로긴은 아무 말도 하지 않았다.

 "자네는 무신론자(無神論者)야. 왜냐하면 그 잘난 귀족 자제, 마지막 남은 귀족 자제이기 때문이지. **자네는 선악을 구별할 수 없게 되었어.** 왜냐하면 자신의 민족을 알아볼 수 없게 되었기 때문이지.

새로운 세대가 민족의 가슴에서 나오고 있지만, 자네도, **베르호벤스끼** 부자도, 나도 그들을 전혀 알아보지 못하고 있다네. 나 또한 귀족 자제라서, 자네 집의 농노였던 **빠시까**의 아들이라서 말이야.

이보게, **노동을 통해 신을 얻도록 하게.** 핵심은 여기에 있으니, 그렇지 않으면 더러운 곰팡이처럼 사라지고 말거야. **노동으로 얻도록 하게.**"

"신을 노동으로? 어떤 노동으로?"

"**<농민의 노동>**[1]이지. 앞으로 나아가게. 자네의 부(富)를 버리라고…… 아! 웃고 있군. 자네는 이게 속임수일까 봐 두려운가?"

그러나 **스따브로긴**은 웃고 있지 않았다.

"자네는 노동으로 신(神)을 얻을 수 있다고 생각하나? 그것도 **<농민의 노동>**으로?"

그는 실제로 뭔가 깊이 생각해 볼 가치가 있는 새롭고 진지한 것을 만난 것처럼 잠시 생각하더니 이렇게 되물었다.

✍ [1] **<농민의 노동>** 등은, 여러 가지를 생각할 수 있겠지만, 이 필자로서는 **아나보파야**라고 할 수 있다. 예를 들어, **톨스토이**의 <안나 카레니나>에서 **레빈**의 "풀베기"의 경우를 볼 수 있다. ⌛

샤또프는 나중 그의 아내가 **스따브로긴**의 아이를 낳았을 때 이렇게 말한다.

"<새로운 존재의 출현>이라는 신비(神祕)는 말로 설명할 수 없는 위대한 비밀입니다. 당신이 이것을 이해하지 못하다니 정말 유감이군요!"

샤또프는 얼떨떨하기도 하고 신나기라도 하는 듯 두서없이 중얼거렸다. **무언가가 그의 머릿속에서 '흔들리다가' 그의 의지와 상관없이 그의 영혼에서 흘러나오는 것 같았다.**

"두 사람뿐이었는데, 갑자기 <세 번째 사람> 즉 <온전하고 완전무결하며, 인간의 손에서 생겨난 것 같지 않은 새로운 영혼>이 나타난 것입니다.

새로운 사상이고 새로운 사랑이라, 두렵기까지 합니다. 이 세상에 이보다 더 위대한 것은 없을 것입니다!"

하지만 <샤또프와의 이런 대화>가 있기 조금 전 **스따브로긴**은 끼릴로프와 만났다. 그들의 대화에도 귀를 기울일 필요가 있다.

"자네, 아이를 좋아하나?"

"좋아하네." 끼릴로프는 이렇게 대답했지만, 아주 무관심한 말투였다.

"그렇다면 삶도 사랑하나?"

"그래, 삶도 사랑하네. 왜 그러나?"

"<권총 자살>하기로 결심했는데도."

"그게 어떻다는 건가? 왜 그걸 결부시키는 거지? 삶 따로, 그것 따로라네. **삶은 존재하지만, 죽음은 전혀 존재하지 않네.**"

"자네는 <사후 영생>을 믿(게 되었)나?"

"아니, <사후 영생>이 아니라, <현재의 영생>을 믿는다네. **<어떤 순간들>이 있는데, 그 순간에 도달하면 시간이 갑자기 멈추고** 영생이 되는 거지."

"<그런 순간>에 도달하고 싶나?"

"그렇다네."

"우리 **시대**[1]에서는 거의 불가능할 것 같은데."

여전히 **조금의 비웃는 기색도 없이** 스따브로긴은 **깊은 생각에 잠긴 듯 천천히 대답했다.**

"묵시록에서는 천사가 <**시간**은 더 이상 없다>고 맹세하고 있긴 하지만."

"알고 있네. 그건 정말 확실해. 분명하고 또 정확하지. 전 인류가 행복을 **얻게 될 때**는 **시간은 더 이상 존재하지 않을 걸세**. 필요하지 않으니까. 정말 믿을 만한 사상이지."

204

"그럼 시간을 대체 어디다 숨기지?"

"어디에도 숨기지 않네. **시간은** 물체가 아니라 **관념**(생각)**이니, 머릿속에서 꺼져 버리는 거지.**"

"태곳적부터 한결 같았던 낡은 철학이군."

스따브로긴은 뭔가 꺼림칙한 유감의 빛을 보이며 중얼거렸다.

"한결 같지! 태곳적부터 한결 같았고, 다른 것은 절대 없다네!"

끼릴로프는 **이 관념**(생각) **속에 승리라도 깃들어 있는 것처럼**[2] 눈을 반짝거리며 대화를 이어갔다.

✎ [1] <시간>에 대해서는 그동안 많이 다루었다. 여기서는 "그때, 시대, 언제, 요일" 등 "머릿속에서 꺼져 버리지" 않고 시퍼렇게 살아 있는 <'시간'과 관련되는 관념(생각)의 사용>을 보라.

[2] **"이 관념**(생각) **속에 승리라도 깃들어 있는 것처럼"**은 생각해 볼만한 생각이다.

그것은 "어떻게 <생각으로 가득한 마음>에서 **그 생각들을 없앨 수 있느냐?**"는 문제와 똑같기 때문이다. 우리가 <생각을 없앨 수 있는 방법>을 **생각한다면**…… 우리는 곧 저 끝없는 <생각의 굴레>에 떨어지고 말 것이다. 그래서 **샥토파야** 즉 <**올바른 생각**>이 필요한 것이다. ⌛

"자네는 무척 행복한 것 같군, **끼릴로프**."

"그래, 무척 행복해." 그는 아주 평범한 대답을 하는 것처럼 말했다.

"하지만 자네는 최근에 더 괴로워하고 있고 또 **리뿌찐**에게도 화를 내지 않았나?"

"지금은 욕하지 않네. **그때는** 내가 행복하다는 걸 몰랐네. 자네는 잎을, 나뭇잎을 본 적 있나?"

"본 적 있지."

"얼마 전에 끝이 시들어서 녹색이 조금만 남은 노란색 잎을 본 적이 있네. 바람에 날아온 거였어. 나는 열 살 무렵 겨울에 일부러 눈을 감고 잎맥이 선명한 녹색 나뭇잎과 반짝거리는 태양을 **상상하곤 했지.** 눈을 뜨면 그것이 너무 좋아서 믿을 수 없을 정도였어. 그래서 다시 눈을 감곤 했네."

"그게 대체 뭔가, 비유인가?"

"아, 아니. 어째서 비유라는 거지? 그냥 나뭇잎 말이야. 나뭇잎은 좋다네. 모든 것이 다 좋다네."

"모든 것이?"

"모든 것이. **인간은 <자신이 행복하다>는 것을 모르기 때문에 불행한 거야.** 단지 그 때문이네. 그 뿐이야, 그것뿐! **그걸 깨닫는 사람은 바로 그때, 그 순간 행복해진다네.** 아까 그 시어머니는 죽고 여자 아이 혼자 남으면, 그것도 좋은 일이지. 나는 문득 그걸 발견했네."

"사람이 굶어죽어도? 누군가가 어린 소녀를 괴롭히고 능욕해도? 그것도 좋은 일인가?"

"좋은 일이지. 어린아이 머리를 내려치는 인간이 있어도, 그건 좋은 일이네. 내려치지 않으면, 그것 역시 좋은 일이고. 모든 게 좋은 일이야, 모든 게.

**<모든 것이 좋다는 것을 아는 사람>에게는 모든 것이 좋은 일이네. 사람들이 자기에게 좋다는 것을 안다면 그들에게 좋은 것이지만, 자기에게 좋다는 것을 모른다면 그들에게 좋지 않은 것이라네.**

이것이 내 사상의 전부일세. 더 이상은 아무것도 없네!"

"자네는 자신이 그렇게 행복하다는 걸 **언제** 알게 되었나?"

"지난 주 화요일, 아니 수요일. 한밤중이었으니 이미 수요일이었네."

"대체 어떤 계기로?"

"기억은 안 나는데, 방 안을 거닐다가…… 그건 아무래도 좋아. 나는 시계를 정지시켰는데, **그때가** 2시 37분이었네."

"**시간은 정지되어야 한다**는 것의 상징으로?"

끼릴로프는 아무 말도 하지 않았다.


"그들은 좋지 못하다네."

그는 갑자기 말하기 시작했다.

"자신들이 <좋은 사람>[1]이라는 것을 모르기 때문이지. 그걸 깨달으면 어린 소녀를 강간하지 않겠지. 그들은 자신들이 좋은 사람이라는 걸 깨달아야만 하네. 그러면 그 즉시 한 사람도 남김없이 모두가 행복해질 거야."

"그걸 깨달았다니, 자네는 <좋은 사람>이겠군."

"나는 <좋은 사람>이네."

"그 점에서는 나도 동의하네."

스따브로긴이 얼굴을 찌푸리며 중얼거렸다.


"<모두가 좋다는 것을 가르치는 사람>, 그가 이 세상을 끝낼 것이네."

"그것을 가르쳐 준 사람, **그는 십자가**(十字架)[2]**에 못 박혔지.**"

"그는 올 것이네. 그의 이름은 인신(人神)일세."

"신인(神人)?"

"인신. 여기에는 차이가 있다네."


✍ [1] "자신들이 <좋은 사람>이라는 것을 모르기 때문"은 물론 성악설(性惡說)이나 성선설(性善說)을 말하는 것은 아닐 것이다. 문제는 <그것을 "어떻게 해야" 알(깨달을) 수 있느냐> 하는 것이다.

[2] 스따브로긴이란 이름은 그리스어 <스타브로스("십자가")>에서 왔다. 오가는 대화가 날카롭다. ⧗

"그런데 성상(聖像) 앞 등에 불을 밝힌 건[1] 자네 아닌가?"

"그래, 내가 밝혔네."

"신(神)을 믿나?"

"노파가 등에 불을 밝히는 것을 좋아하는데…… 오늘은 시간이 없어서." 끼릴로프가 중얼거렸다.

"자네는 여전히 **직접 기도를[2] 하지는 않나**?"

"나는 모든 것에 기도(祈禱)하네. 저기 봐, 거미 한 마리가 벽을 기어가고 있지? 나는 저런 걸 보면 벽을 기어가는 거미에 대해 감사함을 느낀다네."

✎ [1] <등을 밝히는 것>, <향을 사르는 것> 등은 상당히 상징적인 행위이다.

[2] **기도**(祈禱)는 <(흔히 하는) 혼자서 어떤 문장을 중얼거리는 것>이 아니다. 많이 다루었다. ⌛

그의 눈이 불타올랐다. 여전히 단호하고 확고한 시선으로 **스따브로긴**을 똑바로 쳐다보았다.

**스따브로긴**은 얼굴을 찌푸리고 꺼림칙하게 그를 주시하고 있었는데, 그 시선에 웃음은 없었다.

"장담하는데, 내가 다음에 다시 올 때면 자네는 이미 신(神)을 믿고 있을 걸세." **스따브로긴**은 일어서서 모자를 집어 들면서 이렇게 말했다.

"아니 왜?" 끼릴로프도 일어섰다.

"만약 자네가 신을 믿고 있다는 걸 깨닫는다면, 자네는 신을 믿게 될 것일세. 하지만 아직 자신이 믿고 있는지 모르기 때문에 자네는 신을 믿지 않고 있는 거네." 스따브로긴이 조용히 미소를 지었다.[1]

"그건 그런 게 아닌데." 끼릴로프는 깊은 생각에 잠겼다. "내 사상(생각)을 뒤집어 버렸군. 사교계식 농담이야. 자네가 내 삶에서 무슨 의미가 있는지만 기억해 두게, 스따브로긴."

✍ [1] 사상(생각)으로는 <**그곳**>이나 <**그 순간**>에 이를 수 없다. 잘 아는 대로, 명상 중에 '나는 지금 아무 생각이 없다.'는 그런 생각도 일종의 생각이기 때문이다. <생각이 끝나는 **그곳**>에, <언어도단의 **그 순간**>에 **그 무엇**이 드러난다고 하지 않던가?

하여튼 스따브로긴의 이 <말장난 같은 말>은 <생각이 많은> 끼릴로프를 "깊은 생각에 잠기게" 하고, 나중 **뾰뜨르 베르호벤스끼**와의 대화에서는 <끼릴로프 자신의 말>이 되어 나온다. (주변에서도 <이런 것>을 많이 경험했으리라.) ⧗

🌓          🌓          🌓

이제는 자살을 부추기는 **뾰뜨르 베르호벤스끼**와 끼릴로프의 대화를 들어보자.

참고로 샤또프는 <슬라브주의자>, 끼릴로프는 <무신론자>, 뾰뜨르 베르호벤스끼는 <혁명적 허무주의자>라고 부른다고 하나, 여기서 다룰 주제로는 별로다. (<다른 시각>에서는 다르겠지만.)

"스따브로긴 역시 관념(생각)에 먹혀 버렸어."

끼릴로프는 상대의 언급에 주의를 기울이지 않고 음울한 표정으로 방 안을 돌아다녔다.

"뭐라고?" 뾰뜨르 베르호벤스끼가 말했다. "무슨 관념? 그가 자네에게 무슨 말이라도 했나?"

"아니, **그냥 추측한**(생각한) **거야.** 스따브로긴은 **신을 믿는다 해도 자기가 믿는다는 것을 믿지 못할 거야. 또 만약 신을 믿지 않는다 해도 자기가 믿지 않는다는 것을 믿지 못할 테고.**"

"글쎄, 스따브로긴에게는 다른 점이 있네. 그것보다는 좀 더 영리한 면이……"

뾰뜨르 베르호벤스끼는 대화의 전환과 창백해진 끼릴로프를 걱정스럽게 주시하며 언짢은 듯이 중얼거렸다.

"이 원숭이 같은 자식. 너는 나를 고분고분하게 만들려고 맞장구를 치고 있는 거야. 입 닥쳐, 너는 아무것도 이해하지 못해. **만약 신이 없다면 내가 신이다.**"

"바로 자네 생각의 그 지점을 나는 결코 이해할 수가 없었네. **대체 자네가 왜 신인가?**"

"**만약 신이 있다면, 모든 것은 <신의 의지>이고, 나는 신의 의지에서 벗어날 수 없어. 또 만약 신이 없다면, 모든 의지는 <나의 것>이니, 나는 자-의지(自意志)를 표명할 의무가 있는 거야.**"

"자의지라고? 왜 그런 의무가 있는 거지?"

"왜냐하면 **모든 의지는 나의 것이니까.** 정말로 이 지구상에는 신(神)을 끝장내고 자의지를 확신한 후, 그것이 완전한 지점에 도달했을 때 자의지를 선언할 만한 용기를 가진 사람이 단 한 명도 없단 말인가? 이것은 마치 가난한 사람이 유산을 받고 너무 놀라서 스스로가 그것을 소유할 힘이 없다고 생각해 돈 자루에 감히 다가가지 못하는 것과 같은 거야. 나는 자의지를 표명하고 싶어. 나 혼자라도 나는 할 거야."

"그럼 하게."

"**나는 자살할 의무가 있어. 내 자의지의 완전한 지점은 <내가 나를 죽이는 것>이기 때문이지.**"[1]

✍ [1] <나를 죽이는 것>을 흔히 아는 그런 것으로 읽지 말라. 그것을 "**산야사(포기)**"라고 한다. 사도 바울도 단언한다. "나는 날마다 죽노라!" <내>가 죽어야만 내 안의 신성(神性)이 살아난다. ⧗

"그렇지만 자살하는 사람은 자네 혼자만이 아니잖은가. 자살자들은 굉장히 많다네."

"다들 동기가 있지. 그러나 아무런 동기도 없이 단지 자의를 위해 자살하는 건 오직 나 하나야."

'자살하지 않겠는데.'

**뾰뜨르 베르호벤스끼**의 머릿속에는 또다시 이런 생각이 떠올랐다.

"나는 무-신앙(無信仰)을 천명할 의무가 있어."

**끼릴로프**는 계속 방 안을 돌아다녔다.

"내게 <신은 없다>는 것보다 더 고매한 이상은 없어. 인간의 역사는 내 편이야. 지금껏 인간이 한 일이라고는 자살하지 않고 살기 위해 신을 고안해 낸 것뿐이지. 지금까지 전 세계 역사가 그랬어.

나는 전 세계 역사에서 신을 고안하는 걸 원치 않는 유일한 사람이야. 사람들이 이것을 처음이자 마지막으로 알게 해야만 해."

"누가 알아야 한단 말인가?"

그는 상대를 부추겼다. "여기는 나와 자네뿐인데, 혹시 **리뿌진**을 말하는 건가?"

"모두가 알아야 해. 모두가 알게 될 거야. **<분명하게 밝혀지지 않을 비밀이란 결코 없으니까.>**[1]

바로 **그가 한 말**이지."

✎ 1 "**감추어진 것이** 드러나지 않을 것이 없고, 또 **숨은 것이** 나타나지 않을 것이 없느니라."라는 예수의 말의 자유로운 인용이다. ⧗

그러면서 그는 열병에 걸린 것 같은 희열(喜悅)에 휩싸여서 앞에 현수등이 타고 있는 구세주 성상을 가리켰다. **뾰뜨르 베르호벤스끼**는 완전히 울화통이 터졌다.

"그러니까 여전히 **그를** 믿고 있어서 현수등을 켜놓았군. 혹시 <만일의 경우에 대비해서> 아닌가?"

상대는 아무 말도 하지 않았다.

"그런데 말이야. 내 생각엔 어쩌면 자네는 사제보다 훨씬 더 많은 믿음을 가지고 있는 것 같군."

"누구를 믿는다고? **그를?** 이보게,"

끼릴로프는 조금도 움직이지 않고 극도로 흥분된 시선으로 자기 앞을 바라보며 멈춰섰다.

"위대한 관념 하나를 들려주지. 이 땅 위에 어느 하루가 있었고, 그 땅 한가운데 세 개의 십자가가 있었어. 한 십자가 위에 있던 사람은 믿음이 워낙 강해서 다른 사람에게 '오늘 네가 정녕 나와 함께 낙원에 들어갈 것이다.'라고 말했어. 그러나 그날이 끝나고 그 두 사람은 죽어 함께 떠났지만 천국도 부활도 발견하지 못했지.

예언은 실현되지 못한 거야. 들어봐, **이 사람**은 전 지구상에서 최고의 인간으로, 지구가 존재해야 하는 이유도 바로 그 때문이었어. 모든 행성과 그 위에 존재하는 모든 것이 **이 사람**이 없으면 광기에 불과해. 그 이전에도 이후에도 **그**와 같은 존재는 없었어. 거의 기적이라고 할 정도지. 그런 사람이 존재한 적 없었고 앞으로도 없으리라는 것, 그게 바로 기적인 거야.

만약 그렇다면, 만약 자연의 법칙이 **이 사람**마저 동정하지 않고 자신의 기적조차 안타까워하지 않으면서, **그를** 거짓 속에 살게 하고 거짓 때문에 죽게 만든다면, 결국 이 모든 행성은 거짓이고, 거짓과 어리석은 조소 위에 서 있는 거지. 따라서 행성의 법칙들 자체가 거짓이고 악마의 희극인 거지. 대체 무엇을 위해 살아가야 된단 말인가? 네가 인간이면 대답해 봐."

"이거 이야기가 다른 곳으로 흘러갔군. 자네는 지금 두 가지 서로 다른 원인을 혼동하고 있는 것 같네. 이거 아주 위험한 걸. 그런데 잠깐만, 만약 자네가 신이라고 한다면 어떻게 되는 건가? 만약 거짓이 끝나고, 자네가 모든 것은 <과거의 신>이 있었기 때문이라는 것을 깨닫게 되었다면 말일세."

"마침내 너도 이해하게 되었군!"

끼릴로프는 열광적으로 소리쳤다.


"너 같은 인간조차 이해하게 되었다면 결국 누구든지 이해할 수 있다는 거지! 만인을 위한 유일한 구원은 모두에게 이 사실을 증명하는 데 있다는 걸 너도 이제 이해했을 거야. 누가 증명하냐고? 바로 나야!

나는 지금까지 어떻게 무신론자가 신이 없다는 것을 알면서도 바로 자살할 생각을 하지 못했는지 이해가 안 됐어. **<신이 없다>는 것을 자각하고서도 바로 그 순간, <스스로 신이 되었다>는 것을 자각하지 못하는 것은 한마디로 부조리야.**[1]

그렇지 않다면 반드시 자살했겠지. **만약 자각한다면**[2], **그 사람은 이미 왕이니** 이제 자살 같은 건 하지 않고 **최고의 영광을 누리고 살게 될 거야.**


✍ [1] "신은 저 위에 계신다."는 <초월적 신>만을 아는 수준에서, 이제 "신은 바로 내 안에 있다."는, "내가 곧 신성이다."라는 <내재적 신>을 "아는(경험하는)" 수준이 이런 말과 유사하다. <그런 의미>로 읽어야 이런 말은 이해하기가 쉽다.

[2] **만약 자각한다면**, 만약 (영적인) 체험을 한다면, **그 사람은**…… ⏳

그러나 그것을 처음 자각한 단 한 사람은 반드시 자신을 죽여야만 해. 그렇지 않으면 누가 그것을 처음으로 증명할 수 있겠어? 바로 내가 처음으로 증명하기 위해서 반드시 자살할 거야. 나는 아직 어쩔 수 없이 신이 되었을 뿐, 불행을 느끼고 있어, 자의지를 천명해야 할 의무가 있기 때문이지.

또 모든 사람은 불행해, 자의지를 천명하는 것을 두려워하기 때문이야. 인간은 자의지의 가장 중요한 지점을 천명하는 것이 두려워서 어린 학생처럼 한쪽 구석에서 제 마음대로 행동하다 보니 지금껏 불행하고 비참했던 거야.

나는 지독하게 두렵기 때문에 지독히도 불행해. 공포는 인간에게 저주야…… 그러나 나는 자의지를 천명하겠어. 나는 **<내가 믿고 있지 않다>는 것을 믿어야 할 의무가 있는 거지**. 내가 시작하고, 내가 끝맺고, 내가 문을 열어 주겠어. 현재의 모습으로는 <이전의 신> 없이는 결코 인간이 될 수 없기 때문이지. 나는 내 안에 있는 신의 속성을 탐색해 왔고, 결국 찾아냈어. **내 안에 있는 신의 속성 – 그것은 바로 자의지야!** 이것이 새롭고 무시무시한 자유를 보여 줄 수 있는 전부야."

그의 얼굴은 창백했고 시선은 참을 수 없을 만큼 무거웠다. 그는 열병을 앓고 있는 것 같았다.

이제 <찌혼의 암자에서>와 스따브로긴의 최후를
약간 살피자.

"<완전한 무신론>이 <세속적인 무관심>보다는 더
존중할 만하지요."찌혼 신부는 유쾌하고 순진하게
이렇게 덧붙였다.

"오호, 신부님이 그런 생각을 하시다니."

"<완전한 무신론자>는 완전한 신앙에 도달하기
직전 그 마지막 계단 아래에 서 있는 것입니다만 -
이제 <그곳에서 넘어가느냐 마느냐>의 문제지요. -
<무관심한 사람>은 기쁜 나쁜 공포 외에는 아무런
믿음도 갖고 있지 않습니다."

"그런데 신부님은…… 신부님은 혹시 묵시록의
<라오디게아 교회의 사자에게…>를 기억하십니까?"

"기억합니다. <아주 아름다운 구절>[1]이지요."

✍ [1] 이 구절은 한마디로, **비갸나 바이라바**처럼
**"살아 있어라! 더욱 살아 있어라!"**고 한다. 그것은
**삶이 곧 하나님이기 때문이다. 삶 외에 다른 신은
없다!** <살아 있는 것>이 아름답고, 또 **아름다움이
우리를 구원한다**(<백치>에서도 이 구절이 나온다).
<아주 아름다운 구절>이다. ⌛

"혹시 저기로 올라가신 건 아닐까요?"

누군가가 고미다락 문을 가리켰다. 실제로 항상 닫혀 있던 다락문이 활짝 열려 있었다.

**그곳은 지붕 바로 아래로, <길고 아주 좁고 엄청 나게 가파른 나무 계단>을 타고 올라가야만 했다. 그 끝에도 또 하나의 작은 방이 있었다.**

"나는 저곳으론 가지 않겠다. 무슨 까닭으로 그 아이가 저기까지 올라가겠느냐?"

바르바라 뻬뜨로브나는 무섭게 창백해진 얼굴로 하인들을 둘러보았다. 그들은 그녀를 바라보면서 아무 말도 하지 않았다. 다샤는 부들부들 떨고만 있었다.

갑자기 바르바라 뻬뜨로브나는 나는 듯이 계단을 올라갔다. 다샤가 그녀 뒤를 따랐다. 그러나 **다락방 안으로 들어서자마자** 그녀는 비명을 지르며 정신을 잃고 말았다.

**스따브로긴이 바로 여기**[1]**, 방문 뒤쪽에 매달려 있었다.** 작은 탁자 위에 연필로 몇 마디 적어 놓은 종이쪽지가 있었다. 거기에는 이렇게 적혀 있었다. <아무도 비난하지 마라. **나 스스로 한 것이다.**>[2]

또 탁자 위에는 망치와 비누조각, 만일의 경우에 대비해 준비해 둔 것이 분명한 **커다란 못**이 놓여 있었다. 목을 매는 데 사용한 비단 끈은 분명 미리 골라서 준비해 두었던 듯 비누칠이 되어 있었다.

이 모든 것은 **마지막 순간까지 계획적이고 그가 의식이 있었음을 보여 주는 증거였다.**

✎ ¹ <다락방>은 휘페로온으로, 사도행전에서는 **성령(聖靈)이 내려와 예수의 사람들 속에서 "살아 난"** 곳이다. (**뱀과 얼나 이야기**에서 다루었다.)

여기서는 스따브로긴으로 대표되는 **악령(惡靈)이 올라가** (스따브로긴의 사람들 속에서도) **"죽은" 곳**이 되었다.

성령이 내려온 다락방은 약 120명이 올라갈 수 있었다고 하는데, 악령이 올라간 다락방은 "**<길고 아주 좁고 엄청나게 가파른 나무 계단>을** (혼자서) **올라가야 했다.**"

성령이 내려오자 사람들이 <다른 방언>으로 말하기 시작했고, 악령이 올라가자 사람들이 비명과 <침묵>으로 말하기 시작했다.

성령으로 활동했던 예수는 십자가(十字架) 즉 "스따브로긴"에 매달렸고,

악령으로 활동했던 스따브로긴은 고미다락방 즉 **"가장 높은 곳"**에 매달렸다.

² 성령의 예수는

"아버지여, 저들을 용서하소서."

**"나는 스스로 내 목숨을 버린다."**고 했고,

악령의 스따브로긴은

"아무도 비난하지 마라. **나 스스로 한 것이다.**"고 했다.

성령의 예수는 <당시 사람들의 판단>으로는

<십자가(十字架)형을 받아 마땅한 죄수>였고,

악령의 스따브로긴은 <오늘 우리의 판단>으로는

<비난을 받아 마땅한 악령(惡靈)의 화신>이다. ⧗

이제 <악령과 성령의 차이>를 도스토예프스키의 제사(題詞)를 통해 알아보자.

예수께서 뭍에 오르셨을 때에 그 동네에서 나온 <마귀(魔鬼) 들린 사람> 하나와 마주치게 되었다. 그는 오래 전부터 **옷을 입지 않고 집 없이 무덤들 사이에서 살고 있었다.**

그는 예수를 보자 그 앞에 엎드려

"지극히 높으신 하느님의 아들 예수님, 왜 저를 간섭하십니까? 제발 좀 저를 괴롭히지 마십시오." 하고 크게 소리질렀다.

그것은 예수께서 이미 그 더러운 악령(惡靈)더러 그 사람에게서 나가라고 명령하셨기 때문이다. 그 사람은 여러 번 악령에게 붙잡혀 발작을 일으키곤 하였기 때문에 쇠사슬과 쇠고랑으로 단단히 묶인 채 감시를 받았으나 번번이 그것을 부수어 버리고 마귀에게 몰려 **광야로** 뛰쳐나가곤 하였던 것이다.

예수께서 **"네 이름이 무엇이냐?"** 하시자
그는 **"군대(軍隊)라고 합니다."** 하고 대답하였다.
그에게 많은 마귀가 들어가 있었기 때문이다.
마귀들은 자기들을 **지옥(地獄, 무저갱, 無低坑)**에 처넣지는 말아 달라고 예수께 애원하였다.

마침 그 곳 산기슭에는 놓아기르는 <**돼지 떼**>가 우글거리고 있었는데 마귀들은 자기들을 그 **돼지들** 속으로 들어가게 해 달라고 간청하였다. 예수께서 허락하시자 마귀들은 그 사람에게서 나와 **돼지들** 속으로 들어갔다. 그러자 <**돼지 떼**>는 비탈을 내리 달려 모두 **호수(湖水)**에 빠져 죽고 말았다.

☯

필자가 교회 다니던 시절, 많이 받았던 항의 중에는 <이런 것>도 있었다.

<예수의 발에다 300 데나리온이나 되는 향유를 부은 여인을 비난하는 경우> 말이다. <성경 말씀은 무조건 옳다고 믿는 사람들>은 그런 비난하는 사람들을 비난한다. 어떤 목사들은 그 행위를 <거룩한 허비>라며 성경을 옹호한다. 그러나 <경제적 평등(도움)>이 본질이라면 그렇지도 않은 것이다.

위 <돼지 떼 몰사 사건>도 똑같다. 경제 평등을 주장하는 자들은 말할 것이다. 악령(惡靈)을 내쫓든 사람을 고치든, <남의 재산(재물)>을 저렇게 망칠 수 있단 말인가? 다른 복음서에 따르면 2,000마리쯤 된다는데…… 현재 돈으로 환산하면……

[만일 <이런 생각>이 강하다면, <그런 분들>은 이 책을 조용히 덮어라. ― 내팽개치지는 말라! 책 자체야 무슨 죄가 있는가? ― 이 책은 그런 분들을 위해 쓴 것이 맹세코 아니다!]


도스토예프스키는 왜 제사(題詞)로 <예수의 이런 에피소드>를 넣었을까? 아무래도 악령(惡靈)이라는 제목에 많은 암시를 주거나 주었기 때문일 것이다.

악령의 러시아어 "Бесы"는 복수(複數)이고, 또 군대(軍隊)라고 번역된 "legion(레기온)"은 3,000 ― 6,000명으로 구성되는 로마의 군단(軍團)을 말한다.

우리는 <나 자신은 하나다>라고 말한다. 아마도 <(하나뿐인 이) 몸을 나 자신으로 여기니> 그렇게 생각하고 말하는 것 같다. 그러나 몸보다는 마음을 더 나 자신이라고 여길 때는 하나가 아니다. "내 마음, 나도 잘 몰라."가 많기 때문이다. 내 마음속에서 여러 가지 생각이 지금도 충돌하고 있다. 그러니 어떻게 내가 하나이겠는가!

그러나 <그런 마음>은 적어도 우리가 바라보고 알 수 있는 것이다. 그러나 영(靈), <영적인 무엇>, <무의식적인 그 무엇>이라면 그것은 그 존재조차 부정하고 싶거나 부정하는 그런 것이다. <영(靈)의 세계>를 다룬다는 것은 그런 것이다. 다른 말로 <신(神)의 세계> 말이다.

마치 <내 몸이 하나>라는 것은 잘 알고 있고 또 인정하겠는데, 지금도 우리 몸속에 같이 살고 있는 수십, 수백억조 개의 세균과 바이러스를 <내 몸과 하나인 것>으로 인정하기는 힘든 것과 같다.


뭍(육지)은 의식(意識)으로, 호수는 지옥(무저갱)처럼 무의식(無意識)으로 읽는다. 영적인 세계에서 온전한 것은 내가 하나일 때이다. 내가 여럿일 때 그것은 온전하지 못한 것이고 <미친 상태>이다.

사람은 <하나님의 형상>으로 원래 하나여야 하나 그렇지 못하고 군중(群衆)이 한 사람 속에서 그를 이리저리로 끌고 다니면…… 그것이 우리 상황이다. 예수는 그 군대를 돼지들에게로 보냈다는 것이다.

사람은, 참된 인간은 **하나(님으)**로 남고, <개, 돼지 같은 인간들>은 군중으로 남으라는 것이다.

일찍이 **예수**는 <진주를 돼지 앞에 두지 말라>고 했다.

참고로 **도스토예프스키**의 제사(題詞)는 <인용된 에피소드>의 뒷부분에 무게를 둔다. 그것은 다음과 같다.

<돼지 치던 사람들>이 이 일을 보고 읍내와 촌락으로 도망쳐서 사람들에게 알려 주었다. 사람들은 무슨 일이 일어났는가 하고 보러 왔다가 **예수**께서 계신 곳에 이르러 마귀 들렸던 사람이 **옷을 입고 멀쩡한 정신으로 예수** 앞에 앉아 있는 것을 보고는 그만 겁이 났다.

이 일을 처음부터 지켜본 사람들이 마귀 들렸던 사람이 낫게 된 경위를 알려 주었다. <**거라사** 근방에서 나온 사람들>은 모두 몹시도 겁을 집어먹고 예수께 떠나가 달라고 간청하였다. 그래서 **예수**는 배를 타고 떠나가셨다.

나중에 죽어 가는 **스쩨빤 베르호벤스끼**는 이것을 **떠돌이** 복음서 판매자인 **소피야 마뜨베예브나**에게 읽어 달래서 듣고 난 뒤 이렇게 말한다.

"그러니까 이것은 우리 <러시아와 똑같은 상황>이라는 겁니다. 환자에게서 나와 돼지 속으로 들어간 이 악령들, 이것들은 지난 수 세기 동안 <위대하고 사랑스러운 우리의 환자>, 즉 우리 러시아에 쌓인 모든 궤양, 모든 독기, 모든 불결함이며, 크고 작은 모든 악마입니다! 그래요, 내가 항상 사랑해 왔던 우리 러시아입니다.

그렇지만 <위대한 사상과 위대한 의지>는 악령 들린 미치광이와 같은 러시아를 위로부터 감싸 줄 것이며, 그러면 모든 악령과 불결함, 또 모든 혐오스러운 것은 밖으로 나와…… 스스로 돼지 속으로 들어가게 해 달라고 애걸할 겁니다.

**어쩌면 그 안에 이미 들어가 있을지도 모르지요! 그것은 우리들, 우리들 모두입니다.** 그리고 어쩌면 나는 그 선두에 서 있겠지요. **우리는 모두 악령에 사로잡혀 미쳐 날뛰며 바다로 몸을 던져 빠져 죽을 겁니다. 그렇게 되는 것은 당연합니다.** 우리는 그 정도밖에 안 되는 인간들이니까요.

**그러나 환자는 치유되어 <예수의 발아래 앉게 될 것입니다>**…… 그러면 모두 놀라 쳐다보겠지요……

사랑스러운 이여, 당신도 나중에 이해하게 되겠지만…… 지금은 **그것(그런 미래)이 나를 너무 흥분시키는군요**…… **우리는 다 같이 이해(理解)하게 될 겁니다.**"

당연한 말이지만, "러시아"를 러시아로만 읽을 필요는 없다.

☯

이제 <성령과 악령의 더 깊은 차이>도 검토하자.

한마디로 그런 건 없다! 영(靈), 기(氣), **스판다**, **에너지** 등은 모두 동의어이다. (스판다 카리카에서 다룬 것이다.)

물, 불, 바람 등은 성령의 상징으로, 그것들은 잘 쓰면(잘 사용될 때) 약(藥)이지만, 그렇지 못할 때면 (통제되지 못한다면) 독(毒)이 될 것이다.

잘 사용될 때 선약(善藥)이고 통제되지 못할 때 악독(惡毒)일 것이다.

<찌혼의 암자(庵子)에서> 부분에서 스따브로긴의 요청으로 찌혼 신부가 "**단어 하나하나를 기억(記憶) 해 가며 암송하는 것**"을 듣는 것으로, 그리고 죽어가는 스쩨빤 베르호벤스끼가 소피야 마뜨베예브나에게 "나한테 뭐든 좀 더 읽어 줘요, 아무 곳이나 눈에 띄는 대로 골라서. 펼쳐진 곳, **우연히 펼쳐진 곳 아무 데**나 말이오."라는 요청으로, 두 번씩이나 나오는 중요한 것이다.

(마지막인 일곱 번째) 라오디게아 교회에 전하라

"네가 차지도 않고 뜨겁지도 않다.
**네가 차든지 뜨겁든지 하면 좋겠다.**
네가 이같이 미지근하여
뜨겁지도 않고 차지도 않으니
내 입에서 너를 뱉어 버리겠다."

"일곱 번째, 마지막"이라는 말은 <완전, 완성>의 뜻이 있고, 라오디게아는 "백성의 정의(正義)"라는 뜻이다. 정의(正義)의 정의(定義)는 <진리에 맞는 올바른 도리>이다.

우리는 - 적어도 수행자들은 - 선과 악의 이분법에서 벗어나고자 <선악을 분별하지 않는 단계>를 추구해왔다. 실제로 그런 것이 <신(神)의 세계>이기 때문이다. <선과 악을 초월(超越)한 경지> 말이다.

이것은 또 <중도(中道)의 길>이기도 하다. 그러나 중도는 한마디로 <미지근한 것>이다. <딱히 좋은 것도 없고 딱히 나쁜 것도 없는 그런 것> 말이다. 그것은 **카시미르 쉐이비즘**의 용어로 하면 아마도 <**비마르샤**(샥티, 여성, **힘**)가 없는 **프라카샤**(쉬바, 남성, **빛**) 집안>일 것이다. (그것은 어떤 의미에서 **그녀**를 모르는 '무지한 자'일 것이다.)

파라 트리쉬카는 말한다.

"무지한 자는 몸, 프라나 등에 있는
   엄청난 부(富)를 향유할 수 없나니
   **가슴을 짓누르는 무력감만 있구나**

   **우주 전체 속으로 즐거움을 느끼는**
   **지고의 여신이 가슴으로 들어가면**
   그때 아, 그녀는 **장난스럽게**
   완전한 마지막 봉헌(奉獻)을 하누나"

**바갸나 바이라바**는 말한다.

목이 갈할 때, 눈을 감고 물을 천천히 마시며, 그
시원함을 느껴라. 그러면 곧 온몸에서 그 시원함을
느낄 수 있고, 우리의 **민감함은 성장할 수 있다.**

그러면 우리는 더욱 <살아 있게> 되고, 또 <살아
있는 것(즉, 삶)>으로 가득 채워질 것이다. 그래서
**탄트라**가 말하는 요점은 이것이다. **"살아 있어라!**
**더욱 살아 있어라!"** 왜냐하면 **삶이 곧 하나님이기**
**때문이다.** 삶 외에 다른 신은 없다! 우리가 완전히
<살아 있을 때> 우리는 신성(神性)이 된다. 그러면
죽음은 없다.

그러나 우리는 정말로 <살아 있은> 적이 없다. 우리는 정말로 <살아 본> 적도 없이, 우리의 삶을 다 놓치고 있다. 그리고 죽음은 시시각각(時時刻刻) 다가오고 있다.

<살아 있는> 사람은 죽음을 두려워하지 않는다. 그는 정말로 살아 있기 때문이다. 우리가 **정말로 살아 있을 때, 우리는 <죽음을 살 수조차> 있다.** 죽음이 올 때, 그것에 나는 너무나 민감하게 되어, 그것에 살아 있게 되어서, 그것을 즐길 수조차도 있는 것이다.

<만약 우리가 중심으로 물러나서 나의 죽어 가는 몸에 민감해질 수 있다면>, <만약 그런 것까지도 느낄 수 있다면>, 그때 우리는 이미 불사(不死)인 그 무엇이다.

☯

<겨우 존재하는 것>이나 <겨우 살아 있는 것>은 선한 것이 아니다! <영성 작가> **도스토예프스키**는 말한다. 그런 것은 악령이다. 그것이 **스따브로긴**의 비극이다.

이 세상은 **쉬바** 곧 **나**의 몸이다. 성전도 맞지만 **"장난스럽게"**도 맞다. 그것이 **"살아 있는"** 것이다. 그것이 **영성**이고 <성령 받은 이들>의 삶이다.

참고로, S. I. **게셴**은 <악의 비극 : **스따브로긴**
형상의 철학적 의미>에서 이렇게 말한다.

"도스토예프스키의 모든 장편 소설 중 <악령>은
매우 독특한 위치를 차지한다. ( …… ) <악령>의
주인공이 소설의 형이상학적 차원에서 차지하는 그
문제는 아직까지(는) 해결되지 않고 있으며"

" … 끼릴리프와 샤또프와 형상 … 그들을 통해
**스따브로긴**은 <마치 **거울 속에서**처럼 자신을 관조
한다>."

"실제로 <악령>의 형이상학적 행위 속 주인공은
악에 유혹 받은 선(善)이 아니라, 악 그 자체이며,
그것의 비극성은 **스따브로긴**의 형상 속에서 상징화
되고 있다.
이런 점에서 <악령>은 선(善)의 비극을 목표로
하는 <카라마조프가의 형제들>과 직접적으로 대비
된다. <카라마조프가의 형제들>에서는 선이 '상승
하는 계단의 역동적(力動的)인 도식'속에 묘사되고
있다면, <악령>의 형이상학적 행위는 반대로 **정적
(靜的)인 특성**'을 지니고 있다."

"민중(民衆)과 유리되고, 자기 자신의 삶을 갖지 못한 <식객(食客)이자 '잉여(剩餘) 인간'의 유형>은 스따브로긴의 형상 속에서 순전히 <'환영(幻影)'과 같은 존재>로 - 도스토예프스키에게 그것은 악의 존재이기도 하다. - 강화되고 있다.

도스토예프스키가 생각하기에는 악은 항상 식객처럼 타인의 돈으로, 또한 선 즉 <자신이 가면으로 쓰고 있고, 그것의 반사광으로 사람들을 기만하는> 선의 비용으로 살아간다.

악에는 그 자신의 삶이 없으며, 단지 거짓된 삶, 삶의 외견만이 있을 뿐이다. 스따브로긴은 자신의 반영(反影)들 속에서, 혹은 자신의 <악령들> 속에서 살아간다."


"바체슬라프 이바노프는 뾰뜨르 베르호벤스키를 스따브로긴의 메피스토펠레스로, 또 스따브로긴은 부정적인 러시아 파우스트로 - 그에게는 사랑이 고갈되었기 때문에 부정적이다 - 정확하게 정의를 내리고 있다.

스따브로긴이 자신의 메피스토펠레스에게 유혹당하고, 거울 속의 자신을 쳐다보듯 그를 쳐다보던 두 번의 <밤>이 <악령>에서 중심적인 위치를 차지하고 있다. 스따브로긴의 모든 성향과 그의 운명은 이미 여기서 완전히 정해졌다."

"스따브로긴은 <결코 그 누구도 나는 사랑할 수 없다>고 자신의 <고백>에서 인정하고 있는데…"

"스따브로긴은 악마를 믿게 된 그 순간부터, 그 자신이 신을 믿을 수 없다는 것을 완전히 인식하고 믿음의 의지조차 잃어버렸다. 이때부터 그는 이미 죽을 운명에 처해 있었다.

도스토예프스키에게 신(神)이나 그리스도에 대한 믿음이 이성이 아니라 '삶의 원천인 사랑의 문제'인 것과 마찬가지로, 악마나 적(敵)-그리스도에 대한 믿음은 '사랑의 완전한 고갈'이자 '영혼의 죽음'에 다름 아니다.

다샤는 이것을 아주 명확히 보고 있으며, 그래서 스따브로긴에게 <당신이 그것을 믿는 순간, 당신은 파멸할 거예요>라고 말한다."

"잘 알려져 있다시피 다샤의 이 말은 스따브로긴이 자신의 환각(幻覺)에 대해 말한 다른 부분들처럼 <악령> 최종본에서는 삭제되어 있다.
사실 내가 보기에 <스따브로긴의 고백>은 완전히 삭제된 <찌혼의 암자에서> 장(章)과 마찬가지로 <악령>의 유기적인 부분을 차지한다."

[<죄와 벌>, <죽음의 집의 기록>, <분신(分身)> 등 주옥(珠玉) 같은 <그의 마음>을 읽으며 필자는 <우리의 2020년>을 보내고 있다.

2020년은 '**코로나-19**'인가 뭔가 하는 것으로 – 필자가 보기에, 그냥 일종의 "신종-**플루**(감기)"일 뿐이다! – 세상이 온통 미쳐 가는 것 같다. 미친 사람들은 거개가 <자기 말>만 하고 – 자기 주장만 강하고 – 다른 이의 말은 잘 들리지 않는 법이다.
    <인간은 단지 **육체**라고 각인시키며, 인간을 지배하려는 어떤 세력들의 생각>인, 저 사악한 악령의 **레기온**들이 돼지 떼가 아닌, 가냘픈 우리 마음으로 자꾸만 파고 들어가는 것 같아 아주 못마땅하다.

이 어둠의 광풍(狂風)이 온 땅을 휩쓸고 지나갈 즈음에는 <인간 "**영혼**"의 르네상스>인 그 새벽이 좀 더 가까워지려나……
    "**이 풍랑 인연하여서 떠 빨리 갑니다!**"라던 그 찬송이 나의 찬양이 되기를!]

# 제 3 장

## 잃어버린 언어

< 1 > "시어(詩語) 혹은 Seer(시인)"

시(詩)와 시어(詩語), 그리고 시인(詩人)에 관한 것은 『숭고미(崇高美)의 미학(味學)』에서 어느 정도 다루었다고 보고,

여기서는, 마르셀 프루스트의 <잃어버린 시간을 찾아서(À la recherche du temps perdu)>처럼, 그 "잃어버린 언어"를 찾는 일이다. (어떤 시어의, 특히 <영성 시>의 의미를 "읽는 일" 말이다.)

[<잃어버린 시간을 찾아서>의 <잃어버린 의미>는 『돌과 즈믄 이야기』에서 찾아 다뤄 보려고 한다.]

# < 1 > "시어(詩語) 혹은 Seer(시인)"

타르코프스키는 <거울>에서 이렇게 말한다.
"시인은 <우상 숭배자를 만드는 사람>이 아니라,
<영적 충격(靈的衝擊)을 불러일으키는 사람>이다!"
그런 의미에서 그는 시인이다.

또 <향수>에서는 이런 장면이 나온다.
러시아 시인의 번역된 시를 읽는다는 유제니아를
말리면서 고르차코프는 이렇게 말한다.
"시(詩)는 번역(飜譯)될 수 없다!"

시는 번역될 수 없다. 재미있는 예를 하나 든다.
어느 영어 선생님의 <두 언어 간의 완전한 번역이
불가능한 이유>라는 제목의 글을 고쳐 옮겼다.

<숨바꼭질>
이진흥

무궁화 꽃이 피었습니다
머리카락이  날렸습니다
붉은 마음이 들켰습니다
그녀가 나를 죽였습니다

&lt;Hide and Seek&gt;

Roses of Sharon had blossomed.
My hair was blown.
My red heart was caught.
She killed me.

"글자 그대로 옮기자니 도저히 우스워서 최소한 'my' 정도는 넣었다"면서 그는 <가슴 저리게 아름다운 시가 직역(直譯)된 영시에서는 그 감동이 전달되지 못한다>고 지적하며, (시를 잘 읽으려면, 혹은 잘 번역하려면) 각 민족의 **문화와 상징(象徵)**, **말의 중의(重義) 등을 먼저 알 것**을 강조한다. 그렇다!

위 시의 의미는 대략 이럴 것이다.
(이진흥님의 시집 <가혹한 향기>에서 옮김)

" …… 사랑은 뭐라 말할 수 없지만, 어떤 의미에서는 <연인 사이의 숨고 찾는 숨바꼭질> 같기도 하다. 숨바꼭질은 술래가 아이들이 숨는 동안 100까지 빨리 세기 위해 10 음절이 되는 '무궁화 꽃이 피었습니다'를 열 번 되풀이한 후 아이들을 찾아나서고 …… 술래가 숨은 아이를 찾아내고는 먼저 달려가 찜을 하면 그 아이는 '죽는' 것이다."

그러나 필자는 감히 <이런 말>을 하려고 한다.
(아마도 필자의 무식의 소치이겠지만……)

시는 번역될 수 없지만, 해석(解釋)될 수는 있고,
감상(監賞, 살펴 맛보는 일)될 수도 있고,

또 <그 시인과 같은 시력(視力) 내지 그 이상을
가진 시인(視人)>일 경우에는 번역(?)될 수도 있고
때론 개작(改作)될 수도 있다. - 그런 시는 어쩌면
우리에게 <더 확장된 의미>를 선사할지도 모른다.

☯

독일어의 시인(詩人)인 Dichter에는 **몽상가**라는
뜻이 있고, 또 시인(視人, 보는 사람)은 <Sehender
mann, Seeing man, **보는 자**> 즉 <Seher, Seer,
**예언자**)>이다.

시인은 또 <듣는 사람(**듣는 자**)>이다. 독일어의
시작(詩作)인 Dichtung은 <(말을 듣고) 받아쓰는
일(Diktat)>과 어근이 같다고 한다.

어떤 영적인 느낌이 **저 너머에서** 시인에게 오는
것일 때…… 시인 단테는 이렇게 말한다.

**사랑이 내게 불어 올 때 받아 적고**
**은총(恩寵)이 안에서 불러 주는 대로**
**(나는 단지) <드러내려는> 사람이오.**

238

구약성경의 예언자 **발람**의 이야기는 실로 많은 것을 암시한다. 그는 이렇게 자신을 말한다.

"<브올의 아들 **발람**>이 말하노니
<눈을 감았던 자>, <하나님의 말씀을 **듣는 자**>, <지극히 높으신 자의 지식을 **아는 자**>, <전능자의 이상(異像)을 **보는 자**>, <엎드려서 **눈을 뜬 자**>가 말하노라."

"The oracle of <Balaam son of Beor>,
the oracle of <one whose eye **sees** clearly>, <one who **hears** the words of God>, <who has **knowledge** from the Most High>, <who **sees** a vision from the Almighty>, <who falls prostrate, and whose **eyes are opened**>."

참고로 <우리말 성경>에서 "눈을 감았던 자"는 영어로는 <그의 눈이 명확하게 **보는 자**>이고,
"엎드려서 눈을 뜬 자"에서 prostrate는 <(예배 등을 위해) 엎드린> 혹은 <(충격으로) 몸을 가누지 못하는>으로, <그런 상태로 눈을 뜨고 있는 자>를 말한다. 황홀경(恍惚境), 망아경(忘我境)에서 <**눈이 열려 있는 상태**> 말이다.
oracle은 신탁(神託) 즉 <신의 말씀>을 말한다.

브올이 <횃불, 등불>이므로 발람은 어둔 세상을 밝히는 <횃불의 아들>이다. 부귀(富貴)에 솔깃했던 발람은 성경에서 <백성을 파멸시키는 자>라는 오명(汚名)으로 알려져 있지만, 그의 시(詩)는 <거룩한 책> 성경(聖經)에 남아 우리에게 전해지고 있다.

☯

시(詩)가 무엇인가?

누군가의 어떤 말들이 시어(詩語)로 읽어질 때, 그렇게 느껴질 때, 그것이 필자에게는 시(詩)다.
(필자에게는 문학에서 말하는 저 <시>를 말하지 않는다. 필자는 그런 <시>에는 문외한이다.)
그런 의미에서 <깨달은 이들의 아무렇지도 않은 말 한마디>도 시(詩)가 된다. <그들의 말>은 시다. 정말 아름다운 시다.
그것이 시어(Seer)의 시어(詩語)다.

예를 들어 보자.

"밥 묵나?" (밥은 먹었느냐?)
"밥 묵자!" (밥 먹자!)

<이런 말>은 누구든 할 수 있고, 들을 수 있다. 그러나 <한 영혼이 너무나 진리를 알고 싶고, 나의 본질을 깨닫고 싶어> 집을 뛰쳐나가, 몇 년을 이곳저곳을 헤매다가 이제 거지같은 꼴로 힘없이 돌아왔을 때 <부모 같은 노스승>이 전에 늘 하던 대로 이렇게 말하며 밥상을 내온다.

　그때 <불현듯(어두운 그의 마음에 불이 켜진 듯)> 그에게 "**밥**"이라는 말이 전혀 다르게 들린다. <내 영혼의 양식>, <진리> 등으로 말이다.

　그런 것이 그에게 시어다. 시어라는 것이 따로 있는 어떤 말, 단어, 어휘가 아니다.


　**아비나바굽타**는 **파라 트리쉬카**에서 탄식한다.


　"만약 짐승 같은 사람의 **가슴의 연꽃이 주로부터 쏟아지는 은혜의 빛에 잠기지 않으면**, 그때는 나의 이런 수백 마디 말도, 날카로운 칼날과 같은 말로 그들 가슴을 찌르더라도, **가슴의 연꽃**을 피어나게 할 수 없고 목적을 성취할 수 없다."


　시인(視人)을 찾고, 시어를 찾는다는 것은……


　이미 시어는 경전의 말로, 아니면 보통의 말로 세상에 가득하다. <그런 말>은 씨앗이다.

문제는 씨앗이 아니라 우리의 <마음 밭>이다. 이 밭이 씨가 발아(發芽)하고 성장하지 못하도록 막는 주범(主犯)이다.

<그런 예>는 얼마든지 있다. <좋은 마음 밭> 즉 <준비된 듣는 귀>와 <훈련된 보는 눈> 말이다.
(비갸나 바이라바에서 다루었다.)

반산 보적(盤山寶積) 선사는 저잣거리를 걷다가 정육점 주인과 어떤 손님이 말하는 것을 듣고 문득 깨달았다고 한다.

손님이 말했다.
"좋은 고기로 주시오."

주인이 손님을 보더니 말했다.
**"손님, 어떤 게 좋지 않은 고깁니까?"**

☯

필자의 **카카오톡 프로필**에는 "**가을이다! 바람이 인다.**"는 말을 (당분간은) 늘 그대로 두고 있다.
오래 전 누군가가 이제는 가을이 아니고 봄이니 그것을 고치라고 했다. 필자는 어안이 벙벙했다.

가을은 <인생의 가을>이고, 바람은……

자주 듣는 (우리가 아주 잘 아는) 시가 있다.

**주여! 라고 하지 않아도**
**가을에는 생각이 깊어진다.**
**한 마리의 벌레 울음소리에**
**세상의 모든 귀가 열리고**
**잊혀진 일들은 한 잎 낙엽에**
**더 깊이 잊혀진다**

**가을이다**

☯

"발생론적 관점에서 본 시학(詩學)"이라는 파스칼 키냐르의 책 **<혀끝에서 맴도는 이름>**에서는 시를 이렇게 말한다.

"시(詩)란 <오르가슴의 향유>이다. 시는 <찾아낸 이름>이다. 언어와 한 몸을 이루면 시가 된다.
시에 대해 정의를 내리자면, 아마 간단히 이렇게 말하면 될 듯싶다. 시란 <혀끝에서 맴도는 이름의 정반대>이다.

시(詩), 시어(詩語), <되찾은 언어(단어)>, 그것은 <이 세상을 **다시 바라보게 하며**, 어떤 이미지 뒤에 숨어 있게 마련인 전달 불가능한 그 **이미지**를 다시 나타나게 하며, 꼭 들어맞는 단어를 떠올려 **빈칸**을 채우고, 언어가 메워버려서 늘 지나치게 등한시된 '**화덕**'에 대한 그리움을 되살리고, 은유의 내부에서 실행 중인 단락(短絡)을 재현하는 언어>이다."

여기서 **키냐르**가 사용하는 "화덕"의 동의어로는 "결여된 **이미지**", "기원(基源)에 있는 빈칸", "상실된 기억", "자신이 부재했던 장면(순간)" 등이다.

❧

이제 Seer(보는 이)가 <보지 못하는 상황>이고, 또 시어가 더 진화한 <**사랑의 언어**>라는 **가당찮은** 그 **무엇**을 다루어보자.

(**비갸나 바이라바**에서 다루었다.)

**탄트라** 작품들은 대개 고정된 구조, 즉 <데비가 묻고 **쉬바**가 대답하는 것>으로 되어 있다. 그리고 짧은 질문에 <긴 대답>이…… 그것은 **실재(實在)**를 알려는 일에, **진리**를 알려는 일에 방법은 많다는 것을 말한다. 또 그것이 종교가 많은 이유다.

그리고 그것은 폴 렙스가 잘 지적한 것처럼 - "우리가 아직도 배워야 할" - <**사랑의 언어**>라는 것을 나타낸다. 데비는 지금 연인 **쉬바**의 무릎에 앉아서 묻고 있다. <무릎에 앉아서>라고 표현할 수 있는 어떤 상황을 그려 보라. 그것은 연인이 되고, **연모(戀慕)하는 사이일 때만 <저 너머의 무엇>이 전해질 수 있다**는 말이다.

그런 순간, 말은 그렇게 중요하지 않다. 그 의미, 그 메시지가 더 중요하다. 그것은 머리와 머리의 토론이 아닌 <**가슴과 가슴의 속삭임**>이고, 논리가 아닌 **교감(交感)이다.**

<우리의 경험으로는>, **오직 사랑만이 저 너머의 일별(一瞥)을 줄 수 있다.** 사랑하는 두 사람이 사랑 안에 있을 때, 그 속으로 깊이 들어갈수록 점점 더 둘이 아닌 <하나>가 된다. 겉으로는 둘이지만 이제 그들은 불이(不二)다.

오직 그런 의미에서만 "하나님은 사랑이라."는 말이 의미가 있다. <우리의 경험으로는>, **사랑만이 <신(神)의 상태>에 가장 가까운 무엇이다.**

<우리의 경험으로는>, 사랑 안에서 <하나가 되는 것>이 느껴지고, <하나임(곧, 하나님)>을 느낄 수 있다.

사랑 안에서, 우리는 상대방 속으로 몰입하고 또 우주 속으로 몰입한다. 이원성(二元性)은 용해된다. 오직 이런 불이의 사랑 속에서, 즉 **아드바이타**의 사랑 속에서, 우리는 <바이라바의 상태>가 어떤 것인지 일별할 수 있다.

<십자가의 성 요한>은 『영혼의 어두운 밤』에서 이렇게 노래했다.

> 어느 어두운 밤에
> 사랑에 타 할딱이며
> 알 이 없이 나왔노라
> 내 집은 이미 고요해지고
>
> 아, 밤이여 길잡이여
> 꾐하는 이와 꾐 받는 이를,
> 한데 아우른
> 한 몸 되어 버린 아, 밤이여
>
> 꽃스런 내 가슴 안
> 오로지 님을 위해 지켜온 그 안에
> 거기 당신이 잠드셨을 때
> 나는 당신을 고여 드리고

바람은 저 너머서 불어오는데
고요한 당신의 손길
자리게 내 목 안아 주시니
나의 감각은 일체 끊어졌어라

하릴없이 나를 잊고
님께 얼굴 기대이니
온갖 것 없고 나도 몰라라
백합화 떨기진 속에 내 시름 던져두고


위 시를 <키프로스인 신부가 프랑스어로 **번역한
것**>을 우연히 감상(監賞)한(?) 폴 발레리는 이렇게
말한다. (그의 <Spiritual Canticles>에서 다듬어
요약했다.)


"나는 그 오래된 책을 그냥 훑어보지 말았어야
했다. 스페인어로 된 구절은 눈에 들어오지 않았다.
나는 보고, 읽었고, 곧 혼자 중얼거렸다.

어느 어두운 밤에
사랑에 타 할딱이며
알 이 없이 나왔노라
내 집은 이미 고요해지고

'이런, 이건 노래야!'"

✍ 위 <멋진 한글 번역>은 최민순 신부의 것으로
필자는 3행은 생략했다. 첫 연의 스페인어 **원문과
프랑스어 번역**(과 영어, 한글 직역)은 **다음과 같다**.

En una noche oscura,
Con ansias en amores inflamada,
!Oh dichosa ventura!
Salí sin ser notada,
Estando ya mi casa sosegada.


A l'ombre d'une obscure Nuit
D'angoisse amour embrasée,
O l'heureux sort qui me conduit,
Je sortis sans estre avisée,
Le calme tenant à propos
Ma maison en un doux repos


On a dark night,
Inflamed by the passions of love,
Oh joyous fortune!
I left unnoticed,
Since my house was now at rest.

어느 어두운 밤에
타오르는 사랑에 목말라
오, 행운이여!
들키지 않고 나왔으니
내 집이 지금 고요하기에 ⏳

폴 발레리는 <시적(詩的) 논제 몇 가지>를 말한 후 이렇게 결론(?)을 내린다.

**"나에게 시(詩)는 <언어의 낙원>이어야 한다.** 그 안에서 이 <'**초월적' 재능**의 미덕>은, 그 사용에서 연합되지만, <만질 수 있는 것>이 <지적인 것>과 또 <소리의 즉각적인 힘>이 <(소리가 말로, 그리고) 생각(으로)의 발달>과는 서로 낯선 것이지만, **마치 우리 <몸>과 <영혼>과 같은 친밀한 동맹을 한동안 형성하기 위해** 모일 수 있고 또 모여야 한다.

그러나 우리가 수용해야 할 이 <완벽한 연합>은 언어 자체의 관습을 거슬러 몇 행 이상으로는 거의 실현되거나 유지되지 않는다.

나는 사람들이 <계속되는 선율로 시를 시작하고 끝내는 것을 좋아하는 시인>의 수를 헤아릴까 아주 두렵다. 그것이 바로 (위 시를 **프랑스어**로 번역한) **키프로스인 신부의 놀라운 시 작품**이 내가 말한 그 지점까지 나를 기쁘게 하는 이유다."

✍ <언어의 낙원>이란 한마디 말 속에 시, 시어 (詩語)에 대한 모든 것이 들어 있다. **파라다이스의** 어원은 <원시 **이란어**>의 "paridayjah(정원)"라고 한다. 가식(假飾)없이 **"벌거벗고 사는"** <에덴동산> 말이다. ⌛

⚫

**파스칼 키냐르**의 책 <눈물들>은 "한마디로 요약 하자면 <**프랑스어**가 태어나는 순간>의 현장 **스케치** 라고 할 수 있다."고 하고, 또 **키냐르**는 이 작품을 "기쁨이 가득한 책"이라고 했다고 하니, 아마도 이 <눈물들>은 <기쁨의 눈물>일 가능성이 크다.

그에게 "눈물"은 무엇보다 기원(起源)과 관련된 것이다.

"842년 2월 14일 금요일, 아침 끝자락, 추위 속 에서 그들의 입술 위로 기이한 안개가 피어오른다.

이 안개를 <프랑스어>라 부른다.

**니타르**는 최초로 **프랑스어**를 문자로 기록한다."

당시 유력하던 **라틴어**, 독일어와 나란히 **프랑스** 어가 문자로 태어난 것이다. 이에 해당하는 우리의 역사는 - 한자(漢字)를 벗어나려는 - 이럴 것이다.

"1443년 12월(음력)에 <훈민정음>의 28자를 만들었고(是月上親制諺文二十八字⋯⋯是謂訓民正音),

1446년 9월(음력)에 <훈민정음>이란 책(冊)으로 냈다."

우리 영화 <나랏말싸미>에서 세종대왕은 한글을 만들다가 눈병이 났다고 하니, 아마도 눈물을 흘렸으리라.

그런데 이 영화가 개봉되자, 수많은 사람이 저 <분노의 눈물>을 흘리며 댓글을 달았던 것 같다. (아닌가?) 불교의 중(스님)이 관여했다는 것은 역사 왜곡이라고 하는 통에 영화는 중도 하차해야 했고, <그런 모습>에 필자는 <슬픔의 눈물>을 흘렸다.

그러니까 <한글을 만든 이>도, <한글로 댓글을 단 이들>도, 또 <그런 모습을 보는 사람>도 모두 눈물을 흘린 것에서는 다름이 없다.

감성이 깊은 **프랑스인**(키냐르 등)과 잘 흥분하는 한국인은, 어쨌든 눈물이 많은 족속인가 보다. 언제 다함께 <눈물 **파티**>라도 한번 열어야 할 것 같다.

**아비나바굽타**는 <가슴에서 나오지 않는 말>과 - 진실하지 않는 말과 - <가슴에 들어가 닿지 않는 말>은 - 감동을 하지 않는 말은 - 말이 아니라고 했다. 그래서 진실한 말은 곧 그 사람이다.

그래서 시인 이진흥은 그의 책에서 시는, 시어는 『**진실과 감동의 언어**』라고 말하는 것이다.

또 그런 언어가 <**사랑의 언어**>로 가는 시발점이 아니겠는가?

<**사랑의 언어**>라……

아주 유치(幼稚)한 말이지만, <**사랑의 언어**>라는 것은 "나는 당신을 사랑합니다!" "아이 러브 유!"나 "하나님은 당신을 사랑하십니다!" 같은 그런 말이 아니다.

그런 말을 <**사랑의 언어**>라고 생각하는 분들은 조용히 이 책을 덮어라. 그리고 <그런 말>로 쓰인 책도 많으니, <그런 책>을 읽어라.


☯          ☯          ☯


웃팔라데바의 **쉬바-스토트라-아발리**는 <시(詩)와 찬송(스토트라)의 모음>으로 **산스크리트**에서 뿐만 아니라 어떤 전통에서일지라도 <신비 문학>의 가장 걸출한 것의 하나다.

만약 웃팔라데바가 그의 대작 이슈와라-프라탸비갸-카리카와 또 짧은 이슈와라-싯디에서 – 나중 우리는 그것을 다룰 것이다. – 철저(徹底)한 신학자 내지 철학자라면, 이 시와 찬송에서는 <그의 가장 **내밀한 경험**의 자발적인 표현>과 <**주와의 하나됨**의 강렬한 열망>의 자유를 즐긴다.

만약 그의 **박티**(**헌신**)가 그의 **아드바이타**(**불이**)로 정의된다면, 우리는 이 **스토트라**-아발리(찬양집)를 <**재인식**의 실험실>, 즉 <그 안에서 '분리의 모든 가능한 상태'와, 결합 즉 '비-이원의 항상 성취된 상태'를 실험하는 실험실>이라고 부를 수도 있을 것이다.

**스토트라**-아발리에서 표현하는 그 경험들은 그의 **재인식**("**깨달음**") 철학의 전제조건이다.

"**어쩌다 보니** 나는 <**지고의 주**>의 **종의 상태**가 되어……" (이슈와라-프라탸비갸-카리카 I,1:1)

"**어쩌다 보니**"라는 <어떤 사연이 있을 것 같은, 이런 절제된 표현>은 **스토트라**-아발리에서 다양한 변형을 겪는다. "**종의 상태**"라고 표현된 겸손은 – 기독교에서는 흔한 말이지만 – **웃팔라데바**에게서 아주 특징적인 <**박티와 아드바이타** 사이의 창조적 긴장>을 이미 보여 준다.

그리고 **토렐라**가 지적하였듯이, 그것은 <"모든 영적인 부(富)의 성취에서의 그 원인"인 **주에 대한 재인식**>일 뿐 아니라 (아비나바굽타의 비마르쉬니에 따르면) <**주의 종의 상태**>이기도 하다. **은혜**의 중요성을 가리키는 "**어쩌다 보니**"의 다른 측면은 그의 **브릿티** 즉 자주(自註)에서 이미 표현되었다. 첫 번째 **카리카**에 포함된 이 모든 면은 **스토트라-아발리**에서 활짝 펼쳐질 것이다.

**크세마라자**가 그 **비브리티**에서 언급했듯이, 시를 모은 일과 또 20장을 배열한 것은 **웃팔라데바**의 작품이 아니고, 그의 제자들인 **슈리 라마, 아디탸라자**와 또 **슈리 비슈바바룻타**의 것으로, 그는 20장(스토트라)에 소제목을 붙였다. 그는 또한 단지 세 **스토트라**만 **웃팔라데바**로부터 전해 받은 것이라고 말한다. <**상그라하-스토트라**(13장), **자야-스토트라**(14장). **박티-스토트라**(15장)>.

그리고 **크세마라자**는 첫 번째 **카리카**에서 그들 작품에 대한 이타적(利他的)인 주제를 언급한다.

"자신들의 진정한 본성을 재인식하기를 열망하는 (다른) 이들에게 은혜를 주기 위해……"

그리고 그는 **웃팔라데바**를 <**항상 지고의 주를 '자신의 참나'로 직접 인식(자각)하고 있는**" 이>로 칭한다.

만약 시(詩) 혹은 찬양을 **스토트라**라고 부르고, 그것들 대부분이 전통적 **스토트라** 양식에 일치하지 않는다면, 또 그것들이 일치한다면, 그것들은 **주**를 찬양하는 것만이 아니라, 1장 1절에서와 같이 또한 **<그 주와의 합일을 이미 성취한, 명상과 기도 등이 필요하지 않는 헌신자(박타)>**를 찬양하는 것이다.

의심할 것도 없이, **크세마라자**는 그들의 상태를 **탄트라 알로카**에서 말하는 **아누파야**와 동일시한다. 유사한 찬양은 "만물의 형상을 떠맡아 모든 상태에서 당신을 항상 경배하는 이들, 그들은 진실로 나를 이끄는 **신(神)들**"(17:3)인 그 **헌신자들**에서도 보인다.

그러나 여기서는 **스토트라**-아발리의 문학적 형태 등을 다루는 것이 아닌, 소위 **<'파라마**-아드바이타(지고의 비이원론)의 경험'의 빛 안에서, 이원성과 대극들의 극복에 대한 내용의 분석>**이다. 박티와 **아드바이타(일원론)** 사이의 모순을 발견하는 대신 그것은, **토렐라**의 다음의 말과 같다.

"파라마-아드바이타의 조망(眺望)은, <그 자신과 다르지 않은 것>을 **두려워하지 않는** 그런 상승된 관점이고, 거기서는 '보다 높은 것'이 '보다 낮은 것'을 자동적으로 취소시키지 않는다."

굳이 다른 말로 하자면 <**모든 것이 하나인, 그런 조망(眺望)을 가진 시어(Seer, 보는 자)**>의 경험과 관점을 맛보는 일이다.

우선 우리는 <다른 문맥에 속하는, '**대극들**'과 '그것들**의** 신비적 경험 안의 **극복**'을 기술하는 여러 운문>을 분석한다. '시'처럼 번역하지 않아 운문(?)이라고 했다. 좀 더 철학적인 운문으로 시작한다.

존재계에 관련하는 두 길 <실재>와 <비-실재>라
샴부에 귀의하노니 그는 그 둘 너머 <세 번째>라

**쉬바** 즉 **샴부**는 <**실재**>와 <**비-실재**>의 이원성 너머의 것으로 찬양된다. <**세 번째의 것**>으로 그는 그 두 가지 상태를 초월하기 때문에 "경이(驚異)의" 것, 혹은 "두려운" 것으로 그에게 귀의하는 것이다. (위 번역에서는 <'경이의' 샴부에>가 생략되었다.)

그는 또 <**쉬바의 불**>을 "**시원한 것**"으로 불러서, 이 철학적 진술로부터 표현의 수준을 낮춘다.

오, <온순한 자>에게 영광을!
묘(妙)**한 술**로 부드럽고 넘치누나.
오, **쉬바의 불**, 그 <시원한 것>이여!
그는 전 우주를 불사르도다.

사실, 이 두 번째 **스토트라**의 어조(語調, 말투)는 <대극을 극복하는 것>의 하나다.

<**신비**(神祕)의 **주**> 샴부에게 영광을!
그의 유일한 정의(定義)는
<모든 정의(定義)를 피하는 것>이라.

<대극의 조화>로서 **샴부**에 대한 찬양은 2장 12절까지 이어진다.

경이(驚異)로운 샴부에게 경의(敬意)를!
<속이는 자>이나 순수하고 정직하고
**<감추는 자>이나 자신을 드러내고**
<극미(極微)한 자>이나 우주 전체인

다음의 두 절은 **나가르주나** 방식의 긍정, 부정 그리고 초월을 표현한다. 처음은 **베다**와 **아가마**의 합금이다.

<신비한 자>인 **주**에게 경배를!
베다와 아가마를 반대하고
베다와 아가마를 드러내고
베다와 아가마의 진정한 핵심인

이것은 <모든 경전에 대한 그의 초월성>을 보여
줄 뿐 아니라, <그것들의 근원자에 대한 관계에서
그것들의 상대성>과, 그리고 <다른 학파들과 전통
들에 대한 대립의 상대성>을 보여 준다.

같은 원리가 **탄트라**의 다른 학파에도 적용된다.

<모든 것인 이>에게 경의를!
우도(右道)의 정수이고 좌도(左道)의 사랑이며
모든 수행법이고 어느 수행법도 아닌

다음 절은 **삼사라**와 그것의 초월이 관련된다.

샹부에 경의를!
유일한 <세상의 원인>이며 유일한 <파괴자>
<세상의 형태를 취하나 세상을 초월하는 자>

여기의 대극은 **삼사라**와 **니-삼사라**로 다르게는
**삼사라**와 **목샤**로 취할 수도 있다. 대극과 그것의
초월인 **쉬바**에 대한 기술(記述)은 <**샹카라의 길**>을
묘사하는, **웃팔라데바**의 핵심 되는 시의 하나에서
<변형의 과정>으로 표현된다.

고통이 기쁨으로 변형되고, **독**이 **술**로 되는 곳,
세상이 자유로 되는 그곳이 <**샹카라의 길**>이라.

(산스크리트의) <명사 유래어>를 – "(기쁨)**으로**, (술)**로**, (자유)**로**"의 <aya(n)te> – 의식적으로 사용하는 것은 <샤이바**의 길**>을 요약하여 강조하는 것이다. 크세마라자는 마르가 즉 "**길**"을 "**파람 샥탐 파담**" 즉 <최고의 에너지의 상태>라고 중요하게 바꾸어 말하는데, <**변형하는 힘**을 발휘하는 것>은 샥티이기 때문이다.

위 "**독**(毒, 비샤)과 **술**(酒, 암리타)"은 **스토트라-아발리**의 아주 강력한 은유의 하나로, 소위 우유의 바다를 휘젓는 저 신화적 배경을 가진다. 이것은 **요약**(要約)**의 찬송** 중 가슴 뭉클한 한 절에서 암시된다.

주의 목의 **죽음의 독**이 내게는 **지고의 술**이라,
주의 몸과 분리된 술이라면 나는 원치 않노라.

이 절은 위의 "**독이 술로**" 구절을 해석하는 한 방법이다. **주**와 관련된 것, **독** 즉 <변형된 것>뿐만 아니라 <변형되는 것> ("**고통이 기쁨**으로").

이상적인 것은 <괴로움이 행복으로의 변형>만이 아닌, <그 둘의 평형, 평정, 조화(**사마타**)의 상태에 도달하는 것>이다. 그것은 자동적으로 얻지 못하고 균등하게 하는 명상을 통해서다. **웃팔라데바**는 한 지역을 완전히 삼키는 홍수에 이것을 비유한다.

주에 대한 명상은 기쁨과 슬픔을 고르게 하나니
홍수가 높은 곳과 낮은 곳을 고르게 함 같도다.

그것은 보통의 명상으로는 얻을 수가 없고, **크세마라자**가 강조하듯이 <흡수의 상태(**사마베샤**)>에 의해서다.
**사마타**의 이상(理想)은 '우주적인 다른 은유'인 춘분 혹은 추분으로 표현된다.

주야 평분(晝夜平分) 때 헌신자들은 몰려드누나.
그들의 예배가 항상 헌신의 지복이기 때문이라.

그러나 그 평정(平靜)은 감정(感情)이 없는 것을 의미하지 않고, 그 반대이다. **웃팔라데바의 헌신**은 감정이 격앙되고 자주 대조된다. 이런 면에서 그는 완전히 **비갸나 바이라바**, **스판다 카리카**와 그의 스승 **소마난다**의 전통이다.

다음 절은 **비갸나 바이라바**의 몇몇 **다라나**(집중, 방편)의 암시를 준다.

기쁨에서든 슬픔에서든, 벽으로든 항아리로든
외부이든 내면이든 **당신**이 드러납니다. **주여!**

크세마라자가 여기서 벽과 항아리 등을 설명하기 위해 **비갸나 바이라바**를 언급하지 않은 것이 흥미롭다. (아마도 너무 잘 아는 것이어서…) 그는 단지 "~에서든, ~(으)로든 **당신**이 드러납니다"의 접속사 <va("~와")>만 주석한다. **스토트라-아발리**는 **탄트라** 영성의 많은 징후를 보여 주지 않지만 이 절에서는 연결이 명확하다. **비갸나 바이라바**에서처럼 **신성**의 경험은 외부의 사물이나 내적인 상태로부터 일어날 수 있다.

**진실한 헌신자는 강한 감정을 갖는다.**

그들은 울고 웃으며 큰소리로 부르짖더라도
찬송을 부르는 **헌신자**는 진실한 동행입니다.

**헌신자**는 평정의 견해로 **감정을 피하려고 하지 않고**, 그 반대다. 가장 강렬한 어떤 절에서 **웃팔라데바**는 극도의 경험을 위해 기도한다.

저로 세상을 향해 분노하고 불쌍히 여기게 하사
**헌신**으로 우레 같이 웃고 울며 찬양하게 하소서.

여기서 대조가 되는 감정은 세상을 향한 분노와 연민이다. **웃팔라데바**는 <평정(사마타)의 이상>과 <**참나**의 산란하지 않는 확립>조차도 날려 버린다.

오, 주여! **사랑**으로 혼란도 평온도 맞게 하시고
울게도 웃게도, 고심도 횡설수설도 있게 하소서.

대극을 포함하는 이 두 절은 어떤 면에서 다음과
같이 요약된다.

헌신자는 당신 안이든 밖이든 아무것도 모릅니다.
당신은 <생각 없는 상태의 **의식**>이기 때문입니다.

여기에 모든 대극의 상태를 수용하는 정당성이
있다. 왜냐하면 각자(各自)는 순수한 **신성의 의식**을
공유하기 때문이다. **박티(헌신, 사랑)** 홀로 <모든
것을 포괄하고, 모든 것을 초월하는 **의식**>을 공유
하는 조건이다.

**샴부**는 바로 그 <대극(對極)의 조화(일치)>로서
찬양된다.

항상 묶여 있으면서 자유로운 샴부에 경의를!
그는 속박도 해방도 없으니, 기묘자(奇妙者)라.

**웃팔라데바**는 <말할 수 없는 것> 혹은 <기술될
수 없는 것>의 표현을 좋아한다.

가장 큰 대극은 <물질, '감각 없는 것'(자다)>과 <의식적인 실재(칫)> 사이에 존재한다. 그것은 또한 대상(베댜)과 주체(베다카)에 상응하며, 주에 있어서는 이 대극의 쌍도 포용된다.

무의식의 세상에서 의식으로 가득하고
대상의 세상에서 <아는 자>이며
제한된 것 가운데 모든 것에 편재하니
당신은 모든 것에서 최고 존재라.

이 절은 토렐라가 정의한 파라마-아드바이타의 위치를 잘 요약한다. 그러므로 <형태이며 형태가 없고, 내적이며 외적인 주>에 대한 사랑으로 중독(中毒)된 헌신자에게는 그것이 경이롭지 않다.

만약 주가 대극의 결합이면, 그의 헌신자는 어떤 반대적 상태에서 그를 잘 깨달을 수 있다.

법과 불법, 행위와 지식, 행복과 고통 가운데서
헌신자는 그 <헌신의 맛(차맛카라)>을 즐깁니다.

물론 <맛을 즐긴다>는 표현은 <주에 대한 감각적 경험>과 조화된다. 웃팔라데바는 자주 맛의 감각을 사용하는데, 대부분이 암리타, 수다, 피유샤 등과 연결된다. 그것은 모든 대극을 포용하고 초월하는 이 감각적 경험이다.

그러나 그가 **비로다라시카**(서로 모순되는 대상에 대한 집착)라는 용어를 사용할 때, 다음의 절처럼, 신비가는 경험한 모순을 의식하고 있다.

오, 불멸의 존재여!
<감각 대상에 대한 집착>과
<하라의 연꽃 발에 대한 애착>을
분별하도록 저의 가슴을 깨우소서.

여기서 그것은 두 사랑 사이의 선택의 문제처럼 보인다. 그러나 거기에는 또한 <애착과 혐오> 쌍을 수용하고 변형하는 길이 있다.

<애착과 혐오>의 봉헌을 <**불멸의 술**>로 바꾸사 **주여**! 당신의 **헌신자**와 더불어 그것을 즐기소서.

봉헌의 은유는 바로 그 세속적 감정에 적용된다. 그것은 "**술로 변형되어**(nectarized)" 즉 성화되어 **주**와 **헌신자** 사이에 공유된다(나눈다).

신비적 경험에서 대극의 극복은 또한 시간에도 적용된다.

"그때, 항상, 한때"라는 시간을 알지 못하는 곳,
그것이 <당신에 대한 **실현**이고 **깨달음**>이라.
"영원"이나 다른 어떤 것으로도 부를 수 없으리.

    **나가르주나** 식(式)의, 일종의 <부정의 부정>으로, <어떤 시간적 범주>도 신비적 경험의 영역에서는 배재된다. **<종교적 언어>는 자꾸만 시간적 범주와 "영원"에 내려앉기 때문에, <이런 부정>은 그렇게 강력하다.**

    인용한 절에 담긴 신비적 경험의 부(富)는 어떤 체계적 질서를 일으킬 수는 없지만, 모든 사람은 궁극적으로 <모든 대극을 포괄할 뿐만 아니라 초월하는 **파라마-아드바이타**>와 관련되게 된다. **신성**의 본성을 <모든 대극을 포함하는 것>으로 관련짓는 표현과는 별도로, 그것은 **웃팔라데바**를 사로잡는 신비적 과정이다.

    마지막 분석으로, 극복할 필요가 있는 가장 큰 대극은 <제한된 에고>와 <**신성**의 **아함**>이다. 이것 역시 **아드바이타**는 종점이 아니라 출발점이다.

**주**는 <세상의 모든 나>의 유일한 원인이라 –
헌신의 맛 가득한 <**위대한 나**>를
나는 언제쯤 얻겠습니까?

<마하-아비마나("**위대한 나**")>는, 그것이 없이는 모든 개아("세상의 모든 나")가 존재할 수 없는 <**신성의 나-의식**> 외에 아무것도 아니다.

웃팔라데바는 또한 <**첫 번째 사람**(일인칭)> 즉 <**신성의 나**>의 탁월함에 문법적 정당성을 준다.

**첫 번째 사람**은 두 번째 사람과는 구별되고
세 번째 사람과도 또한 그렇다네.
**당신 홀로 위대한 사람**(마하-푸루샤)이러니
모든 사람의 피난처("**쉼터**")라네.

크세마라자는 이 문법적 진술에 철학적 암시를 준다. (**파라 트리쉬카**에서 다루었다.)

눈에 띄는 몇몇 절은 <신비가의 참여를 수반하는 변형의 과정>과 관련하는 것이다. (**스판다 카리카**에서 다루었다.)

오, **주여**! 어디에 두려움이 있겠습니까?
<온 세상이 나의 **참나**로 가득한
영원히 행복한 자>에게
<모든 현상(現象) 전체를
당신의 형상으로 보는 자>에게

암시된 과정은 <니르비칼파의 상태(생각이 없는 상태)>로, 그것 홀로 <세상>을 <신성>으로 경험할 수 있게 한다. 그러나 두 번째 (혹은 세 번째) 단계에서 <나 자신>을 <우주적 시각인 **신성**의 몸>과 동일시하게 한다. 물론 그 결과는 두려움이 없는 지복한 상태이다. 간접적으로 이 경험은 (<우주적인 **신성**>과 <개아> 사이의) **아드바이타** 뿐만 아니라, <**쉬바, 샥티**(우주의 확장), **나라**> 즉 **트리카**의 세 구성요소를 합하는 것이다.

이 절은 <**웃팔라데바**가 실제로 겪은 경험>과 또 <개아와 우주적 자아와의 동일시의 수행> 둘 다를 표현한다.

신비적 경험의 - **프라탸비갸**("**재인식**")**의 경험** - 가장 비범한 표현은 <**신성의 아함**(**나**)과의 완전한 동일시>로 5장 15절에 보인다.

내 눈을 감고
내적인 헌신의 경이(驚異)를 **맛보며**
풀잎조차도 경배(敬拜)하리니
"**나 자신**의 **의식**인 쉬바에게 경의(敬意)를!"

만트라 "나마 쉬바야(쉬바에게 경의를)!"는 이제 신비가 자신에게 적용되고, <모든 **실재**의 황홀한

**단일성**> 즉 트리카 안에서 풀잎에조차도 적용된다. 경험의 묘사는 내적인 헌신으로 변형된 미적 경험 혹은 향유 즉 **차맛카라, 차르와나**에 기초하고, 그뿐만 아니라 **만트라**와 더불어 경배의 은유에 기초한다. 철학적 함축은 **자다**(무의식적인 것)는 없다는 것이다. 왜냐하면 풀잎조차도 **의식**으로 스며들어 있기 때문이다.

이 절에서는 **웃팔라데바**의 여러 수준의 신비가 합쳐진다. 미학(美學), **박티**(헌신)로. 그러나 모든 것은 <**신성의 "나"**>가 그 중심이다.

"**나모 마히암 쉬바야**!"
"**나** 자신의 **의식**인 쉬바에게 경의(敬意)를!"

☯

**웃팔라데바**의 신비적 찬양의 비범한 부(富)에서 우리는 다양한 표현을 찾는 한 가지 중심적인 것을 고려했다. **스토트라-아발리**는 많은 것에서 **프라탸비갸** 철학과 관련되고 **박티**(**헌신, 사랑**)의 정신에 젖어서, **아비나바굽타**와는 아주 다르다. 그러나 이 비교는 지금 다룰 일이 아니다.

마지막으로 <신비 언어의 분석>을 보는 것으로, 위에 인용된 글을, 혹은 다음에 우리가 다룰 **쉬바-스토트라-아발리를 더 깊게 읽는** "Seer"가 되기를 바란다.

**웃팔라데바**에 잘 적용될 수 있는 <신비 언어>에 대해서 두 가지 이론을 언급한다. **쉬바-스토트라를** 읽는 동안 일어나는 한 가지 의문은 이것이다.

만약 이 절들이 **<신비의 중독(中毒) 상태>**에서 - 그렇게 그는 말한다. - 저자에 의해 표현되었다면, 왜 그것들은 <정형화된 전통적 **이미지**와 은유>가 그렇게 많은가?

무엇보다 신비가는 <관습적인 언어>를 도울 수는 없고 거저 사용할 뿐이고, 어떤 면에서는 <언어를 초월한 경험>에 맞지 않다.


플로티누스의 위대한 해석자인 프랑스의 피에르 아도(Pierre Hadot)는 <신비 언어>를 분석하였고 다음과 같은 결론을 내렸다.

"<신비가의 말>에 오도(誤導)되어서는 안 된다고 한다. - 그리고 그렇다. 그들 또한 자신들의 진부한 말과 전통적 **이미지**를 갖는데, 한마디로, 수사학적(修辭學的)인 것 즉 미사여구(美辭麗句)이다. …… **그러나 진짜 진지한 경험은 그 말에 <속일 수 없는 어떤 어감(語感)>을, 어떤 다른 뉘앙스를 준다.**"

웃팔라데바의 경우에 그 수사학과 진부한 말들은 <의례적인 예배(푸자, 아르차)의 세계>와 <그들의 연꽃 발에 경배하는 것으로 구루나 신성에 올리는 헌신>으로부터 끌어온 것이다.

그가 받아들인 이 모든 전통적 이미지는 <그의 원래의 영적 경험>의 빛 안에서 재해석되어야 할 필요가 있다. 그러나 아도가 말하듯이, 그 내밀한 경험은, 우리가 엿들을 수 없는 것이지만, 그것은 (위의 마지막에 인용한 시구처럼) <관습적인 언어> 조차도 관통하는 것이다.

신비가는 그 <말할 수 없는 것>을 표현하기 위해 은유를 도울 수는 없고 사용할 뿐이다. 이 은유는 전통적 배경에서 가져오지만 끊임없이 초월되어야 하고 폭발하게 할 필요가 있다.

<신비 언어>를 해석하는 다른 접근법에는, 독일 신비주의(특히 마이스터 에크하르트)의 전문가인 알로이스 하스가 한스 블루멘베르크의 한 표현을 취했는데, 즉 "폭발적 은유"이다.

이 개념은 주로 (신약 성경의 "아레오바고 관원 디오누시오"인) 저 <디오니시우스 아레오파기타의 부정(否定) 신학과 신비주의>와 또 <기독교 전통의 신(新)-플라톤주의의 신비가>에 적용되지만, 그것은 보편적인 함축이 있다.

"[<신비 언어>인] <'관찰할 수 있는 것'과 '관찰할 수 있는 것보다 더 이상의 것'의 조합>은 ……역설(逆說)[과 부정(否定)]을 통해 그 자체를 허무는 은유를 허용하는 것으로, 그것은 **일자성**(一者性)과 **영원성**을 지각하는 가능성을 허용한다. ……

마지막 분석에서 모든 은유는 <폭발적 효과>를 가지는 것으로 여겨질 수 있다."

가장 좋은 설명은 마이스터 에크하르트의 말의 인용이다.

"나는 자주 말한다. '껍데기는 부서져야만 하고 그 안에 든 것은 나와야 한다.' 만약 견과(堅果)를 얻으려면 먼저 그 껍데기를 부숴야 하기 때문이다.

똑같은 방식으로, 만약 본성(본질)이 드러나기를 원한다면, 먼저 그것의 모든 이미지(比喩, 模像)를 부수어야 한다. 더 꿰뚫을수록 '진정한 존재'를 더 가까이 얻을 것이다.

**영혼이 <그 안에서 모든 것이 하나인> 그 하나를 발견할 때**, 그때 그것은 이 <단일한 **일자성**> 안에 남는다."

웃팔라데바는 다른 "폭발적 은유"를 사용하는데, 그것은 껍데기를 부수는 문제다.

나는 집착 등의 <우주 란(卵)> 안에서 헤매누나
**어미의 헌신**으로 힘센 날개의 **새**로 자라나기를!

　이것은 해방의 자유를 얻기 위해 세속적 감정과
속박의 껍데기를 부수는 것을 암시하는 가장 강한
은유의 하나다. "**새(카가)**"로 사용된 그 단어 또한
<**의식**의 무한한 공간에서의 움직임(**카와 케차리,
케차라**)>을 암시한다. 이 알을 부화하는 그 조건은
**박티**(헌신) 뿐만 아니라 어미 새의 역할을 충족하는
**박티-바와나**(사랑과 명상)이다. 복잡하고 다층적인
은유다.

　"**폭발적 은유**"의 이론은 <**웃팔라데바**가 대극을
다루는 방법의 경우>에, 무엇보다도 지금 주제인
<**독**(비샤, 毒)과 **술**(암리타, 靈酒)>에 적용된다.
　그는 (언어를) 부정하고 초월하며, 포함하고 받아
들이고, 이런 식으로 <**내적인 핵심**>, **가슴**, <**순수한
의식**>, <**신성의 몸**(바푸스)>을 드러내면서 **파라마-
아드바이타**의 상태에 이르도록 하는 것으로 언어를
폭발하게 한다.
　<이런 시>를 읽으며 그 폭발이 <읽는 자>인 우리
에게 - 우리의 이 **봄**(seeing 혹은 春) **마음 밭**에 -
일어나기를!

# 제 4 장

## 영성 영화?

< 1 > 타르코프스키의 세 작품

　　　　<거울> - "거울의 의미들"

　　　　<향수(鄕愁)> - 잠 못 이루는 밤은 길고!

　　　　<희 생(犧牲)> - 베스트 오퍼?

< 2 > 놓치면 아까운 세 작품

　　　　<일루셔니스트> - "환상의 마법사"

　　　　<향수(香水)> - 어느 살인자의 이야기?

　　　　<천국의 아이들> - 유로지비들!

영화를 보는 우리 관객에게 해당하는 <일반적인 사항> 몇 가지를 살핀다.

특히 오늘날 영화 혹은 "문화 **콘텐츠**"라는 것은 극장(영화관)과 TV 뿐만 아니라 **인터넷** 등을 통해 퍼지는 위력이 무섭기 때문이다. <인간의 정신>을 어디까지, 어떻게 끌어가는 것인지 생각하면 아찔하다. 소위 '**유튜브**' 등 SNS 난무는 "언론의 자유"라는 말을 돌아보게 한다. 필자가 보기에, 요즘은 <언론의 방종(放縱) 시대>가 아닐까 한다.

(<'자유'와 '방종'의 차이>가 무엇이던가?)

<입>이 있다고 다 말한다면 사회는 시끄러워질 뿐이다. 또 빈 수레가 더 요란하고…. 각설하고,


**타르코프스키**는 그의 <봉인된 시간>에서 이렇게 말한다.


"<**상업 영화**의 수준 저하>와 <**TV 영상물** 제작 기준>**보다** - 지금 한국에서는 아마도 '관람객 수'라는 흥행 즉 돈과 또 '시청률'이라는 우상 때문일 것이다. - **관객들에게 더 유해(有害)한 것은 없다.** 이것은 <**진정한 예술 영화**>를 경험하지 못하도록 **관객(대중)들을 형편없이 망가뜨리기 때문이다.**

<예술의 한 범주>로서의 **미**(美)는 오늘날 완전히 사라졌다. 즉 <이상(理想, the ideal)을 나타내려는 열망> 말이다. **그러나 모든 시대에는 <진실을 추구하는 이들>이 있다.**"

"예술은 그 본질에서 거의 <종교적인 것>이며, <고매한 정신적 의무를 신성하게 의식하는 것>이 예술의 사명이다.

영성(靈性)이 담기지 않은 예술은 그 자체가 이미 비극을 내포하고 있다. 예술가는 <영성이 메마른 시대>를 인식하기 위해서 특별한 지혜와 이해력을 가져야 한다. 진정한 예술가는 항상 <영원한 생명> 즉 불멸(不滅)에 봉사해야 하며, 이 세계와 인간을 불멸화하기 위해 고군분투해야 한다.

만약 어떤 이가 <절대적 진리>를 추구하지 않고, <인류의 보편적이고 공통된 목표>를 무시한다면, 그는 <하루살이 예술가>로 전락하기 마련이다."

"예술을 잘 감상하기 위해 필요한 능력은 별로 없다. 아름다움과 선(善)을 미학적으로 경험할 수 있는, 민감하고 깨어 있는 영혼이 필요할 뿐이다.

러시아에서 나의 관객들은 특별히 높은 학식과 교양을 갖지 않았던 이들이 많았다. - 필자는 영화 <거울>에 관한 관객들의 편지 내용도 옮기고 싶었으나 과감히 줄였다. - 나의 견해로는 **작품을 감상하는 능력은 인간에게 이미 태어날 때부터 주어진 것이며, 그 능력은 인간의 <영적인 성장>에 달려 있다**고 생각된다."

"어떤 대화를 위해서는 (그 대화자들이 잘 이해할 수 있는) <공통의 언어>가 필수요소다. 괴테는 <현명한 대답을 얻으려면, 현명한 질문을 찾아야 한다>고 했다. 영화감독(예술가)과 관객의 진정한 대화는 양편이 모두 똑같은 이해의 수준을 가질 때 이루어지며, 최소한 영화감독이 작품 속에 세우는 과업을 똑같은 수준으로 접근해야 한다."

"독자 자신의 경험에 비추어 자신의 취향에 맞는 것들을, 작품 속에서 '읽어 내고' '발견해' 낸다는 것에서 아마도 문학(文學)의 특성이 있을 것이다.
그러나 <그런 언어를 통한 중개를 필요로 하지 않는> '직접적' 예술로는 영화와 음악을 넣는다."

그렇기 때문에 영화와 음악은 <더 무의식적인 것>이라고 할 수 있다. 그래서 무의식의 의식화는 더 의미를 갖는다.

# < 1 > 타르코프스키의 세 작품

타르코프스키는 평생 <7 편의 영화>를 만들었다. ① <이반의 어린 시절>, ② <안드레이 루블료프>, ③ <솔라리스>, ④ <거울(зеркало)>, ⑤ <안내인(스토커)>, ⑥ <향수(鄕愁, 노스탤지어)>, ⑦ <희생(犧牲, offret)>이 그것이다.

[그리고 <타르코프스키는 이렇게 말했다>(김용규 지음)라는 책이 있다. 저자는 일곱 편의 그 의미를 <철학자답게> 다루고 있다. 책 제목부터가 니체의 <짜라투스트라는 이렇게 말했다>를 모방했으리라.
교회 다니던 시절, 키에슬로프스키 감독의 영화 <십계(十誡)> 10 편을 김용규의 <데칼로그>와 함께 재미있게 본 기억이 있다.]

여기서는 <거울>, <향수>, <희생> 셋만 다룬다. 영화를 못 보신 분들은…… 한번 보라! 아무래도 영화를 본 뒤에 이 글을 읽는 편이 나을 것이다. 그러나 <거울> 같은 영화는 한 번 봐서는 잘 이해되지 않을지도 모른다. 필자처럼 여러 번 봐야 할 것이다(정확히 아직도 새로운 것이 자꾸 나타난다).

다른 것으로는 타르코프스키의 <봉인된 시간> - 영화 예술의 미학과 시학 - (김창우 옮김)이 있으나 절판이고, 영어판 <Sculpting in time>이 있다.

필자가 세 편만을 다루는 것은 오직 그 제목 즉 주제와 또 이 책의 부피 때문이다. (개인적으로는 시공간과 환상을 다루는 <솔라리스>가 더 좋다.)

필자는 시골에서 <요가원 겸 영화관>을 만들어 두고 일주일에 한두 편의 영화를 본다. 마니아는 아니지만, 같은 연령대의 다른 사람들보다는 많이 보는 편이지 않나 싶다. 그러나 영화(학) 그 자체는 잘 모른다.

**타르코프스키의 영화는 한마디로 <예술 영화>다.** <예술 영화>가 어떤 것인지는, 그 정의(定義)가 또 뒤따라야 할 것이고…… 타르코프스키는 말한다.

"예술로서의 영화의 최고 개념은 바로 '**사실적인 형상과 현현 속에서 <봉인(封印)된 시간>**'이다! 이 같은 개념은 <영화의 풍부한 가능성과 엄청난 미래>를 생각하도록 한다."

그러므로 (필자와 이 책을 읽는 독자들은) 일단 **타르코프스키 류(類)의** 영화를 **<영성 영화>**(?)라고 하자.

타르코프스키는 말한다.

**"사람들은 도대체 무엇 때문에 영화관에 가는가?** 무엇이 그들을 두세 시간 동안 <화면 위의 그림자 놀이>를 보는 그 컴컴한 곳으로 가게 하는가? 단지 여흥(엔터테인먼트)을 위함인가? 혹 특별한 종류의 마취제이기 때문에? …… **인간은 <잃어버린 시간>, <놓쳐 버린 시간>, 또 <아직 성취하지 못한 시간> 때문에 영화관에 간다. 즉 인간은 <삶의, 살아가는 경험(經驗)>을 얻으려고 영화관에 간다."**


흔히들 타르코프스키를 영화감독이자 시인(詩人)이라고 한다. 그는 말한다.

**"예술의 목적은 사람으로 죽음을 준비하고, 그의 영혼을 갈고 써레질하여, 그것을 선(善)으로 향할 수 있게 만드는 것이다. ……**

오직 감독이 (그런) <사물에 대한 자신의 견해를 가졌을 경우에>, 즉 <일종의 철학자가 되었을 경우에> 그는 예술가이며, 그의 작품은 <영화 예술>이 될 수 있다."

그리고 서둘러 덧붙인다.

"물론 이때의 철학자는 <상대적인 의미>이다. 폴 발레리의 말을 보라. '시인이 철학자라고? 그것은 <바다를 그린 화가>를 선장으로 여기는 것과 같을 것이다!'"

그러므로 이런 <예술 영화>는 아무래도 우리가 그에 걸맞은 <예술적 관객>이 되어야 할 것 같다. <'상대적인 의미의 **철학자**'의 **머리**와 **시인의 가슴**을 가진 관객> 말이다.

<**타르코프스키는 이렇게 말했다**>의 저자 철학자 김용규는 말한다.

"고대로부터 **철학에 주어진 주요 임무는** 인간의 **삶과 세계의 다양성 속에서, 영속하는 시간 속에서** 부단히 명멸하는 환영(幻影)들을 관통하여 **불변하는 <그 어떤 것을 보여 주는 것>**이다.

플라톤의 용어로 말하자면, <이데아를 상기(想起) 하게 하는 것>이다.

타르코프스키는 '감독은 철학자가 되었을 때만 비로소 예술가가 되며, 그의 영화도 예술이 될 수 있다.'고 했으며,

<**영화를 감상하는 일**>은 '**잃어버린 시간(時間)을 찾는 일**' 곧 플라톤이 말하는 <**상기(想起)하는 일**> 임을 분명히 했다.

그렇다! 영화, 특히 <예술 영화>는 단지 우리의 삶과 세계의 현실을 반영하는 것이 아닌, 이 현실 이라는 숱한 환영들 속에서 <불변하는 이데아>를 보여 주는 것을 목적으로 한다.

영화 작가들은 작품의 주제뿐만 아니라 눈부시게 발전하는 **테크놀로지**의 힘으로 <시각, 청각적으로 확장된 자신의 언어>와 **미장센, 몽타주** 등 고유한 화법(話法)을 통해, 우리 인간의 삶과 세계에 대한 이데아들을 매번 나름대로 보여 준다.

그러므로 영화는 이데아를 떠올릴 수 있는 **통각** (統覺, synthetic unity of apperception)을 **심화한다!"**


**도대체 <시간>과 <(망각 혹은 죽음 너머의) 그 경험>이란 게 무엇인가?**

- 다음에 다룰 영화 <일루셔니스트>에서 환상의 마법사 아이젠하임은 우리(관객)에게 묻는다.

**"<시간>과 <죽음>이란 것이 무엇일까요?"** -


[이 책 제목(주제)이 **<거울 속에서>**인 만큼 영화 **<거울>**은 (비교적) 자세히 다루고, **<향수(鄕愁)>**와 **<희생(犧牲)>**은 그 제목(주제)을 중심으로 적당히(?) 다룬다.

최근에 <봉인된 시간>은 <시간의 각인>(라승도 옮김)으로 새롭게 탄생했다. 반가운 일이다. 그러나 책 제목은 <봉인된 시간>이 더 좋다. "봉인(封印)을 뗄 때"(요한계시록) 그 **시간**('영화')**이 열리고 살아나서** 우리(관객)가 볼 수 있기 때문이다.]

## (1) <거울> - "거울의 의미들"

타르코프스키는 영화 <거울>이 발표되자 관객의 반응은 둘로 나뉘었다고 술회했다. <'공감한다'는 이들>과 필자처럼 <'무슨 의미인지 잘 모르겠다'는 이들>로 말이다. 아마도 대부분의 관객은 후자일 가능성이 많다. <타르코프스키는 **이렇게 말했다**>의 도움을 받아, <거울>의 각 에피소드에 따른 의미를 짚어보며, 필자는 **타르코프스키를 이렇게 읽는다.**

[우리는 어떤 영화나 책을 처음 보고 읽을 때는 **스토리** 즉 줄거리를 찾거나 파악하기 바쁘고, 두세 번을 보고 읽을 때에야 (이제 **스토리**는 이미 알고 있으므로) 그 안의 더 많은 것을 보게 된다.]

그런 다음 **"거울의 의미"**를 간단히 살필 것이다. 영화 한 편을 <글로써 살피는 일>이니 필자로서는 실로 까마득할 뿐이다. 마치 **꿈의 장면과 같은** 이 영상(映像)들을 어떻게 글로 다 표현한단 말인가!

영화의 상당 부분은 (책의 부피를 생각해 일부러) 생략했지만, (중요한 것인데도) 필자가 보지 못한 것과 또 잘못 본 것도 많을 것이다.

눈 밝은 분들의 질정(質正)과 혜량이 있기를!

"이 영화는 <지상에서 살아가는 - 그는 지상의 일부이고 지상은 그의 일부인 - 인간>에 관한 영화다. 인간은 자신의 삶으로써 과거와 미래에 대해 대답을 해야 한다."

타르코프스키는 이 영화를 위와 같이 소개하면서 이 영화를 감상할 때의 요령을 귀띔한다.

"이 영화를 가볍고 간단하게 감상하여야 한다. 별과 바다 또는 아름다운 경치를 감상하듯이…… 그리고 <(음악의 **아버지**) 바하의 음악>과 <(감독의 **아버지**) 아르제니 타르코프스키의 시>에 귀를 기울여야 한다."

이제 영화 <**거울**>을 비춰 주는 **거울 속으로** 들어가자.

☯

영화는 한 어린이가 브라운관 TV를 켜는 것으로 시작하지만 TV 화면은 나타나지 않고 곧 **여의사가** 심한 말더듬이인 고등학생을 <**그녀 쪽으로 이끌며**> 치료하는 장면으로 이어진다.

**학생이 여의사의** 지시(암시) **대로** (믿고) **따르자** 그는 결국 "나는 말할 수 있다!"고 크고 분명하게 말을 할 수 있게 된다.

✍ 최면술은 한마디로 우리의 <상상(암시)의 힘> 곧 <창조적 상상력>을 사용하는 것이다. <긴장과 이완>으로 말이다. ⌛

곧 "зеркало(**거울**)" **제목**이 뜨면서 바하의 <Das alte Jahr vergangen ist(옛날은 지나갔다)>라는 곡과 함께 감독 등을 소개하고 **"거울" 제목이 한 번 더 나타난 뒤에**, 젊은 여인이 **가냘픈 울타리**에 앉아 있다. 남편을 기다리는, **알렉세이(알료샤)**의 **어머니 마루샤**다.

그리고 길을 잘못 든 남자가 다가와 길을 묻고, 작은 도움을 바라고, 담배 하나를 달라는 등 **말을 붙이려고, 그 가냘픈 울타리**에 걸터앉다가 부러져 땅바닥으로 넘어진다. 그녀는 곧 일어나지만 그는 누운 채 주위를 살피다가 이렇게 말한다.

"넘어져서, 이렇게 보니 이상한 것들이 있군요. 뿌리와 **덤불**…… 이런 일이 당신도 있었나요?"

그는 일어나며 계속한다.

"식물도 느끼고, 알 수 있고, 이해까지도 한다는 것을…… 어쨌든 나무들은 쏘다니지 않아요. 그러나 **우리는 항상 바쁘고, 안달하고, 시시껄렁한 말이나 해대죠. 그것은 우리 <내면에 있는 본성>을 믿지 않기 때문이에요.** 우리는 항상 의심하고 서두르죠. 멈춰서 생각할 시간이 없어요."

그다음 남자는 다시 서둘러 길을 가는데, **그때 마침 들판의 바람이 그의 쪽에서 일어나 마루샤 쪽으로 불어오고** 그는 가던 걸음을 멈추고 **마루샤를** 돌아보는데 **두 번이나** 그렇게 된다. 이를 지켜보던 마루샤도 집으로 가고, 이때 감독의 부친 **아르제니 타르코프스키의 시(詩) <우리들의 첫 만남>**이 낭송된다.

✍ 타르코프스키는 이 장면을 이렇게 말한다.

"<거울>의 여주인공이 낯선 남자를 만나는 장면에서, 이 남자가 우연히 마주친 여인을 만난 일은 <옷깃을 스치는 인연(因緣)> 같은 것이어야 했다.

남자가 그냥 걸어가다가 뒤돌아보며 여인을 바라보는 것은 너무 일차원적이고 진부한 일일 것이다.

그래서 **(인생의)** 들판에서 **<느닷없이 불어오는 (운명의) 바람>**이 한 남자가 <모르는, 한 여인>에게 관심을 갖고 (돌아)보는 것으로 했다."

우리 모두는 - 부부든, 연인이든, 친구든 - 사실 그렇게 만난 관계들 아닌가! ⧗

낭송 중에 어린 **알료샤**는 <이런 모습>을 보다가 가고, 유모는 잠든 여동생을 안아서 간다. **마루샤**는 아이들끼리 저녁을 먹게 두고는, 남편과의 추억에 잠긴 듯 눈물을 흘린다.

✍ 이 작품이 감독의 다소 자전적 내용을 소재로 한다면, 그는 자신의 <어린 시절>을 (몇 편의 시로 상상되는 그런) **<아버지에 대한 그리움>**과 <남편을 기다리는 **어머니의 외로움>**과 <그 **어머니에 대한 원망(怨望) 섞인 그 어떤 것>**으로 기억한다는 것을 느낄 수 있다. ⧗

곧이어 농장 관리인의 외치는 소리가 들리는데, 헛간에 불이 난 것이다. 그 아이들을 찾는 소리도 들린다. **마루샤**가 **알료샤**와 여동생에게 불 난 것을 알리자, 아이들은 식탁에서 그것을 보러 현관으로 달려가고, 그리고 탁자 위의 물병이 굴러 떨어진다. **마루샤**도 밖으로 나가 두레박의 물로 입을 씻고는 우물가에 걸터앉아 불구경을 한다. 강 건너 불구경 하듯이……

이어서 <알료샤의 꿈>이 나온다. 바람이 일고, 그는 "아빠!"를 부르며 일어나 나가고…… 아버지는 머리를 감는 어머니에게 바가지로 물을 부어준다. 그러나 물속에 잠긴 어머니의 머리카락은 천천히 일어서는 것 등으로 **그녀의 얼굴을 완전히 가리고 있다.** (마치 한국판 영화의 귀신같다!) 그때 천장이 빗물처럼 떨어져 내린다.

**마루샤**는 상쾌한 표정이고 <거울에 비친 모습>도 그렇다. 그러나 곧 <노인이 된 **마루샤**의 모습>이 유리 너머로 희미하게 비치고, 그녀는 손바닥으로 그것을 훔친다.

✍ <알료샤의 꿈>은 <어머니의 성격>과 <아버지와의 관계>, 그리고 그것 때문에 붕괴되는 가정을 보여 주는 것 같다. <자기중심적 성격>, <자신에게 직접 관련 있는 것에만 관심이 있는 그런 사람> 말이다. 헛간의 화재도 그저 구경만 하는…… 그것이 <그녀의 외로움>의 원인이었을 것이다.

<자기중심적>이라는 말은 우리가 보통 이해하는 <이기적인, 자기 본위의>이다. **융**의 <자기-중심적>이라면 그 뜻은 완전히 달라져 <자기-실현적>이 될 수도 있을 것이다. 말은 어렵다. ⏳

장면이 바뀌어 전화**벨**이 울린다. 노모 **마루샤**의 전화다. "목소리가 왜 그러니?"라는 어머니의 말에 **알렉세이**는 목이 부어 사흘 동안 아무하고도 말을 않았다며 "나는 그게 좋아요. 잠시 말을 않는 것이 좋아요. 사람이 느끼는 것을 말로 표현할 순 없잖아요. 말은 부적절해요."라고 한다.

그리고 "방금 어머니 꿈을 꾸었는데 전 여전히 어린애였어요."라며 아버지가 언제 떠났는지, 농장 헛간에 불이 언제 났는지를 묻는다.

그녀는 둘 다 36년이었다고 대답한다. 그러고는
"너도 알지, **리샤**가 죽었어."라며 젊었을 때 같이
일하던 인쇄소의 **리샤**가 아침에 죽었다고 한다.

그리고 그가 지금 아침인지 저녁인지도 모르는
것에 대한 어머니의 질책에 그는 말한다.

"어머니, 우리는 왜 늘 말다툼을 하나요? 제가
잘못했다면 죄송해요." 그리고는 아무 말이 없다가
전화는 끊긴다.


이어지는 장면은 중요한 단어를 잘못 교정본 것
같아 (비를 흠뻑 맞으면서) 확인하러 인쇄소로 급히
가는 **마루샤**의 모습이다. 리샤를 비롯한 동료들은
**마루샤**를 따라 모두 인쇄실로 따라가며 **마루샤**를
걱정한다. [러시아 사람들의 다정이 한없이 부럽다!
다정(多情)도 병이런가!] 다행히 잘못이 없었으므로,
그녀는 <그런 동료들>은 아랑곳 않고 혼자 복도를
지나 사무실로 간다. 그리고 시(詩) <**아침부터 나는
그대(어제)를 기다렸네**>가 낭송된다.


**아침부터 나는 그대를 기다렸네**
**그대 오지 않으리라 말들 했지**
**좋은 날이었던 걸 기억하는지?**
**휴일이었어! 겉옷 없이 나다녔지**

그대 오늘 왔으나, 그대는
우릴 이끌던 음울한 날이었지
날은 기울고 비 내리고 있으니
차가운 눈물로 갈라져 흐르네

달랠 말 없고 닦을 것도 없는데


리샤가 뒤따라와 안도의 눈물을 흘리는 그녀를
위로하고, 남자 동료도 그녀를 위로하려고 술병을
들고 들어와선 비에 젖은 모습이 허수아비 같다며
농담을 건넨다. 그러자 그녀는 "샤워를 해야겠어.
**내 머리빗이 어디 있지?**"하고 묻는다.

그 순간 리샤는 참지 못하고 도스토예프스키의
<악령(惡靈)>에 나오는 <스따브로긴의 아내>이자
주정뱅이 레뱟낀의 동생인 마리야 찌모페예브나를
빗대어 그녀를 아주 나무란다. (임자 만났다!)


"넌 평생을 '물 가져와!'했어. 겉으로야 독립적
이지만 싫은 게 있으면 못 본 척하고 말지.

네 전 남편의 인내심이 놀라울 뿐이야. 진즉에
그는 도망갔었어야 했어.

**한 번이라도 네 잘못이라고 인정한 적이 있어?**
네가 이 모든 상황을 만든 거야. 네가 남편한테 너

이 철없는 행동을 받아들이게 할 수 없었으니 그 사람이 제때 잘 도망간 거지 뭐.

**넌 네 아이들도 불행하게 만들고 말 거야.**"

울면서 듣던 그녀는 "바보 같은 소리 마!" 하고 일어난다. **리샤**가 뒤따라가지만 그녀는 **샤워실**의 문을 닫아 버리고⋯⋯

✍ 이제부터 <그녀가 어떻게 아이들을 불행하게 만들었는지>를 보여 준다.

알렉세이의 아내 **나탈리아**는 어머니 **마루샤**와 똑같은 여배우로 일인이역을 한다. <똑같거나 닮은 모습>이라는 - **거울**이라는 - 것을 위해서 말이다.

다음에 <알렉세이와 아내 **나탈리아**의 대화>가 나온다. 그는 화면에는 보이지 않고 대신 그 아들 **이그나트**만 보인다. 그러니까 어머니와 아들만이 있다. 그런 똑같거나 닮은 - **거울** - 구조이다. ⧗

"내가 늘 그랬잖아. 당신이 어머니를 닮았다고."

"그게 우리가 이혼한 이유이기도 하죠."

그런데 **<거울에 비친 나탈리아>**가 먼저 나오고 **실제의 그녀가 <거울 속 자신>**을 보면서 - 그것은 <똑같거나 **닮은** 얼굴과 모습>이다! - **말한다.**

"**이그나트**가 점점 당신을 **닮아가는** 걸 보면 무서워요."

✍ 이 장면이 필자에게는 "**거울**"의 <제일 두려운 기능>을 표현한 것으로 보인다. <**거울** 속에서 지금 이쪽을 바라보는 저것>과 <저것을 나 자신이라고 바라보고 있는 이것>과의 만남……

<똑같이 비치게 하는 그것(아버지)>과 <그것을 똑같이 비추는 것(아들)>…… 그것은 실로 <섬뜩한 경험>이다. 제목을 <**거울**>이라고 한 것은 이 장면만으로도 충분하다. ⌛

그녀는 말한다. "우린 한 번도 인간적으로 대화할 수 없었어요."

"어린 시절 어머니를 기억하면 늘 당신 얼굴이 떠올라. 나는 당신과 어머니에게 <미안한 마음>을 가지고 있어."

"당신은 누구와도 정상적인 삶을 살기는 어려울 거예요. 당신은 자신의 존재가 주위 사람들을 행복하게 한다고 믿는 것 같은데…… 당신은 요구할 줄밖에 몰라요."

✍ 타르코프스키는 말한다.

"<거울>에서 나는 나 자신에 관한 이야기를 하지 않았다. 오히려 <나와 가까운 사람들에 대해 **내가 느끼는 감정들**에 관해>, <그들을 위한 **나의 영원한 동정(同情), 공감(共感)**에 관해>, 그리고 <**나 자신의**

무력(無力)함과 그들에 대한 **나 자신의 죄의식** 즉 **죄책감**에 관해> 이야기하려 했다."

사족이지만, <그런 것들>이 바로 **관객인 <나의 것>이 되어야**, 인생의 아까운 시간을 들여서라도 볼만한 것이다. **숭고미의 미학**에서 다루었다. ⧗

그가 아내에게 **이그나트**가 자기를 닮아가는 것이 싫으면 얼른 재혼하든지 아니면 아이를 자기에게 맡기라고 하자, **나탈리아**는 "왜 어머니와 화해하지 않았죠? 그것은 당신 잘못이에요."라는 말로 그녀 자신과 화해하지 않는 그를 탓한다.

그러나 **그는 잘 알아듣지를 못하고** "무슨 잘못? 어머니는 <내가 어떻게 살아야 될지>를 자신이 나보다도 더 잘 안다고 생각해. 어머니에 대해서는 당신보다 더 잘 알아."라고 말한다.

그래서 대화는 빗나가고…… 그는 말한다.

"우리는 점점 멀어지고, **난 어쩔 수 없어**."

✍ "**난 어쩔 수 없어**." 이것은 한편으로는 포기(拋棄)를 말한다. 그러나 인생에서 <어떤 포기>는 - **산야사**라고 부른다. - <내가 그런 것을 절실히 느낄 때>, <나의 한계를 솔직히 인정하고 그 어떤 것도 받아들이는, 수긍(首肯)하는 상황이 될 때>, 그때 저 <더 높은 힘>이 작용(役事)하는 일이 시작

될 수도 있다. 그것을 기적이라고 부르고, 성경은 은혜라고 부른다. ⧗

카메라는 이쪽에서 보다가 저쪽으로 가 바라보는 이그나트와 함께 소란한 옆방으로 옮겨간다. 그는 나탈리아에게 말한다.

"저 사람 좀 말려. 또 스페인을 말하고 있어."

<전쟁 **때문에** 고향을 떠난 스페인계 사람들>을 비추는데, 투우사의 많은 칼에 찔려 쓰러지는 소, 스페인 **내전(內戰)**으로 부모와 헤어지는 아이들을 보여 준다.

스페인계 남자는 소를 죽이는 흉내를 자랑스럽게 하고 춤 잘 추는 딸에게는 오히려 손찌검을 하고, 고향으로 돌아가지 못하는 <러시아 남자와 결혼한 스페인 여자>의 절망도 있다.

✍ 영화에서 우리(러시아인)는 스페인어를 알아들을 수 없다. 내가 모르는 <다른 언어>이기 때문이다. 이것은 **파라 트리쉬카**에서 다룬 것이다.

<불교의 언어>를 기독교도들은 알아듣지 못하고, 시어(詩語)를 과학자들은 알아듣지 못하며, <**사랑의 언어**>는 그렇지 못한 사람들은 알아들을 수 없다.

어쩌면 우리는 서로가 <**나는 다른 언어로 꿈을 꾼다!**>(멕시코 영화)고 외치고 있는지도 모른다.

내전(內戰) 바람에 "내(개인) 힘으로는 어쩔 수 없는" <인간의 파국(破局)>과 또 <여럿(공동)의 힘으로 저 높은 곳을 올랐다가 내려오는, **기구(氣球) 바람에**, 그 파국을 파(破)하는 열쇠>를 보여 주는 것 같다. ⧗

스페인 내전으로 부모와 헤어지는 아이들의 모습 중에서 한 소녀가 이쪽을 보다가 눈을 크게 뜨는 순간, 성층권으로 "높이 올랐다가" 내려오는 소련의 기구(氣球)의 영웅들과 그 환호를 보여 준다.

["높이 오른"이 <마리아('마루샤')>의 뜻이다.]

성층권의 장면에서부터 **페르골레시**의 <스타바트 마테르 (돌로로사)["(슬픔의) 성모 서 계시니"]의 <Quando Corpus Morietur("이 몸 여기서 눕는 동안")>가 흐르며 장면이 바뀌어 성모(聖母)와 기도 하는 손 등이 있는 책장(冊張)을 어설프게 넘기는 **이그나트**의 모습이 보인다. 그리고 그는 밖을 내다 보며 생각에 잠기고……

✍ 이 곡을 들어보지 못하신 분들은 꼭 듣기를 바란다. **바하**조차도 이 곡을 모방했다고 하며, 어떤 이는 "이 곡을 듣고 감동(感動)하지 않으면 인간이 아니다."고 했다. 유명한 영화 <아마데우스>에서도 나온다.

Quando corpus morietur,
fac, ut animae donetur,
paradisi gloria,

이 몸 여기서 눕는 동안
내 영혼 날아오르게 하소서
당신의 진실한 나라로

이 몸 여기서 죽었을 때
내 영혼 꼬옥 품어 주소서
빛나는 주의 낙원에서 ⌛

　나탈리아는 <어떤 기시감(旣視感)>을 이야기하는 아들을 나무라며 출근하고, 이그나트는 홀로 남아 환상을 본다. <환상에서 찾아온 부인>은 이그나트에게 책장(冊欌)에서 무엇을 꺼내 시간이 없다면서 밑줄 친 부분만 읽어 달라고 한다.
　"교회의 분열이 우리를 유럽에서 고립시켜……" 차다예프에게 쓴 푸쉬킨의 편지다. <개인적인 절망에도 불구하고 그 운명을 사랑하겠다>는……
　그때 현관 벨이 울려서 <(실제에서) 잘못 찾아온 마루샤 같은 노인>을 보내고 돌아와 보니 부인은 없다. 부인이 마신 <뜨거운 커피 잔이 만들어 놓은, 탁자 위에 서린 김>이 점점 사라진다.

✎ 여기서 <환상에서 찾아온 부인>과 <실제에서 잘못 찾아온 마루샤 같은 노인>을 비교하는 것은 필자의 어떤 의도다. <누가 그를 더……>

어쩌면 노인인 마루샤가 <우연히 마주친 손자>를 잘 알아보지 못하는 것을 보여 주는지도 모르겠다. "갇혀 지내는" 이그나트로서도 그런 것은 당연할 것이고. (혹 <빠듯한 영화 제작비> 때문인지도.) ⧗

그때 전화벨이 울린다. 아버지 알렉세이의 전화다. 그가 아들에게 소년 시절의 사랑을 말하다가, 영화는 군사 훈련을 받는 장면으로 돌아간다.

<(군사 훈련에서) "바보 같은" 행동과 말을 하는 소년 아사프예브>가 실은 <레닌그라드 포위에서 (부모를 잃고) 혼자서 살아서 나온 영웅>인 것을 <소년들의 입을 틀어막고 명령만 하는 것이 능사(能事)인 훈련 교관>이 나중 "바보 같은" 행동을 한 뒤 혼자 하는 말로 드러난다.

✎ "뒤로 돌아!"는 영어로는 "About face!"로 <(명령자의) 얼굴 쪽으로!>가 맞을 것이다. (그 말의 <유래나 관습적인 뜻>을 모른다면 말이다.) 그러나 우리는 그 말을 듣고 그에게서 180°로 돌아선다. 아마 명령자의 얼굴은 보기가 싫은 모양이다.

교관은 **아사프예브**의 부모가 죽었다는 것을 알려주는 **마르코프**에게 소총의 각부 명칭을 외우라며 "총구(銃口, muzzle, 입마개)"에 이르자 그에게 입마개로 씌운다. 중의(重義)로 가지고 말이다.

그는 **아사프예브**에게 <사격 자세>를 일러주지만 혼자서는 이렇게 중얼거린다.

"<사격 자세>는 <사격 자세>일 뿐이야."

어떤 의미에서 <이런 것>이 우리의 상황일지도 모른다! 동어반복만 해대는 것 말이다. ✍

이어서 1944년 <소련 군대가 크리미아의 **시바쉬** 갯벌을 건너는 장면>이 나오며 시 **<생명, 생명!>**이 <이들 희생된 영웅에서 살아남은 소년 영웅으로> 장면을 이어가며 낭송된다.

✍ 타르코프스키는 이 장면을 수천 **미터**나 되는 **뉴스 필름**을 뒤져서 찾아냈다고 한다.

"정말 유일무이한 굉장한 자료였다! 개펄을 횡단하는 군인들만을 찍기 위해 그렇게 많은 필름을 '희생(犧牲)'시켰다는 것이 믿어지지 않았다.

스크린에서 **이 인간들, 참혹하고 비극적인 사역(事役)에 지칠 대로 지친 이 인간들을 보았을 때,** 바로 이 이야기가 <서정적이면서도 기록적인 회상

으로서> **내 작품의 핵심(核心)이 될 것이라**고 즉각 확신하였다……

이 영상들은 소위 '역사의 발전'을 이룩한답시고 그 대가로 치른, 예(例)의 고통과 참상을 말해 주고 있다. 그 수많은 희생자들에 대해 '말하고' 있으며, 그 희생자들을 토대로 해서만이 이 역사의 발전이 이룩되었던 것이다. 단 1초라도 이 고통이 무의미했다고 믿는 것은 불가능했다.

이 자료 화면은 우리에게 **불멸성(不滅性)**이라는 것을 말해 주고 있으며, 아르제니 타르코프스키의 시(詩)는 이 이야기에 하나의 틀을 제공하여 소위 이야기를 완성시켜 주었다."


타르코프스키는 마루샤와 알렉세이가 희생하지 않으므로 어떤 몰락을 가져왔다면 이 **다큐멘터리 필름**에서는 **희생**하는 것으로 영웅이 되고 불멸이 되는 것을 본 것 같다. [우리는 다음에 다른 영화 <희생(犧牲)>에서 그 의미를 좀 더 깊이 다룬다.]

이 영상을 찍은 촬영 기사도 촬영 당일 전사하여 돌아오지 못했다고 한다. ✍


**나는 예감도 징조도 겁내지 않는다**
**비방과 원한에서도 달아나지 않는다**
**이 세상에 죽음은 없다**

모두가 불멸이고 모든 게 불멸이다
열일곱 살이든 일흔 살이든 겁낼 것 없다
오직 실재(實在)와 빛이 있을 뿐
죽음도 어둠도 없다
우리 이미 바닷가에 이르렀으니
불멸의 고기떼가 몰려올 때
나는 그물을 던지는 자로 있노라

집에서 살라 - 그러면 집이 서리라
나, 내가 불러올리는 세기(世紀)로
들어가 가정(家庭)을 꾸미리라
그것이 그대들의 아이들과 아내들이
나와 한 식탁에 앉는 까닭이니
증조와 손자가 한 상에 앉으리라
미래는 지금 여기서 이루어지나니
내 손 들면 오색 빛이 그대와 머물리
나, 지난날을 버림목처럼 날마다 떠받쳤고
측량줄로 시간을 재며
우랄 산맥을 지나듯 그것을 지났다

나, 내게 맞는 시대를 선택했고
우리 남쪽으로 향했으니 초원은 먼지로 덮이고
풀은 향기를 내뿜고 메뚜기는 뛰어들고-
편자를 더듬더니 수도승처럼 파멸을 예언했다

나, 내 운명을 안장(鞍裝)에 묶었고
저 달려오는 시간 속에서 지금도
소년처럼 등자(鐙子) 위에 서 있노라

내 피가 세대를 통해 흐르는 것으로
나의 불멸(不滅)은 충분하니
따뜻하고 진실한 안식처(安息處)라면
내 기꺼이 나의 생명을 내주리라
그녀의 바늘이 나를 실처럼 끌어당길 때


　시가 끝나면서 <레닌그라드 포격에서 홀로 살아남은 영웅 소년> 아사프예브가 눈 덮인 언덕 위를 올라와서 눈물에 젖은 눈으로 서 있고,
　이어 1945년에 소련군이 프라하를 해방시킨다는 장면과 모스크바의 승리의 축포와 히로시마의 원자폭탄의 폭발 장면 등이 있고,
　그다음 <소년 영웅>의 머리 위로 새 한 마리가 날아와 앉고, 소년은 새를 손으로 잡는다.
　그리고 1965년의 중국의 문화대혁명과 - 진시황 병마용 갱의 얼굴들은 온통 모택동의 얼굴이다! 눈여겨 볼 일이다. - 또 우수리 강에 있던 다만스키 섬(珍寶島)에서 <국경방위대가 중국군을 저지하는 장면>이 나온다.

✎ <소년이 머리에 앉은 새를 손으로 잡는 것>은 영화 끝에 **알렉세이**가 <손에서 새를 날려 보내는 것> 등과 비교하면 좋을 것이다.

<중국과 소련의 국경의 모습을 보여 주는 것>은 <모든 경계와 단계에는 크고 작은 충돌과 혼란이 있다>는 것을 보여 주는 것 같다.

이후 영화는 이른바 <자기중심적 태도>를 버리는 것을 다루는 것 같다. ⧗

장면이 바뀌면서 **마루샤가 땔감을 준비하고 있는데**, 전쟁에 나갔던 **아버지**가 느닷없이 나타나 아이들을 찾고, 숲에서 다투고 있던 **알료샤**와 여동생은 아빠의 목소리를 듣고 달려와 그 품에 안겨 울고 그녀는 그것을 바라본다.

이때 <예수의 십자가 **죽음(희생)**의 의미>가 노래되면서 저 레오나르도 다 빈치의 그림 <지네브라데 벤치>가 화면을 채운다.

보라!
성전(聖殿)의 가림막(揮帳)이
위에서 아래로 둘로 찢어졌도다!
땅이 흔들리고 바위는 갈라지며 무덤이 열리니
잠자던 성인들의 몸이 일어났도다!

✍ <예수의 **죽음**의 의미>는 <**신**(神)과 나를 나누었던 그 **가림막**(휘장)**이 위에서 아래로 찢어지고**>, <나를 가두었던 이 무덤을 구성하는 땅과 바위가 흔들리고 터지는 사건>이다. 이 <단단하던 마음이 흔들리는 일>이다. 그리고 부활은, 너무나 자명한 것이지만, 그 <**죽음**>을 전제로 하는 것이다.

<부활>은 소설 <부활>에서 다루었다.

다시 말한다. 부활이 싫으면 무덤 속에 있으면 된다. 아마도 <겨우 존재하는 것들>이거나 <겨우 숨이나 쉬고 있는 삶>일 것이다. 더 넓은 공간과 <어떤 자유>는 절대 없다!

이탈리아어로 향나무인 **지네프로**가 **지네브라**와 유사하며, "virtutem forma decorat, 아름다움이 덕(德)을 꾸미다."라는 말이 있다고 한다.

**타르코프스키**는 이 사건에 <영원>이라는 차원을 부여하기 위해, 또 다음의 이유로 이 그림을 사용했다고 한다.

"이 여인은 호감을 주는가 하면 동시에 혐오감을 준다. 이 여인에게는 설명할 수 없는 아름다움이 있지만 동시에 <사람을 깜짝 놀라게 하는 명백한 악마적 요소>가 있다. 흔히 낭만적이고 유혹적인 의미에서의 '악마적'이 전혀 아닌, <선과 악 저편에 있는 그런 악마> 말이다." ⏳

장면이 바뀌어 **나탈리아**와 **알렉세이**의 - 그는 보이지 않고 목소리만 있는데, <이런 것>도 한번 생각해 보라! - 대화가 있는데, 그들의 대화는 자꾸 어긋나기만 한다!

**나탈리아**가 <마루샤의 사진>을 보며, **알렉세이**가 전에 말한 것처럼, "나는 어머니와 많이 닮았어요."라고 하자, 그는 "그런 뜻이 아냐."라며 오히려 그 자신이 못 알아듣는 것 등등……

**알렉세이**가 "꼴통, 얼간이"라고 하는 **이그나트**가 마당에서 **덤불에 불을 질러서 타는** 것을 보고 **나탈리아**는 묻는다.

"성경에서 <**불타는 덤불**>이 누구에게 나타났는지 기억해요? <**덤불 같은 천사**>였던가?"

"몰라, 기억 안 나. 하여튼 **이그나트**는 아니야. 아, 그래 **모세**에게야. <**덤불에서 나오는 불꽃같은 천사**>는 모세에게 나타났어. 그가 자기의 민족을 이끌고 (가로 막는, 죽음의) 바다를 건넜지."

**나탈리아**는 고개를 저으며 절망한다.

"왜 그런 게 나한테는 안 나타나는 거지?"


✍ "**이그나트**(Игнат)"는 <'점화(點火)'의 뜻으로, 영어의 "ignite(이그나이트, **불을 붙이다**)"와 같다.

**모세**는 <(물에서) 건져 내다>는 뜻으로 <구원자>라는 뜻이다.

나탈리아가 <알렉세이가 먼저 어머니에게 손을 내밀 것>을 권하는 것은 곧 그녀 자신과의 관계를 말한 것이고, <그녀의 절망>도 그가 **모세**처럼 이제 가정을 이끌어 주길 바라는 것에 있을 것이다.

남편이 <**이그나트**(불을 붙이는)라는 천사를 만나든지, 아니면 **나탈리아**가 <그 천사를 만난 **모세**>를 만나든지…… <그런 **우리들의 첫 만남**>은 도무지 가능하기나 한 것일까? ⧗

그리고 그의 꿈이 나오면서 그는 말한다.

"난 한 가지 같은 꿈을 꿔. 아주 규칙적으로……

나를 할아버지 집이 있던 그 소중한 장소로 데려가는 거야. 내 맘에 강렬하게 각인된 장소, 식탁이 있는 40여 년 전 내가 태어난 그곳으로 말이야.

그러나 내가 들어가려 할 때마다 뭔가가 방해를 해. 그 꿈을 자꾸만 꿔. 통나무로 된 벽과 어두운 복도…… **꿈에서도 내가 꿈꾸고 있다는 것을 알고 있지. 그래서 깨어야 한다고 생각하면 그 즐거움이 사라져.** 때로는 어떤 일이 일어나 그 집 꿈을 꾸지 않아. 어릴 때 살던 소나무로 둘러싸인 집……

그러면 난 우울해지고 그 꿈을 몹시도 기다리지. 거기서는 다시 어린아이가 되고, 다시 행복하거든. **모든 것이 아직 내 앞에 있고, 모든 것이 가능하기 때문이야.**"

그는 그 꿈에서 소나무로 둘러싸인 집으로 가서 "엄마!"를 부른다. 누군가 열어 주는 문이 열리지만 유리창이 깨어진다. 숲에서 불어오는 바람에 그는 도망쳐 집으로 돌아가고. 그리고 쏟아지는 비⋯⋯

다시 이번에는 자신이 문을 열려고 하지만 열지 못하여 돌아서고, 그다음 저절로 열리는 문 안에는 엄마가 쪼그려 앉아서 감자를 단지에 담고 있다가 문 밖을 내다본다.

이어 **마루샤**와 신발도 못 신은 소년 **알렉세이**가 이웃에게 패물을 팔러 간다. (전쟁으로 어려워진 탓이다.) 이웃 여자는, **마루샤**가 그랬듯이, 철저하게 자기중심적이어서 그들을 전혀 배려하지 못한다.

**알렉세이**는 기다리는 거실에서 등불과 우유병이 놓인 탁자로 갔다가 돌아와 의자에 앉는다. 그리고 감자와 우유가 있는 탁자가 보이고, 쏟아진 우유는 그냥 바닥으로 뚝뚝 떨어진다. (이것은 그의 회상일 것이다.) 그는 벽에 걸린 작은 거울을 통해 자신을 바라본다. **카메라**는 <거울 속의 그의 얼굴>을, 그 다음은 <본래의 그의 얼굴>을 아주 천천히 **클로즈업**한다. 둘은 서로를 뚫어져라 보고 있다.

그리고 따뜻한 불에 손을 쬐는 모습이 보인다. (이것도 회상이다.) 문득 "퍽, 퍽" 하고 소리 나는 쪽을 보니, 기름이 다된 등불이 몇 번 더 그러다가 꺼져 버린다. 그러나 그는 어둔 곳에 그대로 앉아 있다. (어릴 적 필자의 경험과 똑같다.)

이미 <**이웃 여자의 말소리도 들리지 않을 만큼**> **마루샤**는 허약한데, 이웃 여자는 저녁 식사를 하고 가라면서 (자신은 임신을 했으니) 닭을 잡아달라고 한다. 이웃 여자가 난처해하는 그녀 대신에 **알료샤**에게 시키려 하자, 그녀는 평생 처음으로 도끼로 닭의 목을 친다.

허약함과 이 끔찍한 행동으로 식은땀을 흘리며 정신이 몽롱해진 이때, **마루샤**는 남편과의 환상을 본다. 남편은 <침대 위 공중에 죽은 듯 누워 있는 그녀>의 손을 쓰다듬으며 말한다.

"진정해! 모든 게 잘 될 거야."

그녀의 목소리가 들린다.

"당신을 보고 싶었어요. 몹시 아플 때만 그런 게 아니고요. 내 말이 들려요? 마침내 내가 (공중에) **들려졌군요**…… 놀라지 말아요. 사랑해요."

이때 새 한 마리가 아래에서 위로 날아간다.

이들 <춥고 배고픈 모자(母子)>가 두 시간이나 걸리는 집으로 가는 길을 힘없이 걸어갈 때 시(詩) <에우리디케>가 낭송된다. **알렉세이**가 자주 꾸는 그 꿈과 함께……

사람이 가진 것, 몸 하나가 전부
영혼은 풍성하나 꼼짝을 않고
동전만한 귀와 눈은 머리에 붙었고
온갖 흉터 살갗은 해골을 덮었다

각막을 통해 창공으로 날아가니
얼음 바퀴살로, 새가 끄는 수레로
살아 있는 감옥의 빗장으로 든다
숲과 들 틈새로, 일곱 바다 나팔로

몸 없는 영혼은 옷 벗은 몸 같아서
의지도 행위도, 영감도 말도 없다.
답 없는 수수께끼, 무희 없는 무대서
그 누가 있어서 되돌아오겠는가?

그래서 나, 다른 옷의 딴 영혼 꿈꾸느니
수줍음에서 희망으로 달리듯 타오르고
영(靈), 불처럼 그림자 없이 대지를 떠돌며
라일락 향기처럼 탁자에 기억으로 남는다

아이야 달려라 에우리디케를 슬퍼 말고
네 굴렁쇠를 굴려라 이 세상을 끝까지
아직은 들리지 않고 기쁘고 건조해도
걸음마다 답하는 대지의 소리 들리리니

**그러나 이번에는 그는 열린 문 안 저쪽으로 깊이 들어간다.** 열린 문으로 들어오는 바람에 휘장들이 나부끼고, 그것들 사이로 거울에 비친 그는 우유가 가득한 큰 병을 들고 있다. 그다음 그는 빨래하는 어머니 쪽으로 헤엄을 쳐서 가고……

이어서 어린 **알료샤**가 **집 밖으로 나가** 저 멀리 앉아서 담배를 피는 <노인인 어머니>에게 다가가 **(아직도 멀찍이서, 그렇지만) 먼저 말을 건넨다.**

"엄마, 석유 등잔에서 연기가 나요."

"뭐라고?" 하면서 늙으신 어머니가 돌아보지만 아무도 없다.

다음은 침상에 누운 <알렉세이가 죽는(?) 장면>으로 아마도 환상인 것 같다. 의사가 말한다.

"모든 것이 그에게 달렸어요. 목이 부은 건 아무 관계도 없어요. 흔히 있는 일이죠.

아시다시피, 갑자기 그의 어머니가 돌아가시고 그리고 아내와 아이가…… 그가 아주 건강하더라도 며칠 지나면 더 이상은 아니에요."

그러자 앞에 앉아 있는 뒷모습의 여인이 말한다.

(<이 여인>과 <바느질하는 노부인>은 **이그나트**의 환상에서 나온 여인들 같다. 영화 제작비 탓?)

"하지만 그의 가족은 아무도 죽지 않았어요."

"의식(意識)이나 기억(記憶)이라는 게 있어요."

"기억이 무슨 상관이에요? 그가 무슨 죄의식을 느끼나요?"

그러자 바느질을 하며 잠자코 대화를 듣고 있던 노부인이 말한다.

"그가 그렇게 생각하고 있어요."

그때 죽어 가던 **알렉세이**가 말한다.

"날 좀 내버려둬요. 난 그저 행복하기를 바랐을 뿐이에요."

"하지만 당신이 일어나지 않으면 당신 어머니는 어떻게 되겠어요?"

"괜찮아요. **모든 게 잘 될 거예요. 모든 게……**"

그러면서 병상에 누워 있던 그는 곁에 있던 **작은 새 한 마리를 손에 가만히 쥐었다가 공중으로 날려 보낸다.**

✍ 이 장면의 이해에 관한 재미있는(?) 일화를 <타르코프스키, 기도하는 영혼>은 전한다.

"이 영화는 많은 논쟁을 낳았다.

한번은 적은 관객들 앞에서 일반 상영을 한 뒤 토론 중에 분쟁이 일어났다.

늦은 시간이었고 큰 홀을 청소해야 하는 직원이 '그만 싸우고 나가요, 청소해야 하니까'라고 했다.

- 영화에 대해서라면 다 분명하잖아요. 나가요!

그러자 그들이 물었다.
- 그럼 말해 줘요. 뭐가 분명하죠?

그녀가 말하길,
'아주 간단해요. 한 남자가 끔찍하게 아팠고, (즉) 죽을지도 모른다고 생각했고, (그래서) 자기가 다른 사람에게 한 끔찍한 일을 생각하고는 (죽음의 자리에서) 사과하고 싶어 했어요. 이제 됐나요.'

알고 보니 그 청소부는 초등학교도 나오지 못한 사람이었다.

많은 영화 비평가가 그 자리에 있었지만 언제나처럼 그들은 아무것도 이해하지 못했다. 아무것도. 이야기할수록 <(이 장면 대한) 자기들이 쓰는 것>에 대해 더 이해하지 못했다.

그런데 그녀는 그냥 들어와 다 설명해 버렸다."

이 장면은 <자기중심적이었던 그의 죽음>을, 즉 <지금까지 그를 가두었던 이 "무덤 밖으로, **집 밖으로**, 몸 밖으로, **마음 밖으로**" 나가는 그 영혼의 해방>을 의미할 것이다.

타르코프스키는 이 영화를 완성했을 때, **마르셀 프루스트**가 <**잃어버린 시간(時間)을 찾아서**>에서 경험했던 그런 <**똑같은 감정**>을 겪었다고 했다. - 앞에서 다루었다. - 아마 그는 그동안 자신을 괴롭혔던 <**자신의 어린 시절의 기억**>을 <다른 이들의 전쟁의 **다큐멘터리(기억)**>로 확대, 승화시키면서 <**거울**>이라는 영화로 <후대(後代) 우리의 **거울**>로 내놓은 것이리라. 그래서 우리는 나 자신의 모습을 이 **거울**에서 보고. ⌛

마지막 장면은 멀리 숲으로 둘러싸인 메밀밭이 보이고, **바하**의 <**요한 수난곡**> 첫 부분이 나오며 <젊은 **마루샤**>가 남편과 있는 모습이다. 소나무로 둘러싸인 집이 보이고, 집 근처 숲에서 누워 있는 남편의 가슴에 그녀가 팔을 얹고 턱을 괴고 있다가 일어나 앉자 남편이 묻는다.

"뭐가 낫겠어, 아들 아니면 딸?"

그러자 그녀는 웃는 듯도 하다가 우리 관객을 한 순간 보더니 고개를 돌려 집 쪽을 본다.

저 멀리 집 쪽에는 <노인 **마루샤**>가 빨래 대야를 들고 **알료샤**와 동생에게로 가고, 이제는 오래되어 못쓰게 된 집터의 통나무와 우물이 보인다. 그리고 숲을 나온 <노인 **마루샤**>가 여동생의 손을 잡고서 **알료샤**와 함께 오는 것이 보인다.

다시 <젊은 **마루샤**>가 눈물을 흘리면서 **우리를 바라보더니** 고개를 돌리고,

다시 <노인 **마루샤**>가 아이들과 함께 메밀꽃이 활짝 핀 밭을 걸어 나와 길 쪽으로 왔다가 간다.

그때 **알료샤**는 마음껏 소리를 지르고……

이쪽 숲의 나무들이 그들을 가리면서 영화는 끝난다.

☯

이제 <**거울**>을 통해 <**거울의 의미들**>을 생각해 보자. (이미 우리는 영화를 훑으면서, 그 의미의 몇 가지를 챙겼다.)

여기서는 <다른 것들>과 <기억과 회상의 의미> 등을 알아본다. (이 주제는 앞으로 나올 책에서도 여러 차례 다룰 것이다. 그 만큼 "나"를 아는 데 중요하다는 말이다.)

거울은 어린아이도 잘 아는 것이다. **침팬지** 앞에 거울을 두었더니 <거울에 비친 어떤 모습>을 보고 거울 뒤쪽을 살피는 영상을 본 적이 있다.

<유리의 한 쪽 면에 질산은(窒酸銀, $AgNO_3$)의 은(銀)으로 **코팅**된 거울>이 우리가 늘 대하는 거울

이다. 성경의 "우리가 지금은 거울로 보는 것 같이 희미하나"의 거울은 <동판(銅版) 거울>을 말하지만 요즘 <은판(銀板) 거울>은 "그때는 얼굴과 얼굴을 대하여 볼 것이요"의 거울로, 그 <거울의 얼굴>은 <얼굴> 그 자체와 똑같을 것이다. 단지 그 좌우가 다를 뿐……

[혹 거울에서는 왜 우리 얼굴의 좌우가 다른지를 생각해 본 적이 있는지……

말이 나온 김에, 필자는 아직도 그 답을 모르고 궁금해 하는 것이 많다. 왜 하필 2월에 28일 혹은 29일을 두는지……? 1년이 365.2422일이면 마지막 달 12월을 - 책의 부록처럼 - 28일 혹은 29일로 하든지 아니면 지금의 3월을 1월로 하든지…… 또 홀수 달이 31일이고 짝수 달을 30일로 했으면 계속 그렇게 나가든지……]

<나 자신>이 <나 자신>을 볼 수 없으므로, <내 눈>이 <내 눈>을 볼 수 없으므로, 우리는 거울을 사용한다. '직접 볼 수 없는 것'을 '간접적으로나마 볼 수 있는 것'에 거울의 의미(혹은 가치)가 있다.

그런 의미에서 거울은 <우리의 마음>이라고 할 수 있다. <우리의 마음>은 <우리의 생각이나 말, 글>을 통해 알 수 있다. 그것이 거울이다.

또 거울은 <이 세상>이다. 이것은 "<거울 속의 도시>는 <거울>과 다르지 않다."며 프라탸비갸흐리다얌과 또 <빔바-프라티빔바 이론>으로 파라 트리쉬카에서, <거울의 방>으로 초대하는 탄트라 사라 등에서 다룬 것이다.

그러므로 거울은 또 의식(意識) 곧 신(神) 혹은 신성(神性)을 말하기도 한다.

이제 <기억>과 <회상>의 의미도 찾아보자. 사실 이것들도 스판다 카리카, 파라 트리쉬카와 탄트라 사라에서 다룬 것이다. (기억의 문제는 돌과 즈슘 이야기 등등에서 더 깊이 다룰 것이다.)

기억은 내가 <어떤 경험(생각)>을 하고, 그리고 그 경험이 지나가고(망각하고), 그다음 언제쯤 <그 경험>이 떠오르는(회상하는) 것을 말한다. 그렇지 않은가?


필자가 말하려는 요점은 이것이다. 영화 <거울>에서도 꿈이 나온다. <꿈의 내용>보다는 결국은 그 꿈을 회상하는 <꿈꾸는 자>를 전체적으로 조망하는 일이다. <꿈꾸는 자를 아는 일, 알아채는 일>이다.

기억에서는 기억을 가능하게 하는 "망각(무의식)"이라는 그 <"틈새">를 알아채고, 느끼는 일> 말이다.

또 그것이 필자가 이 영화 <거울>을 <영성(靈性) 영화>의 거울(본보기)로 삼는 이유다!

타르코프스키는 말한다.

"나는 <여기 나의 존재에서 우연적인 것은 아무 것도 없다>는 것을, <이 세상에서 내 자신이 어떤 계승자>라는 - 연속성을 가진 - **것을 느끼고 있다.** 우리 내면에는 어떤 <가치 척도>가 있어야 한다.

<거울>을 보면서 나는 관객들이 <바하>, <페르골레시>, <푸쉬킨의 편지>, <시바쉬 개펄을 건너는 군인들>, 또 <은밀한 가정사(家庭事)들>을 느끼기를 바란다. - 이 모든 것은 어떤 의미에서 <인간 경험으로 동등하게 중요한 것>이다.

그리고 한 사람의 영적(靈的)인 경험에서 <어제 그에게 일어난 일>은, <수백 년 전 인류에게 일어난 것>과 같이, 정확하게 똑같은 정도의 중요성을 가질지도 모른다."

<우리들의 첫 만남> (발췌)

어지러운 **환영**(幻影)처럼 계단을 내려와
당신은 나를 **당신의 길**로 데려가러 왔지요.
비에 젖은 라일락을 통해
**당신의 소유**로,
**거울의 세계**로.

## (2) <향수(鄕愁)> - 잠 못 이루는 밤은 길고!

"향수"는 <고향을 몹시 그리워하는 마음> 또는 <지난 시절에 대한 그리움>을 말한다.

영어로 향수는 <(고향에 대한) homesickness>와 <(과거에 대한) nostalgia>가 있다고 한다.

<(건물인) 집, house>와 <(가족이 사는) 가정, 집, home>은 다르다고 한다. 그래서 "at home"은 <집에서>, <편안한>의 뜻이 있는 모양이다.

[일터에서 힘든 여러 날을 보내고 돌아온 경상도 남정네가 <집에서(at home)>, <편안한(at home> 무엇을 얻지 못했을 때, 그런 <집에서(at house)> 들려오는 소리는 "이노무 집구석!"이었다.]

또 야구에서 <홈런(home run)일 때> - 단번에 <홈으로, 집으로, **고향으로**, 원점으로 **달려갈 때**> - 우리는 열광하는 것이다.

그리스어 "노스탈기아(Νοσταλγία, 鄕愁病)"는 <귀향(歸鄕, nostos, **homecoming**)>에 대한 <아픔 (algos, -algia, -ache, pain, grief, distress)>을 말한다. 아마도 <그 과거로 **돌아가고** 싶지만 갈 수 없는 아픔과 괴로움>을 말하는 것 같다.

316

마르셀 프루스트처럼 <잃어버린 시간을 찾아서> 헤매는…… (이 소설도 **돌과 즈슴 이야기**에서 더 다루려고 한다.)


[잠시, <약간의 시비(是非)를 찾아서>……

한자에서 귀향(歸鄕)의 "歸"는 <돌아갈 귀>로, <돌아오다>의 뜻도 있다고 한다. 그런데,

영어의 "home-coming"은 <home-going>으로 해야 더 맞지 않나? <home-run>처럼 말이다.

(이런, 영어의 "run"은 **달려가는** 것이 아닌, 그냥 **달리는** 것이라고요?)

어쨌든, 이 필자에게는

<영어권 사람들>은 개념(?)이 없는 무엇 같고,

<중국 사람들>은 아무래도 능구렁이 같고,

<한글 쓰는 우리>가 진짜 사람 같다!]


잘 아는 대로, 연어 같은 물고기만 아니라 개미, 꿀벌 같은 곤충과 비둘기 같은 동물들도 귀소 본능 (歸巢本能, the homing instinct)이 있다고 한다.


<고향>의 의미는 교회를 다니는 이라면, 누구나 쉽게 - 모르는 사이에(무의식적으로) - 알게 된다.

성경과 찬송가에서는 고향은 곧 본향(本鄕)이라고 가르쳐주기 때문이다.

[<고향>과 <본향>은 단어가 틀린다고요?

필자와 함께 시골에 모여 사는 이들이 이야기를 나누는 <카톡 방(房)>에서 있었던 일이다.

<그리스의 어떤 노래 제목>을 묻는 질문에, 다른 이가 이렇게 대답을 했다.

"<기차는 7시에 떠나네>입니다."

그러자 앞서 질문한 분이 그것을 확인해 본 듯 수정했다.

"<기차는 8시에 떠나네>이네요."

그러자 대답한 분이 다른 것과 혼동했다고 하고.

<이런 대화>를 영 못마땅하게 지켜보던 필자가 끼어들었다.

"(도대체, 그깟 <노래 제목>에) 7시와 8시가 무슨 차이가 있습니까?"

그러자 우리의 <이오 여선사(女禪師)>께서 슬쩍 한마디('일전어, 一轉語')를 던지셨다.

"<한 시간> 차이가 있죠."

<원숭이도 나무에서 떨어진다>더니, 이 원숭이가 그때 크게 한 방 먹었다. (아직도 얼떨떨하다.)

사실, <이오 선생님>의 꿈에는 <시간>이란 말이 굉장히 많이 나온다. 마치 <시간에 관한 꿈> 같다. 한번은 이런 말이 나왔다. "나는 시간이 없다."

"나(에게)는 시간이 없다……"

아주 놀랍고 엄청난, 무슨 선언 같은 소리였다! 그때부터 필자에게 그녀는 여선사로 승격되었다. 그녀의 이야기는 제5장에서 다룰 것이다.]

교회 다닐 적 부르던 찬송가가 생각난다.

내 본향 가는 길 보이도다
인생의 갈 길을 다 달리고
땅 위의 수고를 그치라 하시니
내 앞에 남은 일 오직 저 길

요즘은 유튜브에서 웬만한 노래와 영상은 쉽게 찾을 수 있으니, 합창하는 것으로 한번 들어보라. 장례식 때 많이 부르는데, 추석(秋夕, "가을 저녁") 같은 귀향의 명절을 앞두고도 부른 기억이 있다.

찬송가는 <남녀노소가 부르는 것>이어서, 모두가 동요(童謠) 같이 짧았다. 쉽게 배우고 부르기에는 좋았지만 늘 아쉬운 무언가가 있었다. 아마 필자가 작은 교회의 성가대 지휘자였을 때의 곡(曲)이리라. 필자에게는 대곡(大曲)이었다. <본향을 향하네>로, 간추려 일부만 옮긴다.

이 세상 나그네 길을 지나는 순례자
인생의 거친 들에서 하룻밤 머물 때
환난의 궂은 비바람
모질게, 모질게 불어도
천국의 순례자 본향을 향하여
천국의 순례자 본향을 향하네

고향을 그리워하는 시, 노래 등은 실로 엄청나다. 더구나 타의(他意)에 의해 고향을 떠난 경우는 더욱 그러할 것이다. 전쟁으로 인한 실향민(失鄕民)들이 그렇고, <유배지(流配地)에 있는 이들>이 그렇다.

몇 해 전에 경남 남해군에 있는 <유배문학관>을 간 적이 있다. 유명한 <시베리아 유형(流刑)> 뿐만 아니라, 크고 작은 유형이 세계 도처에 있었던 것 같다. 그리고 지금 <이 몸 안의 유형>……

이제 중년을 지나 노년으로 접어들면, 누구나 할 것 없이, 좋든 싫든, <인생의 **저녁 종소리**>를 듣게 될 것이다.

교회 다닐 때부터 지금까지도 듣고 있는 노래가 있다. 러시아 민요 <**저녁 종**>이다.

처음에는 폴모리아의 <크리스마스 모음곡>에서 들었고, 다음은 영화 <닥터 지바고>에서 모스크바에서 쫓겨나 시골로 가는 기차를 기다리며 역에서

노숙하는 밤에 발랄라이카로 연주되는 것이었고,
그다음은 러시아 여가수가 부른 것이다.

저녁 종소리, 저녁 종소리
참 많은 생각을 울려 내네요

사랑에 빠졌던, 고향의
그 젊은 때가 생각납니다

아버지 집을 떠나던 날
저 종소릴 들었지요

꿈같은 그 나날들
내 인생의 봄날들

정겹던 이들
이젠 만날 수 없지

깊이 잠들었으니
이 소릴 들을 순 없고

저녁 종소리, 저녁 종소리
참 많은 생각을 울려 내네요

아마도 <교회에서 울려 퍼지는 종소리>는 이제는 영원히 찾아볼 수 없을 것이다. 어떤 의미로든 말이다. 필자는 중고등학교 때까지 밧줄을 당겨 철탑 같은 높은 종각에 달린 종을 치는 교회에 다녔다. 가끔은 필자가 종을 치기도 했다……

그리고 러시아의 음악에는 유독 **종소리**가 많이 들어 있는 것 같다. 어떤 CD에는 **차이코프스키**의 <1812년 서곡>에서부터 **라흐마니노프**의 <종>까지 모아놓았다. (물론 위의 <저녁 종>의 노래에서도 그 **종소리**는 들린다.)

하여튼 <러시아의 음악>까지 들먹였으니, 우리는 이제 영화 <향수>로 돌아가자.

이 영화는 결국은 <네 가지> 단계로 (중첩되어) 우리의 향수를 일깨운다.
 ① **소스노프스키**(실존 인물)
 ② **고르차코프**(영화의 주인공)
 ③ **타르코프스키**(영화 감독)
 ④ 관객인 나
(위 **소스노프스키**는 **막심 베레좁스키**라고 한다.)

타르코프스키는 이렇게 말한다.

"<향수>의 주인공 **고르차코프**는 시인이다. 그는 <농노 출신으로 작곡가였던 **소스노프스키**>에 관한 **오페라** 대본의 자료를 모으기 위하여 **이탈리아**로 온 것이다.

**소스노프스키**는 실존 인물로서, 음악적 재능을 높이 본 그의 주인인 지주가 그를 **이탈리아**로 보내 음악 공부를 하게 했고, 그는 **이탈리아**에서 오래 머물며 연주회를 여는 등 명성도 얻었다. 그러나 **러시아**인이라면 피하기 힘든 향수에 다시 **러시아**로 돌아갔으며, 얼마 후에 목을 매어 죽어 버렸다.

✍ **소스노프스키**가 고향의 친구에게 보낸 편지의 내용은 다음과 같다.

"사랑하는 **표트르 니콜라예비치**에게

이제 **이탈리아**로 온 지 2년이 지났고, 이 2년은 작곡가로서의 나의 작업과 생활에서도 아주 중요한 것이었네.

지난밤 나는 이상한 악몽에 시달렸다네. 상전인 백작의 극장에서 있을 중요한 **오페라**를 준비하고 있었는데, 제1막은 입상(立像)들로 가득한 큰 공원에서였는데, 벌거벗은 채 하얗게 분장한 남자들이 그것을 연기하였고, 오랫동안 꼼짝 말고 서 있어야 했네. 나도 입상 중 하나를 맡았는데, 움직였다가는 무서운 벌을 받게 된다는 것을 알았네. 상전들이 우리를 지켜보고 있었으니까 말이야. 발에서부터 한기가 올라오는 것을 느꼈지만 나는 꼼짝도 하지 않았네.

마침내 더 이상 견딜 수 없다고 느꼈을 때, 나는 잠을 깼고 몹시도 두려웠다네. 그것은 꿈이 아니라 나의 현실 그 자체이기 때문이라네.

영원히 러시아로 돌아가지 않으려고 해볼 수도 있겠지. 그러나 바로 그런 생각은 죽음과도 같은 것이라네. 내가 살아 있는 한 <내가 태어났고, 자작나무와 내 어린 시절의 하늘이 있는 그 땅>을 다시 볼 수 없다는 건 있을 수 없는 일이 아니겠는가.

너의 불쌍하고 외로운 친구
파벨 소스노프스키" ⧗

물론 작곡가 소스노프스키의 이야기는 영화에서 고르차코프 자신의 상황을 다르게 표현한 것이다.

우리는 영화에서 고르차코프가 이방인으로 고통스럽게 느꼈던 것, 거리감을 가지고 자신에게 낯선 삶을 관찰했던 것, 그리고 과거에 가깝게 지냈던 얼굴들에 대한 회상, 고향의 소리와 냄새에 대한 기억을 본다.

나는 항상 <인간의 내면세계>에 관심이 있었는데 내게는 <주인공의 삶의 태도를 보여 주는 심리학> 속으로의 - 그의 **<영적인 세계의 기초인 문학적, 문화적 전통>** 속으로의 - 여행이(그런 추구가) 더 자연스럽다.

이탈리아는 **고르차코프**가 그의 현실과의 비극적 충돌의 순간에 온 것이다. [단순히 생활의 조건만이 아니라 <개인적 욕구(자아실현)>가 충족되지 않는 삶 말이다.] 이탈리아는 그에게 허무(虛無)를 보여 주는 거대한 파멸과 폐허로 다가왔다. <보편적이며 또한 낯선, 한 문명의 조각들>은 <인간의 노력이 덧없음을 알려 주는 묘비>, <인류가 패망의 길로만 가는 표적>과 같았다.

**고르차코프**는 <자신의 영적인 위기>를 극복할 - 그에게도 명백한 '(정상으로) 되돌릴 수 없는' 이 시간을 '바로잡는' - **힘이 없어 죽는 것이다.**

주인공의 마음의 상태와 관련하면, 아주 이상한 인물인 **도메니코**가 중요하다. 사회로부터 추방당한

이 두려운 사람은, 자신 안에서 영적인 힘과 고귀함을 발견하여 현실과 대항할 수 있게 된다."

그러나 소위 "정상인들"의 눈에는 거저 "미친놈, 미치광이"일 뿐이다.

"미친 사람"에 대해서는 **<돌과 즈슴 이야기>**에서 더 다루기로 하고, 영화로 돌아가자.

잊을 수 없는 장면 하나.

여행 **가이드**도 떠나 버리고, 폐허(廢墟)의 성당을 혼자 거니는 **고르차코프**는 **<성녀(聖女) 카타리나와 신**의 대화>를 생각한다(듣는다).

"주여, 이토록 원하고 있습니다.
뭐라고 말 좀 해 주십시오……"

"내 소리를 들어 어쩌겠다는 거냐?"

"(**<당신의 존재>**를) 느낄 수 있는 정도의 말은 해 주셔야지요?"

**"나는 너희들이 나를 느낄 수 있을 만큼, 항상 가까이 있다!"** - 언제나 **나**를 느끼게 하고 있다. 단지 너희들이 느끼지 못할 뿐이다. -

영화의 마지막에 고르차코프는 도메니코의 말을 따르기 위해 광장 온천에서 촛불을 옮긴다.

<촛불을 옮기는 의식(儀式)(?)>에 대한 것은 아르제니 타르코프스키의 시 한편으로 대신한다.


내 힘인 눈은 어두워져
이제는 볼 수 없는 금강석이고
귀는 먼 천둥소리로 가득하여
내 아버지 집을 숨쉰다
억세던 근육은 저 쟁기 밭의
노우(老牛)처럼 물러지고
밤이 와도 더 이상
어깨 뒤 두 날개 빛나지 않는다


나, 잔치서 촛불로 타올랐고
새벽이면 촛농을 모으리니
그것으로 누구를 슬퍼하고
무엇을 빼길지를 읽어라
마지막 기쁨을 어떻게 퍼내고
어떻게 편히 죽을지를…
어떤 운명의 지붕 아래서
사후에 타오르게, 어떤 말처럼


마지막 장면을 타르코프스키는 이렇게 말한다.

"향수의 마지막 장면에서 **이탈리아** 성당 가운데 **러시아** 농가를 가져왔을 때, 은유적 요소가 있다는 것을 인정한다. 이 **이미지**(영상)는 주인공의 상태를 가리키는 문학성을 띠고 있다."

<토스카나 언덕 성당 가운데 **러시아** 농가에 있는 **고르차코프의 이미지**>는 마치 "**꿈**의 이미지" 같다.
 실로 <많은 것>을 생각하게 하는……
 영화 <**향수(鄕愁)**> 즉 **노스탤지아**의 대미답다.

 타르코프스키의 삶이 그의 (영화)작품의 진행과 비슷하다는 것은 잘 알려져 있다. 그는 말한다.

"영화 <**향수(鄕愁)**>의 제작은 끝났다. 그러나 곧 **내 영혼이** 영화 속에서 다룬 것과 **똑같은 향수**를, 그것도 **영원히 갖게 될 줄은**, 촬영 중에는 전(專)혀 알지 못했다."

 타르코프스키는 <**향수**> 촬영 이후 망명했으며, 그리고 마지막 영화 <**희생**>을 스웨덴에서 촬영한 다음, 첫 상영도 보지 못하고 '죽었다'고 - 희생된 것이다 - 한다.
 그러므로 그는, <예언자적 삶>으로, <그 자신의 삶이라는 한 편의 영화>를 보여 주고 있다.

마지막인 (앞에서 말한, 네 번째) <관객인 나>의
향수도 약간 언급한다.

　구도자(求道者)로 살아온 필자는 영화 <**향수**>의
부제(副題)를 <**잠 못 이루는 밤은 길고!**>로 했다.
　우리가 잘 아는 법구경(法句經)의 말씀이다.


不寐夜長 疲倦道長(불매야장 피권도장)
愚生死長 莫知正法(우생사장 막지정법)


잠 못 이루는 밤은 길고
지친 이에게　길이 멀듯
<참>을 모르는 영혼에게
생사의 길은　아득하여라

## (3) <희생(犧牲)> - 베스트 오퍼?

이 영화를 감상하기 전에 필자도 제사(題詞)라는 것을 한번 사용하자. 그런데 좀 길다.

사라가 가나안 땅에서 죽어 아브라함이 슬퍼하며 애통하다가 헷 족속에게 말했다.

"나는 당신들 중에 나그네요 우거(寓居)한 자니 청컨대 내게 매장지를 주어 나로 <나의 죽은 자>를 장사(葬事)하게 해 주시오."

헷 족속이 아브라함에게 말했다.

"우리 묘실 중에서 좋은 것을 택하여 당신의 죽은 자를 장사하시오."

아브라함이 헷 족속을 향해 말했다.

"에브론(씨)의 밭머리에 있는 <막벨라 굴(窟)>을 준가(準價)를 받고 (팔아서) <내 소유 매장지(땅)>가 되게 하기를 원하오."

에브론이 말했다.

"내가 그 밭을 당신께 드리고 그 속의 굴도 내가 당신께 드리오니 당신의 죽은 자를 장사하십시오."

그러나 아브라함이 말했다.

"내 말을 들으시오. 그 밭 값을 주리니 받으시오. 내가 <나의 죽은 자>를 거기 장사하겠소."

그러자 에브론이 말했다.

"그 땅값은 <은(銀) 사백 세겔>이지만, 나와 당신 사이에 어찌 교계(較計)하겠습니까!"

아브라함이 (두말하지 않고) <은 사백 세겔>을 에브론에게 주었고, 그 **"아내"** 사라를 <가나안 땅 마므레 앞 막벨라 굴>에 장사하였다.

마므레는 곧 헤브론이라.


✍ 참고로, **가나안**은 <장사하는 사람, 상인>을 말하고, **헷**은 <두려움, 공포>를 의미하고, **에브론**은 <새끼 사슴, 송아지>를, **막벨라**는 <이중(二重)의, 못>을, **마므레**는 <강한, 세력>을, **헤브론**은 <결합, 연합, 동맹>을 의미한다. 한때 필자의 시골집과 또 논밭을 <헤브론 농장>이라고 불렀다.

[후대에 <베니스의 상인> 샤일록처럼 유대인들이 잔인한 장삿속(?)이 있는 이유는, 아마 그의 선조가 저런 일을 겪었던 경험이 무의식에 있을 것이다.

**소와 참나 이야기**에서는 <가나안 땅>을 <젖과 꿀이 흐르는 땅>이라고 했으나 그 <처음의 모습>은 저런 것이었다.]

하여튼 그 뒤 **아브라함**은 아들 **이삭**이 노총각이 되도록, 그 <가나안 땅 처자들>을 며느리로 삼지 않으려고 한 것은 아주 유명한 이야기다.

위 이야기의 의미는 나중에 다루자. ⌛

타르코프스키는 말한다.

"영화 <희생(犧牲, offret)>은 하나의 우화(寓話)다. 그 속의 중요한 사건들은 여러 가지로 해석될 수 있다.

이 영화의 첫 구상은 <마녀(魔女)>라는 제목으로 <암(癌)>에서 기적적으로 회복한 주인공(알렉산더)의 이야기>다. 의사가 그의 생명이 얼마 남지 않음을 말하고, 그는 어느 날 찾아온 한 예언자에게서 - 영화에서 우편배달부 **오토** - 황당무계(荒唐無稽)한 말을 듣는다. 그가 마녀로 알려진 여자에게로 가서 하룻밤을 보내야 한다는 것이다.

알렉산더는 그 말을 따르게 되고, 신의 은총으로 병이 치유되고, 놀란 의사는 그것을 확인해 준다. 그다음 비바람이 치는 어느 날 밤, 그 마녀가 그의 집에 나타나, **그녀의 부름**(bidding, 呼價, offer)에 그는 훌륭한 집과 지금까지의 생활을 버리고, 다 헤진 옷을 걸치고 그녀와 함께 떠난다."

"**배우**(俳優, 페르소나)로 살았던 알렉산더는 - 그러므로 그는 <진정한, 참 자신>인 적이 없었다. - 끊임없이 우울에 찌그러져 있다. <변화에 대한

압력>, <가족의 불화>, <기술문명 발달의 위협에 대한 본능적인 느낌> 등의 모든 것이 그를 권태와 피로(疲勞)로 채운다. **그는 인간 언설의 공허함에 증오를 느끼고,** 침묵 속으로 들어가 거기서 평화를 찾으려고 한다. 알렉산더는 **관객에게 <그의 희생의 행위에 참여하고, 그 결과로 닿게 되는 가능성>을 제시(提示, offer)한다.**

영화의 은유는 그 행위와 일치하여 따로 설명이 필요 없다. 여러 가지 해석이 가능한 것으로, 나는 특정한 결론을 내리지 않았는데, 관객이 나름으로 판단할 것이기 때문이다."


"(우편집배원 **오토**도 어느 정도 그렇지만) 마녀 마리아와 알렉산더의 어린 아들에게는, **이 세상은 불가해한 경이로 가득 찬 곳**으로 그들 둘은 실제가 아닌 <상상의 세계>로 움직인다. 그들은 만질 수 있는 것은 믿지 않고, 마음의 눈으로 진리를 본다. 이들은 '정상적인' 행동에서 벗어나 있다.

이들은 옛날 러시아의 <거룩한 바보들> 즉 유로지비들의 표지가 있다. 유로지비들은 순례자 혹은 누더기를 걸친 거지같은 모습으로, 사람들이 살아가는 '정상적인' 삶에 영향을 주었고, **그들의** 예언 즉 **말**과 <자기 부정>은 **항상 세상의 확립된 개념과 규칙(법)에 거의가 모순되는 것이었다.**"

그런 의미에서 **톨스토이**, **도스토예프스키**, **타르코프스키** 역시 유로지비이다. 이 <유로지비들!>은 마지막 영화 <**천국의 아이들**>에서 좀 더 다룬다.

　　**희생**의 의미는 다음의 영화 <**향수**(香水)>에서도 보인다. 주인공과 또 **희생**된 이들……

　　그래서 우리는 **희생**이라는 말의 <거친 의미>부터 살펴보자.

　　<**희생**>의 스웨덴어 제목은 "offret"로 "offer"의 단수형이다. 또 그것은 영어의 "offer(ing)"와 같다.

　　히브리 성경 레위기에는 여러 가지 제사(祭祀, offering)가 있는데, 번제(燔祭, burnt offering)가 대표적이다. 그것은 <동물을 잡아서 불태우는 제사(**희생**)>를 말한다.

　　영어의 "offer"는 <제의(提議), 제안(提案)>을 말한다. 그러므로 <최고의 제안> 혹은 <최고 제시>가 "the best offer"이다.

　　<**베스트 오퍼**(the best offer)>라는 영화가 있다. 이탈리아어로는 <la migliore offerta>이고, 영화 <**시네마 천국**>을 만든 감독의 작품이다.

"베스트 오퍼"는 <경매에서 최고가(最高價)>를 말하지만, <인생과 맞바꿀만한 보물을 만났을 때 그것을 얻으려고 제시하는 최고의 희생(犧牲)>을 의미한다.

예를 들어, 파우스트는 <자기의 못 이룬 것>을 얻으려고 메피스토펠리스에게 자기의 영혼을 건다. 그것은 일종의 **도박(賭博)**이요 **모험(冒險)**이다.

"**도박**"이라는 말은, 보통 사람들에게는 <집안을 망친 사건들> 때문에 좋은 말로 들리지 않는 것이 사실이다.

소설 <**노름꾼**>에서 **도스토예프스키**는 말한다.

"비록 밀치며 아우성치는 군중 속에 끼여 있기는 하지만, 그래도 당신은 **자신이 관찰자일 뿐이고 또 절대로 그 군중에 속해 있지 않다는 철저한 확신을 가지고서** 주위를 바라볼 수가 있다.

'저도 모릅니다. 제가 알 수 있는 것은 <이겨야 한다>는 것이고, 또 그것만이 유일한 탈출구라는 것입니다. 글쎄요, 어쩌면 <반드시 이겨야만> 하기 때문일지도 모르겠습니다.'

그렇다. **이따금 정말이지 <이상한 생각>이**, 얼른 보기에는 <전혀 가능하지 않은 생각>이 머릿속에 거머리처럼 달라붙어 결국에는 그런 생각이 실현될 수도 있다고 받아들이게 된다……

만일 <그런 생각>이 강렬하고 열정적인 소망과 합쳐지게 되면, 때로는 그것을 <숙명적이고 피할 수 없는 어떤 것>, <예정된 어떤 것>, 또 **반드시 있어야 하고 일어나야 하는 것>으로** 받아들일지도 모른다! 어쩌면 거기에는 다른 무언가가 있는지도 모른다. 어떤 예감의 결합이라든지, **예사롭지 않은 의지의 강화**, 그리고 자신의 상상에 의한 중독이나 아니면 또 다른 어떤 것이.

모르겠다. 어쨌든 오늘 밤 - 나는 평생토록 이 밤을 잊지 못할 것이다. - 내게는 기적적인 사건이 일어났다. 그 사건이 산술에 의해 완전히 증명될 수 있을지는 모르지만, 어쨌든 내게는 아직까지도 기적적인 사건으로 남아 있다. 그런데 대체 어떻게 해서 그런 믿음이 내게 그토록 단단하고 뿌리 깊이 박혀 있었던 것일까? 그것도 아주 오래 전부터?

여러분에게 되풀이해서 말하는 것이지만, 아마도 나는 그것을 수많은 것들 중에서 일어날 수 있는 (그러니까 일어나지 않을 수도 있는) 경우로 생각한 것이 아니라, **도저히 일어나지 않고서는 안 되는 어떤 것**으로 생각했던 것 같다!

열 시가 지나면 도박대(賭博臺) 주위에는 필사적으로 덤비는 진짜 노름꾼들이 남게 된다. 온천에서 그런 사람들을 위해 있는 것은 **룰렛**뿐이었고, 그들 역시 **룰렛** 하나만을 바라보고 온천에 온 것이다.

그들은 주위에서 일어나는 일에는 거의 신경을 쓰지 않을 뿐더러 그 시즌 내내 아무것도 관심을 가지지 않는다. 아침부터 밤까지 줄기차게 도박만 할 뿐인데, 할 수만 있다면 날이 샐 때까지 도박을 할 것이다. 그래서 그들은 자정이 되어 **룰렛** 판을 마칠 때가 되면 언제나 분(忿)해 하면서 흩어지는 것이다.

그리고 **룰렛** 판이 문을 닫기 전, 그러니까 열두 시가 다 되어서, 심판이 "**자 이제, <마지막 세 판>입니다. 여러분!**" 하고 선언하면 그들은 그 **<마지막 세 판>에 주머니에 있는 돈을 전부 걸어 버리려고 할 때도 종종 있다.**

☯

**나는 흠칫 놀라며 직감을 했다. 그러니까 '이제 곧 내가 지게 된다!'는 것을 순간적으로 깨달은 것이다. 이 한 판에 나의 인생이 걸려 있다.**

이건 순전히 요행(僥倖)을 바라는 마음에서 아무 계산도 없이 마구잡이로 건 것이었다!

어쨌든 기대에 부푼 한순간을 맞은 나는 어쩌면 파리의 블랑샤르 부인이 기구(氣球)에서 뛰어내릴 때 맛본 것과 비슷한 기분을 만끽하고 있었는지도 모른다.

이제는 아무것도, 아무것도 두려운 것이 없었다.

**나는 이제 아무런 감각도 없었다. 무의식 속에서, 아무 생각도 하지 못한 채 그저 기다리기만 할 뿐이었다.**

또다시 무의식적으로 돈을 걸었다.

하지만 - 아, 정말 이상야릇한 느낌이다 - **내가 분명히 기억하는 것은,** 전혀 내 자존심을 내세우지 않았는데도 **별안간 모험(冒險)에 대한 강한 열망이 나를 사로잡아 버렸다는 것이다.** 어쩌면 내 영혼은 수많은 느낌을 거쳐 왔으면서도, 그것들로 가득 찬 것이 아니라 자극만을 받은 채 완전히 진이 빠질 때까지 더 많은 느낌들, 더욱더 강렬한 느낌들을 요구하고 있었는지도 모르겠다.”

✍ 이제 **굴덴**은 돈의 단위지만 성경의 **달란트**가 그렇듯이 내가 가진 <능력, 에너지, 시간>이라고 읽자, 그리고 **도스토예프스키**의 <**노름꾼**>의 마지막 부분을 보자. ⌛

☯

"내 인생에 단 한 번만이라도 신중해지고 끈기를 가질 필요가 있다. 더 이상은 필요 없다. 단 한 번만이라도 내 성질(마음)을 죽이기만 한다면 나는 한 시간 안에 내 운명을 완전히 뒤바꿀 수 있다.

중요한 것은 내 성질(마음)이다. 7개월 전 **룰레텐부르크**에서 결정적으로 돈을 잃기 전에, 내게 그 비슷한 일이 있었다는 것을 상기해 보면 충분할 것이다. 아, 그것은 정말 대단한 결단의 순간이었다. 난 그때, 몽땅 잃고 말았다. 몽땅 다……

역(도박장)에서 나와 뒤져 보니 내 조끼 주머니 속에는 1굴덴만이 굴러다니고 있었다. '그러면 결국 이 돈으로는 밥을 먹어야 하겠구먼!' 나는 이렇게 생각했다. 그러나 백 보쯤 걸었을 때 나는 **생각을 고쳐먹고 되돌아갔다.** 그 1굴덴을 **망크**에 걸었다. 그런데 무언가 색다른 느낌이 들었다.
홀로 타향에 와서 친척들과 친구들로부터 멀리 떨어져 있는 사람이 오늘은 뭘 좀 먹을 수 있을지 없을지도 잘 모르는 판에, **<마지막 남은, 정말로 그 마지막 남은 굴덴>을 걸 때** 그런 느낌 말이다.

나는 돈을 땄다. 그리고 20분 후에는 역(도박장)에서 나왔다. 내 호주머니에는 170굴덴이 있었다.

이것은 사실이다! **때때로 <(인생의) 마지막 굴덴>은 그런 의미를 담고 있을 수 있는 것이다!** 만일 내가 그때 낙심한 채로 과감한 결정을 내리지 못했다면 어떻게 되었을까? 내일, 내일(來日)이면 모든 것이 끝난다!

❀　　　❀　　　❀

다음은 **라즈니쉬**의 말이다.

"그대가 자동차를 빨리, 더 빨리 달린다. 갑자기 모든 것이 위험한 순간이 온다. 이제 한 순간 후면, 그대는 살아 있지 않을 것이다. 그 극도로 긴장한 순간, 그대의 마음은 멈춘다. 그것이 자동차 주행이 매력이 있는 이유다. - 그대는 질주하고 폭주한다.

아니면 그대가 도박(賭博)을 한다. 그대는 자신이 가진 모든 것을 건다. 다음 순간 그대는 거지가 될 수도 있다. - 마음이 멈춘다. 그대는 무심(無心)이 된다.

**그대는 있다! 그러나 거기에 생각하는 일은 없다. 그 순간은 <명상적인 상태>이다.** 사실, 도박꾼들은 마음의 명상적인 상태를 구하고 있다. 모험과 위험 속에서 - 어떤 결투에서, 전쟁에서 - 인간은 항상 명상적인 상태를 추구해 왔다.

상인(商人)이 그런 경지에 도달했다는 것을 들어 본 적이 없다. 이윤을 남기는 일은 <삶과 죽음이 걸린 문제>가 아니다. 그러므로 상인은 거의 항상 평범한 채로 남는다.

도박꾼은 차라리 상인보다 더 높은 상태에 도달 할지도 모른다. 도박꾼은 위험과 모험 속으로 움직 이기 때문이다. 그는 자신이 가진 모든 것을 건다. - 모든 것을 거는 그 순간, 행위자는 상실된다."

이제 제사(題詞)로 썼던 <아브라함의 이야기>로 돌아가서 한마디.

그는 <막벨라 굴이 딸린 작은 밭>을 400 세겔을 주고 샀다. 그는 아마도 어떤 희생 혹은 모험 혹은 도박을 한 것으로 보인다.

영화 <희생(犧牲)>에서 하이라이트는 아무래도 <죽은 나무에 물주기>일 것이다.

영화의 처음에 <말 못하는(?)> 어린 아들에게 그 이야기를 해 주고, 마지막에 그 아이는 물을 주기 시작한다.

현대를 사는 우리에게, <아무리 물을 주더라도 죽은 나무가 살아나고 열매를 맺는다>는 이야기는 합리적인 것이 아니다.

그러나 이것을 <어떤 영적인 것>으로 읽는다면 그것은 진실의 이야기이고 진리의 이야기다.

만약 그 <죽은 나무>가 <우리의, 나의 영혼>을 말한다면 말이다.

어쩌면 <우리의, 나의 영혼>은 <죽어 있거나>, 아니면 <잠자고 있거나>, <병들어 있거나>……

그런 <우리의, 나의 죽은 나무>에 물을, <영성 수련>이라는 물을, 만약 조금씩이라도 매일 준다면 기적은 일어난다.

그리고 그런 노력, 수련, 수행이 정말로 희생이고 봉헌이고, 예배이고, 모험이다.

또 그것이 우리가 인생을 걸어볼 만한 <최고의 호가(呼價)>, <베스트 오퍼!>라고 타르코프스키는 말하고 있는지도 모른다.


[영화의 마지막 장면은 아들이 "태초에 '말씀'이 있었다"는 말의 의미를 부재(不在)하는 - 희생한 - 아버지에게 묻는다. "Why is that, Papa?"

필자에게, 그 '말씀'은 파라-바크에서 파쉬안티를 거쳐 바이카리-바크까지 내려온 - 그러므로 지금도 희생하고 있는 - 신(의 의지 곧 원초적인 희생)을 가리키는 것으로 보인다. '(하나님) 아버지의 희생' 말이다. "지금도 '말씀'이 있다." 눈물이 흐른다.]

## < 2 > 놓치면 아까운 세 작품

&lt;일루셔니스트&gt; -"환상의 마법사"
&lt;향수(香水)&gt; - 어느 살인자의 이야기?
&lt;천국의 아이들&gt; - 유로지비들!

## (1) <일루셔니스트> - "환상의 마법사"

보통, 마법사들은 우리 눈앞에서 마법(기술)으로 그가 다루는 대상을 변형시키거나 사라지게 한다. 그러니까 잘 아는 대로, 그 주체인 ① 마법사, 그가 사용하는 ② 마법, 그리고 그 마법으로 변형되거나 사라지는 ③ 대상의 세 가지가 있다.

한 가지를 더 말하라면, 마법사의 진짜 대상인 그 모든 것을 ④ <지켜보는 눈(관객)>이다. 그러나 우리의 <지켜보는 눈>은, "백문불여일견(百聞不如一見)"이라는 말에서 추론되는 것처럼, 그리 똑똑한 것이 아니다. 그래서 <마음의 눈>, <마음의 귀>라 할 수 있는 '논리(論理)와 이성(理性)' 즉 <과학적 사고>의 교육이 필요한 것이다. 인도에서는 그것을 <내부의 (감각) 기관>이라고 한다.

필자가 보기에, 이 영화의 하이라이트는 마지막 공연에서 <마법사 자신이 사라지는 마법>이다. 또 그것이 이 영화를 첫 번째로 추천하는 이유다.

잘 아는 대로, 우리가 흔히 보는 마법은 대상을 변형시키거나 사라지게 한다. 그러나 **<마법사 그 자신>을 사라지게 한다면**, 그런 마법이 진짜 마법이고, **그가 <진정한 마법사>라고 할 수 있다.**

영화 <일루셔니스트>는 스티븐 밀하우저의 소설 <Eisenheim the Illusionist>가 원작이라고 한다. "아이젠하임"이라는 이름도 흥미롭다. eisen은 <쇠(鐵)>, <얼다, 얼리다>의 뜻이고  heim은 <집(에), 고향(으로)>의 뜻이다. 아마도 그는 조상이 <철광산 지역(혹은 땅 밑 세계)> 출신이거나 <우리를 본향에 얼어붙게 하는> 마법사인지도 모른다.

하여튼 그는 <영화 속에서> 관객들에게, 그리고 <영화 밖에서> 그 영화를 보는 우리에게 묻는다.

**"<시간>과 <죽음>이란 것이 무엇일까요?"**

**우리 모두가 경험하는 이 <시간>이란 게 도대체 무엇인가?**

그러면서 아이젠하임은 다분히 - 아니, 당연히! - 우리의 "주관적이고 상대적인" 시간(의 느낌)을 <물체가 중력에 의해 떨어지는 속도를 조절하는 것>으로 가시적(可視的)으로 보여 준다.

우리에게 중력으로 물체가 떨어지는 일은 단지 <땅 위의 사건>일 뿐이다. 만약 중력이 없는 우주 공간에 우리가 있다면 물체가 떨어질 일은 없다. 그리고 어느 방향으로 떨어질 것인가? 상하좌우가 어디일 것인가?

잘 아는 대로, **시간은** <상대적인 것>뿐만 아니라 **<상상적인 것>이다!** 영화 <루시> 어쩌고저쩌고……하면서 <탄트라 사라>에서 다루었다.

☯

**파스칼 키냐르**는 <(기쁨의) 눈물들>에서 <수도사 루키우스(Lucius)>의 이야기를 들려준다.

겨울로 접어들어 혹독한 추위가 찾아왔다.

늙은 수도사 **루키우스**는 수도원장으로부터 숲에 가서 나무를 해오라는 지시를 받았다. 사제 식당의 난방용 땔감을 마련하기 위해서였다.

어깨에 도끼를 메고, 수도사 **루키우스**는 수도원 문을 나섰다. 숲으로 들어갔다. 그는 떡갈나무 숲에 눈독을 들였다. 그의 도끼질에 나무가 한 그루, 두 그루 베어져 나갔다.

갑자기 그가 도끼질을 멈춘다. 떡갈나무 고목의 낮은 가지에 울새 한 마리가 앉아 노래를 부르는데, 어찌나 아름다운지 꾀꼬리는 그 비교가 안 될 정도였다. 아무도 흉내 낼 수 없을 터였다. 명창인 티티새조차도.

울새의 목구멍에서 나와 대기 중에서 파열하는 **멜로디**가 어찌나 풍부하고 세련되고 숭고한지……

다른 새들도 밝아오는 새벽빛 속에서 그 노래를 감상하느라 입을 다물었고, 나뭇가지들도 하나같이 대기 중에서 미동도 하지 않았다. 숲 전체가 침묵한다.

수도사 **루키우스**도 꼼짝하지 않는다. 도끼가 손에서 떨어지고, 아연실색(啞然失色)케 하는 노래를 들으며 떡갈나무 아래 그대로 서 있다. 그는 넋이 나간다. 눈물이 흐른다. 마침내 노래가 끝난다.

그러자 수도사 **루키우스**는 베어낸 나무들 쪽으로 돌아온다. 그것을 보며 그는 놀란다. 구더기가 바글거리기 때문이다. 바닥에 흩어진 나뭇잎이 모조리 썩어서 검은 색이다. 그는 나뭇잎 사이에서 도끼를 찾는다. 손잡이는 먼지로 변해 있었고, 쇠는 녹이 쓸었다.

수도사 **루키우스**는 그 까닭을 알지 못한다. 겨우 새소리를 들었던 기억만 순간적으로 떠오른다.

그는 흐릿한 빛 속에서 쭈그리고 앉아, 녹슨 그 조각을 주워 주머니에 넣는다. 그는 수도원을 향해 간다.

수도원에 당도하자, 그는 문을 두드린다. 문지기 수도사가 쇠 창구를 열지만 그를 알아보지 못한다. 그러자 수도사 **루키우스**가 거듭 말한다.

"나는 수도사 **루키우스**요."

문지기 수도사는 이렇게 응수한다.

"글쎄, 여기 **루키우스**란 수도사는 없다오."

하도 고집(固執)을 부리자, 문지기 수도사는 다른 수도사를 부른다. 그도 작은 쇠 창구 너머로 그를 보지만 알아보지 못하고 웃을 뿐이다.

이제 수도사들 모두가 수도원 문에 난 쇠 창구 주위로 모여들고, 수도원장을 불러온다. 수도원장도 쇠 창구를 통해 그를 훑어보며 자초지종을 묻고는 마침내 이렇게 말한다.

"당신이 우리 교단에 속하며, 이 수도원에 대해 잘 안다는 사실도 인정하오. 그런데 **루키우스**라는 수도사가 대체 누구요?"

이때 수도원의 한 늙은 사제가 지팡이로 바닥에 깔린 포석을 두드린다. 모두 그에게로 몸을 돌린다. 그는 전에 옛 사제가 수도원 명부에 기록한 어떤 이야기를 읽었던 기억이 난다고 말한다. 옛 사제 자신도 (그 전) 옛 수도사에게 들은 이야기였다고 했다.

**루키우스** 수도사를 문 앞에 세워둔 채, 수도사들 모두가 늙은 사제를 따라 수도원의 도서실로 몰려간다. 그을음이 앉은 낡은 가죽 책들을 뒤적인다. 그중 곰 가죽에 **루키우스** 수도사라는 이름의 사제

이야기가 씌어 있었다. 나무를 하러 숲속에 갔는데 실종되었다는 것이었다. 날짜와 시간을 대조하고 이름을 비교하니, 이미 300년의 세월이 흐른 것이 판명되었다.

그들은 다시 수도원의 문으로 돌아와, **루키우스** 수도사에게 사과를 하고 그를 맞아들인다. 그리고 자신들이 읽은 것을 들려준다. 수도사 **루키우스**가 답한다.

"내게는 300년의 세월이 15분은 넘게 30분처럼 여겨진다오."

"15분이나 30분처럼 느껴진다고요?"

"30분."

"300년이 말인가요?"

"그렇소. 300년이 내게는 30분 같네."

그러자 한 수도사가 아는 체 한다.

"그럴 수 있어요. 우리가 노래를 들을 때, 육체는 흐르는 시간에 예속되지 않으니까요."

다른 수도사가 수정을 가한다.

"그 말은 논란의 여지가 있습니다. 육체(肉體)는 인간으로 육화된 시간이거든요."

이제 세 번째 수도사는 단언한다.

"전에 여기서 고독하게 살아가던 이교도(異敎徒) 수도사가 이런 말을 했답니다. '영혼(靈魂)이 새의 목소리에 귀를 기울이면, 영혼은 다른 세계로 옮겨 간다.'라고 말입니다."

그러나 수도사 루키우스는 자신을 측은한 눈길로 바라보는 동료 수사들을 바라보다가 아주 나지막한 소리로 묻는다.

"혹 <콧잔등이 하얀, 검은 새끼 고양이>가 돌아 온 걸 보지 못했소?"

(이런! 그것은 한때 그가 키웠으나, 이미 죽었을 텐데 어떻게 그런 말을……)

☯

사실 <이런 이야기>는 동서양을 막론하고 많다. "신선(神仙) 놀음에 도끼자루 썩는 줄 모른다." 즉 <선유 후부가(仙遊朽斧柯)> 설화 류 말이다.

우리는 이런 이야기를 읽을 때면 <환상 소설>로 분류해 버리고는 그냥 넘어간다. 한마디로, 참으로 <환상적(?) 사고>가 아닐 수 없다. 필자가 보기에, 그런 사람은 <'환상(幻像)의 마법사'가 펼치는 환상 (幻想)이라는 마법에 걸린 사람>이다.

만약 <시간이 단지 상상이라면, 즉 환상이라면>, <시간을 넘어선 상태, 시간이 없는 상태>가 실제의 상태일 것이다.

　"<시간>과 <죽음>이란 것이 무엇일까요?"

　이제 **우리 모두가 경험하게 될 <죽음>**이란 것이 도대체 무엇인지 알아보자.

　사실, 이번에 경험하게 될 죽음이 처음은 아니다. 결코 아니다. 단지 우리가 기억하지 못하고 있을 뿐이다. 마치 어떤 이들이 자신은 전혀 꿈을 꾸지 않는다고 하는 것과 같다. 모든 사람이 꿈을 꾼다. "닭, 개, 짐승조차도 꿈이 있다고(김소월 시)" 단지 그가 꿈을 기억하지 못할 뿐이다.
　그러니 이제 어떻게 <죽음>을 기억할 것인가?
　<꿈을 기억하는 일>은 잠들기 전 약간의 긴장만 하면 된다. '나는 (이제) 꿈을 기억할 것이다!' 아주 쉽다. 해보라. 쉬운 것부터 해야 한다. 그것이 요령이다. 그리고 꿈을 기록한다면 더욱 좋을 것이다.

　어쨌든 <꿈에 관심을 갖는 것>은 <내면으로 들어가는, 영성으로 들어가는 첫걸음>이다. <꿈을 꾸는 사람>에게만 필자의 이야기는 재미있다.

영화에서 여주인공 **소피**와의 사랑은, (마법으로) 그녀가 <죽는 것>으로 만들어, 황실과 귀족이라는 (많이 배웠고 힘이 막강한, 우리 사회의 실질적인 지도층인) <그들의 감시와 응징의 눈>을 따돌리고서야 이루어진다.

<영화 속에서>는 울 경감도 황태자도 속아 넘어가지만, <(영화 밖에 있는 우리의) 지켜보는 눈>은 아주 날카로워서 절대로 속아 넘어가지 않는다. 몇 가지 암시(暗示)나 **아이젠하임**의 <비밀 계획> 내지 마법(魔法, magic)을 기대하면서 말이다.

"마법사(Magus)"란 말에 대해서 너무 거부감을 가질 필요가 없다. 성탄절에 아기 **예수**를 찾아온 <동방 박사 혹은 현자(賢者)>들도 Magus였다.

☯

1957년 2월 16일 개봉된 영화 <**제7의 봉인**>에서 주인공인 기사는 성가족(聖家族)을 보호하기 위해 <**죽음의 주의(注意)**>**를 다른 곳으로 돌리는** 장면이 나온다.

그 영화에서 <기사>는 고해소에서 신부로 변장한 <**죽음**>에게 이런 고백을 한다. 사설(辭說)이지만, 이 기사처럼 진실하고 절실하고 간절해야 한다. <**죽음** 너머의 그 무엇>에 말이다.

"성실히 고해하고 싶지만, 내 가슴은 공허합니다. 이 공허는 (내 자신을 비추는) **거울**입니다. 거기서 내 얼굴을 보면… 역겹고 두렵습니다. 사람에 대한 무관심으로 문을 닫고 살았습니다. 이제는 환상에 갇혀 유령의 세계에서 살고 있습니다."

"그래도 죽고 싶지는 않겠지."

"아니, 죽고 싶습니다."

"그럼 무얼 기다리지?"

"**지식**(知識, **깨달음**). 확실히 **알고** 싶습니다."

"확실한 보장(保障)이겠지."


"마음대로 부르십시오.

**하나님**을 감각으로 느끼는 것이 그렇게도 어려운 것입니까? 왜 그는 그저 막연한 약속과 볼 수 없는 기적 속에 숨어 있어야만 합니까? 우리 자신도 못 믿는데 남을 어떻게 믿을 수 있겠습니까? 믿음을 갖고 싶어도 갖지 못하는 이에게는 무슨 일이 일어나게 됩니까?

왜 나는 내 안의 **신**을 죽일 수가 없죠? 왜 **신**은 내가 저주하고 도려내고 싶어 하는데도, 내 안에 애처롭게 살아 계십니까? 왜 <내가 결코 지울 수 없는, 비웃는 실재>로 남아 있습니까?

듣고 있습니까?"

"듣고 있지."

"나는 확실히 **알고** 싶습니다.

믿음이나 추정이 아닌, 확실한 **지식(경험)**을요.

나는 **하나님**이 그 손을 내밀고, 그 얼굴을 보여주고, **내게 말해 주기를 원합니다.**"

"하지만 **그는 침묵으로 있지.**"


"나는 어둠 속에서 **그**를 소리쳐 부르지만, 거기에는 아무도 없는 것 같습니다."

"어쩌면 거기에는 아무도 없을지도 모르지."


"그러면 삶 즉 인생은 의미 없는 공포뿐입니다. <모든 것이 아무것도 아닌 것>을, 허무(虛無)라는 것을 알면서 누가 **죽음과 함께** 살 수 있겠습니까?"

"**대부분의 사람들은 죽음이나 인생의 허무함도 잘 생각하지 않지.**"


"**삶의 언저리에 서서야 그 어둠**을 봅니다."

"암, <**그날**>에는."

"무슨 말인지 알겠습니다. 우리는 두려움 때문에 우상(偶像) 즉 신상(神像, 데오스 이마고)을 만들어야만 하고, 그것을 신(神)이라고 부르지요."


"몹시 심란한가 보군."

"오늘 아침 **죽음**이 찾아왔습니다. 저는 **체스**를 두자고 했고요. 이 유예(猶豫)로 저는 **생명**에 관한 일을 할 수 있게 됐습니다."

"무슨 일?"

**"제 삶은 아무 의미 없는 추구가 전부였습니다.** 가책도 쓸쓸함도 없지만, 결국 똑같다는 걸 압니다. 이 유예 동안 뜻깊은 일을 하고 싶습니다."

"그래서 **죽음**과 **체스**를?"

"그는 책략가이긴 하지만, 나는 지금까지 졸(卒) 하나 잃지 않았죠."

"어떻게 사신(死神)을 이길 건가?"

"**비숍**(bishop)과 **기사**(騎士)의 조합으로…… 그의 측면(側面)을 쳐부술 겁니다."

이때 신부로 변장했던 <**죽음**>이 그 얼굴을 드러낸다.

"그 말을 잘 기억해 두겠다."

이 불의(不意, 不義)의, 측면 공격을 당한 기사는 분노한다.

"배신자! 나를 속였군!"

참고로 영화에서 성가족을 상징하는 광대 가족의 **요프**는 요셉(<그가 취(取)하다, 더하다>)을, **미아**는 마리아를 의미하고 아기의 이름은 **미가엘**로 <누가 하나님과 같은가!>라는 뜻이다.

성경의 요셉은 "주(主)의 사자(使者)가 현몽(現夢)하여 가로되" 하시는 대로 "꿈에 지시(指示)하심을 받아" 아기와 그의 어머니를 데리고 **헤롯**을 피해 도망을 가고,

영화의 **요프**는 "환상(幻像)을 보고" 아기와 그의 어머니를 데리고 <죽음>을 피해 도망을 간다.

**꿈과 환상을 믿고 따르는 이들에게 복 있을진저.** 그들이 <(이 땅을) 취(取)하고>, <(이 땅에 영성을) 더할 것이다!>. 그리고 사실을 말하면, 모든 사람이 꿈을 꾸고 환상을 본다. 단지 그것에 주의(注意)를 기울이지 않으니 알아채지 못할 뿐이다. 그냥 멍청하게 있으면서 말이다.

이제 다시 **우리 모두가 경험하게 될 <죽음>이란 것이 도대체 무엇인지 더 알아보자.**

우선 <죽음>이라고 하면, 우리는 그저 <육체의 죽음>을 떠올린다. 그리고 그것이 전부다. 죽으면 아무것도 남지 않을 것이라는, 공(空)이라는 생각은 <나는 몸이다>라는 생각 때문이다. 그리고 또 그런 생각은 너무 <안타깝고 허무하기에> 우리는 몸은 죽으나 <나의 영혼>은 살아남을 것이라고 생각하게 된다. 또 그렇게 믿고 싶다. <이런 정도>가 우리 대부분의 상황이다.

혹시 <잠>이 <어떤 상태>인지 아는가?

"나의 **잠 현장(現場)의 경험으로**" 말이다. 그것을 "아는" 사람에게는 <죽음>의 비밀이 밝혀진 것과 같다. 그러나 여기서는 말(언어)로 표현해 본다.

"그러나 잠자고 있을 때, 문득 **잠은 오직 <나의 몸>에만 일어난 것이고 <나>에게는 전혀 아닌 것**을 (잠자고 있는 동안) 생생히 느끼는 <**그런** (이상하고 섬뜩한) **경험(經驗)**> 말이다."

<이런 잠 현장의 경험>이 있을 때만, 우리는 더 깊이 들어갈 수 있다. <죽음이 지금 일어나고 있는 현장의 경험> 속으로 말이다. 그때 느낄 것이다.

"죽어 가고 있을 그때, 문득 **죽음은 오직 <나의 몸>에만 일어나고 있고 <나>에게는 전혀 아닌 것**을 나의 몸이 죽어 가고 있는 동안 분명하고 생생하게 느끼고 아는 <**그런** (이상하고 섬뜩한) **경험(經驗)**> 말이다."

<그런 경험을 한 사람>은 아마도 없을 것이라고? 아니다. 인도의 **라만 마하리쉬**도 <그런 일>을 경험 했다. (**비갸나 바이라바**에서 다루었다.)

그래서 <영성 수련>이 필요한 것이다!

<잠>을 경험해 본 사람이 <잠>에 대해 잘 안다. **<죽음>을 직접 경험해 보는 것이 <죽음>을 아는 가장 빠른 길이다.**

이제 <죽음>과 <**명상**>과 <**사랑**>은 동의어라는 것을 다시 한 번 기억하자.

만약 **죽음**(을 수련으로 경험하는 것)이 두렵다면, **명상**으로 시작하라. 만약 명상이 어려운 것이라고 생각되면, **사랑**으로 시작하라. 그러나 사실, 명상이 가장 쉽다. 사랑은 실제로 굉장히 어려운 무엇이다. 우리는 사랑을 잘 모르기 때문에, 쉽다고 오해하고 곡해하고 있을 뿐이다.


<명상 수련>이 깊어지면, 어느 날 문득 우리는 영화 <일루셔니스트>의 결말처럼 <(저 황실과 귀족으로 상징되는) 감옥 같은 삶>을 따돌리고 <자유의 삶>을 구가(謳歌)할지도 모른다. 진정한 마법사의 도움으로 말이다.

**신**(神)은 이 세상을 **마야** 즉 환영(幻影)으로 만든 마법사다. 죽음도 삶도 **그**에게는 자유롭다. 그리고 이 마법사는 그 자신을 사라지게(?) 하여 우리에게 자신을 숨기고 있다.

필자가 이 영화를 추천하면서 소개하는 <진정한 환상의 마법사>는 곧 **신**(神)을 말한다. 이보다 더 굉장한 마법사가 있겠는가?

이 마법사가 (그 자신을 사라지게 하여 우리에게 자신을 숨기는 마법이) 얼마나 굉장한 것인지는, 온 인류가 증명하는 바다. 어떤 사람들은 아예 <그가 없다>라고 선언한다. 무신론자인가 물질주의자인가 하는 사람들 말이다.

그러나 이 마법에 관심이 조금 있는 부류는 그를 추적하기 시작했다. 이 영화에서 울 경감(警監)처럼 말이다. 이번에는 속아 넘어갔을지라도, 다음에는 그 마법의 비밀을 알 수 있을지도 모른다. 그들은 "저 멀리 계시는" <초월적인 신>을 믿는 이들이다. 이들은 <자신은 아직 신이 아니다>고 여긴다.

그리고 이 마법(魔法)을 알고 이 마야의 놀이를 즐기는 마법사들이 있다. 비록 소수지만, 이들에게 <신은, 임마누엘의 하나님으로, 내재적(內在的)인 것>이다. 이들은 자신이 곧 신성 즉 의식(意識)인 것을 알고, 이제 삶과 죽음 즉 나타나고 사라짐을 즐긴다. 이들이 일루셔니스트다.

## (2) <향수(香水)> - 어느 살인자의 이야기?

영화와 소설로서 <향수>는 필자의 <**뱀과 얼나 이야기**>에서 약간 다루었고, <**숭고미의 미학**>에서 후각(嗅覺) 때문에 다루었다. 여기서는 <거기에서 다루지 않은 것>을 중심으로 다룬다.

한마디로, 필자에게 작가 **파트리크 쥐스킨트**는 주인공 **장 바티스트 그르누이**를 "<**사랑의 향기**>를 날리는" 그리스도로 묘사하는 것으로 보인다.

"영화에서 분명히 사람을, 그것도 젊은 여자들을 죽이는데, 그런 살인자를 **그리스도**에 비교하다니! 정신이 나갔구먼."이라고 한다면 그 말도 맞을 것이다. 정신이 (아마 앞으로) 조금 나갔을 뿐이다.

성경이 말하는 **예수**와 **쥐스킨트**가 묘사하는 **그르누이**를 비교하면서 영화를 보거나 소설을 읽는다면 "사람을 살린다는 것"과 "사람을 죽인다는 것" 즉 **희생**(犧牲)에 대한 어떤 통찰을 얻을지도 모르겠다.

"나는 반드시 죽는다."는 말은 한편으로는 맞는 말이지만 완전히 틀린 말이기도 하고,

"나는 절대로 죽지 않는다."는 말도 또한 그렇기 때문이다.

이제 <성경의 예수>와 <향수의 그르누이>를 좀 비교해 보자. (정신 나간 일일지도 모르지만.)

먼저 그들 <이름의 인지도> 즉 명성부터……

<성경의 예수>는 2000년이 지난 오늘도 "**이름이 거룩히 여김을 받아서**" 온 세계 기독교도가 **주**라고 부른다. (꼭 그런 것만도 아닌 것 같은데, 영어에서 "Jesus (Christ)!"를 보면 이런 짐작이 틀리지 않을 것이다.) 하여튼 그의 이름은 잘 알려져 있다.

<**향수**의 **그르누이**>는 저자 쥐스킨트가 말하듯이 "**그의 이름은 오늘날 잊혀져 버렸다.**"고 한다. 왜냐하면 "단지 그의 천재성이 발휘된 분야가 역사에 아무런 흔적도 남기지 않는 냄새라는 덧없는 영역이었기 때문이다."

하여튼 그들의 출생부터 죽음까지 일곱 대목만 중요하다고 생각하여 비교적 간단하게 비교한다.

<**성경**의 **예수**>는, 우리가 잘 아는 대로, **마리아**라는 처녀가 정혼한 남자가 있었으나, 동침(同寢)이 없었는데 임신을 했다. 성경에서는 성령(聖靈)이 그 주범이라고 하는데, 우리로서는 <그런 일>이 워낙 <은밀(隱密)한 일>이어서 잘 알 길이 없다.

그러나 그는 맏이로 태어났고, 분명히 **<거룩한 영(靈)>**이 관여한 일이라고 한다.

**<향수**의 **그르누이>**는, 이름도 없는 20대 중반의 젊은 여인이 다섯 번째 가진 아이였다. 물론 그의 아버지가 누구인지 알 수 없으므로, - **쥐스킨트**가 알았더라면 기록하지 않았을 리가 없다! - 우리는 그냥 **<운명의 신(神)>**이 그렇게 했다고 하자.

**❷**

**<성경**의 **예수>**는, 배부른 여인을 데리고 고향에 간 남자가 여관이 없어 마구간에서 몸을 풀게 하고 구유에다 뉘인 아이였다고 한다. 냄새가 좀 났지만, 그쯤이야, 동방에서 박사님들이 찾아올 것을 생각했다면 참을 수 있었을 것이다. 물론 들에서 양을 치던, 냄새나는 목자들도 찾아왔지만, 지금 우리의 **크리스마스** 모임에는 **<냄새나는 사람들>**은 금해야 한다.

12월 25일에 태어나 전 세계의 성탄절(聖誕節)이 되어, 매년 우리네 상가(商街)에 활기를 주고 있다.

**<향수**의 **그르누이>**는 "악취가 가장 심한 곳"인 **파리**, 그 중에서도 **이노셍** 묘지라는 "800년 동안 시립병원과 주변의 교구에서 온 시체들이 묻힌 곳"

에서 태어났지만, 생선 장수를 하는 그 어머니는 손에 칼을 들고 있었고, 그는 태어나자마자 악취가 진동하는 생선 내장 가운데로 버려졌다.

7월 17일에 태어나, 우리나라의 제헌절(制憲節)과 같이, 단지 그의 짧은 삶에 기초를 놓았을 뿐이다.

**❸**

<**성경**의 **예수**>는 아주 어릴 적 부모와 **애굽**으로 도망가서 살다가 돌아와, 북쪽의 **갈릴리** 지방에서 활동을 하다가, 남쪽 **예루살렘**에서 죽었다.

그가 죽은 날은 확실치 않은데, 그것은 부활절이 해마다 <춘분 뒤 보름달이 뜬 후 첫 일요일>이기 때문이다. 그러나 금요일 (오후 3시 경)이라는 것은 확실한데, 온 세계의 <성 금요일>이기 때문이다.

<**향수**의 **그르누이**>는 어머니가 영아 살인죄로 참수를 당했고, 고아원과 무두장이 집에서, 그리고 **발디니**에게 있었고, 남쪽 **그라스**로 가서 향수 제조 활동을 하다가, 북쪽 **파리**에서 죽었다.

그가 죽은 날은 6월 25일이라고 해야 할 것인지 모르겠다. 그날 그는 자신이 태어난 **이노생** 묘지로 갔고, 자정이 지나서야 성찬식에 참석할 사람들이 모였기 때문이다. 하여튼 우리나라는 그의 죽음과 상관없이 그날을 <6.25 사변일>이라고 부른다.

**❹**

　<**성경**의 **예수**>는 "(심성이) 아름다운" 열두 명의
남자를 골라 그들의 삶(Life)을 희생시켰고, 그들을
통해 우리는 예수가 말한 "**사랑의 향기**"를 접할 수
있게 되었다.

　<**향수**의 **그르누이**>는 "(향기가) 아름다운" 스물
다섯 여자를 골라 그들의 생명(Life)을 희생시켰고,
그들 때문에 그가 만든 "**사랑의 향기**"라는 향수를
우리는 알게 되었다.
　(그러나 위 둘의 "사랑의 향기"는 전파 강도와
속도와 범위에서는 차이가 있어, 장단점이 있다.)

**❺**

　<**성경**의 **예수**>는 <죄인인 여인>이 가져온 <삼백
데나리온 값어치의 향수>를 붓게 하여 자신의 장례
치레를 했다고 전한다. 이런 장면을 본 사람들은
분개하여 이렇게 말했다고 한다.
　"이것을 팔면 삼백 **데나리온**도 더 받을 것이고,
그 돈을 가난한 사람들에게 나눠줄 수 있을 텐데."
　그리고 필자가 들은 바로는, 이런 말도 했다고
하니, <로고스의 화신>도 난감했을 터!
　"<장례치레>? <'다시 살아난다'는 사람>이 무슨
장례치레 운운(云云)을?"

&lt;**향수**의 그르누이&gt;는 &lt;죄인이 된 자신&gt;이 만든 &lt;스물다섯 생명의 값어치의 향수의 남은 분량&gt;을 자신에게 부었다. 이 장면을 읽고, 보면서 필자는 속으로 이렇게 중얼거렸음을 고백한다.

"&lt;저런 **프랑스제**(制) 향수 한 병&gt;이라도 – 굳이 **그르누이사**(社) 제품이 아니라도 좋다! – 아내에게 선물할 (마음의) 여유가 있었더라면…… 그렇지만 앞으로도 없을 거야."

### ❻

&lt;**성경**의 예수&gt;는 (우리의 죄 때문에) 사형장의 십자가 위에서 "**사랑의 향기**"를 날리면서 죽었다. 나중 다시 살아났다고 한다. &lt;그의 죽음&gt;에 대한 광경은 성경 기자(記者), 신학자, 많은 예술가가 글, 그림, 영화, 음악으로 그려 내고 있다.

&lt;**향수**의 그르누이&gt;는 (그의 죄 때문에) 사형장의 십자가 앞에서 "**사랑의 향기**"를 몇 방울 날리고는 죽지 않았다. 나중 죽었다. &lt;그의 죽음&gt;은 오로지 쥐스킨트와 필자와 겨우 몇 사람이 기억할 뿐이다.

아니, 아니다. 우리나라에서도 독자들이 열광하여 책을 100쇄나 찍었다고 하고, DVD와 **블루레이**도 나왔으니, 책과 이것들은 **그르누이**를 영원히 기억하리라.

❼

　<성경의 예수>는 **떡과 포도주를 가지고** 자기의 살과 피라며 **"상징을 사용하여"** 제자들에게 주었다. 자신의 사랑을 나눠주는 **품격 있는**, 고귀한 행동이 아닐 수 없다.

　<향수의 그르누이>는 그렇지를 못했는데, 그는 **"상징"**이 무엇인지도 몰랐고, 성찬식에 참석한 사람들도 품격 있는 행동을 하지 못했다. 그저 고기를 뜯기에 바빴기 때문이다.

　그러나 예수와 그르누이 두 사람이 남긴 **사랑의 향기** 때문에, 그 살과 피를 먹고(혹은 뜯고) 마신(혹은 빨아먹은) 사람들은 차츰 내면에 어떤 변화가 온 것은 사실인 것 같다.
　성경 기자들은 쥐스킨트만큼 사실적(寫實的)이지 않은데, 아마도 그 놈의 "상징" 때문일 것이다.

　"여기 있는 사람들은 남자나 여자나 한 번쯤은 살인이나 그보다는 작은 범죄를 저질러 본 경험이 있었다. 하지만 **사람을 먹어 치우다니?**
　자신들이 <그런 일>을 저지를 수 있으리라고는 생각지도 못했다. 그런데도 이토록 쉽게 <그 일>이 일어난 것에 대해 모두 놀라고 있었다.

또 당혹스러운 것은 사실이지만 조금도 죄책감이 들지 않은 것에 그들은 또 한 번 놀랐다. 오히려 그 반대였다! 모두 뱃속이 약간 더부룩하긴 했지만 **마음은 날아갈 듯이 가벼웠다. 자신들의 음울했던 영혼이 갑자기 밝아졌다. 그들의 얼굴에는 수줍은 아가씨 같은 달콤한 행복의 빛이 떠올랐다.** 아마도 그랬기 때문에 그들은 감히 눈을 들어 서로의 눈을 들여다볼 수 없었을 것이다.

그러다가 처음에는 은밀히, 잠시 후에는 공공연하게 **다른 사람의 얼굴을 쳐다보며 미소를 지었다. 이상할 정도로 당당한 기분이었다.**

그들이 **사랑에서 비롯된 행동**을 하기는 이번이 처음이었던 것이다."


<그런 모습>을 보고 있던 틱낫한(釋一行) 스님은 붓을 들었다. 그리고 단숨에 써내려간 것이 우리가 이미 잘 아는 <**마음에는 평화, 얼굴에는 미소**>라는 책이다.

(이런, 그런 게 아니라고요? 그렇지만 도인들은 본래 시공간을 쉬이 넘나드는 법(法) 아닙니까? 또 그래야 도인이고……)

## (3) <천국의 아이들> - 유로지비들!

한마디로, 이 <영화의 주제>는 이것이다.

**진실로 너희에게 이르노니**
**너희가 돌이켜**
**어린아이들과 같이 되지 아니하면**
**결단코 천국에 들어가지 못하리라**

I tell you the truth,
**unless you change**
**and become like little children,**
you will **never** enter······.

그리고 <이 말씀의 가장 좋은 해설>은 아마도 이 영화일 것이다. 다른 어떤 설교보다도 말이다. 또 이 경문은 필자가 이 책과 다른 책에서 몇 번이나 다룬 것이다.

스웨덴의 감독 잉마르 베리만의 영화 <화니와 알렉산더>의 마지막 장면에서 헬레나는 에밀리가 선물한 아우구스트 스트린드베리이의 <**"꿈" 연극** (ett drömspel, **꿈 놀이**)>의 한 구절을 읽는다.

"(꿈에서는) 무엇이든 일어날 수 있고, 모든 것이 가능하다. **시간과 공간을 초월하여** 사소(些少)한 <현실>이라는 바탕 위에 **상상(想像)을 엮어 가면서 새로운 문양(紋樣, 模樣)을 짜 나간다.**"

현대사의 격동기에 예술가로 살면서 변방에 유배당한 예술가의 고통을 나직이 고백했던 베리만은 **어린 시절의 가슴 떨리는 원초적 경험으로 돌아가 상상력만이 구원**이라는 만년의 깨달음을 남겼다.

예수가 들려준 <천국에 대한 여러 비유> 중에서 필자에게 으뜸은 당연히 <어린아이들의 비유>다. (**<소와 참나 이야기>**에서 다루었다.)

**너희가 돌이켜 – 변하지 않으면 –
어린아이들과 같이 되지 아니하면
결단코 천국에 들어가지 못하리라**

<어린아이들과 같이 되지 않는 상태>라는 것은 <어른으로, 성인(成人)으로 있거나 사는 것>이다. 우리말에서 "어른스러움"은 유치(幼稚)하지 않은 것으로 좋은 뜻일 수 있지만, "성인(成人)"이란 말은 그렇지도 않은 것 같다.
예수는 탄식(歎息)을 한다.

## 사악하고 음란한 세대가 표적을 구하나

A wicked and **adulterous** generation
  seeketh after a sign,

위 "음란한"으로 번역된 영어의 "adulterous"는
아마도 "adult(어른, 성인)"의 형용사형이 아닐까
싶다. "어른스러운, 성인다운"의 뜻일 것 같은데,
사전의 뜻은 <간통의, 불륜의, 불법의, 섞음질한,
불순(不純)한, 가짜의>다. 영어 "adult"와 관련된
파생어들은 좋은 뜻이 없는 것 같다.

**예수**는 <어린아이들의 세대>와 대조되는 <그런
사람들>을 싸잡아서 <사악하고 음란한 세대>라고
한다. 구약에서도 <(야훼의) 영성과는 다른 길>을
간 사람들을 <우상(偶像)과 간음(姦淫)한 관계>로
묘사한다.

잘 아는 대로, 어린아이들은 아직 <성징(性徵)이
뚜렷하지 못하여> 그럴 수가 없다. 그리고 그렇기
때문에 인간과 동물의 아기가 <귀여운> 것이기도
하다.

하여튼 어린아이는 순수(純粹)하다. 그것이 동서
고금의 입장이다. 어른이 어린아이들을 속이기는
아주 쉬운 일이다. 그래서 그런 <어린아이와 같은
어른>을 우리는 "바보"라고 부른다.

그런 <어린아이와 같은("바보 같은") 어른>들이 있었으니, **러시아**에서는 그들을 <거룩한 바보>라는 뜻으로 "유로지비"라고 불렀다.

**톨스토이**의 <전쟁과 평화>에서도 그들은 보이고, <부활>에서도…… 잘 아는 대로, <백치(白癡)>라는 말 자체가 그런 사람을 말한다.

<그런 "바보 같은" 사람>이 <교양과 품위 있는 어른들이 모인 곳>에서 하는 말을 잠시 들어보자.

(<그런 곳>에서는 제발 입 다물고 조용히 있기를 우리는 바라지만…….)

☯

순간 공작이 의자를 박차고 일어서자, 노관리는 아까보다 훨씬 불안한 시선으로 공작을 바라보며 그를 제지하려 했다.

"내 말 좀 들어보세요! 나도 <말만 하는 것>은 좋지 않다고 봅니다. 그보다는 모범을 보이며 실행하는 편이 낫지요……. 나는 이미 시작했어요…….

그리고, 그리고 이 현실 속에서 인간이 진정으로 불행해질 수 있다고 보는가요? 오, 정말이지, 만일 내가 행복할 수 있다면, 나의 슬픔과 불행이 무슨 문젯거리가 되겠습니까?

나는 나무 옆을 지나가며 행복을 느끼지 못하는 사람을 도무지 이해할 수가 없어요. 도대체 그런 사람들은 뭘 보고 다니는 거지요? 사랑하는 사람과 얘기를 나누며 행복을 느끼지 못한다는 게 말이나 **됩니까!** 아, 내가 모든 걸 표현해 낼 능력이 없음을 한탄할 따름입니다……

**이 발을 내디딜 때마다 얼마나 아름다운 사물이 펼쳐지나요?** 심지어 그런 것을 잊고 살아가던 사람조차 그 아름다움을 발견해 내곤 하지 않습니까?

**어린아이를 바라보세요, 신이 선물한 아름다운 노을을 바라보세요, 풀잎이 어떻게 자라고 있는지 바라보세요, 당신을 쳐다보며 사랑하고 있는 눈을 바라보세요……."**

공작은 이렇게 말하며 꽤 오랫동안 서 있었다.

아마도 **<천국의 아이들>**은 필자가 가장 아끼는 영화 가운데 하나다. (필자가 잘 모르는) 어떤 이가 영화 한 편만을 추천해 달라고 한다면 이 영화를 추천하리라.

필자의 어린 시절을 보는 것 같다. ― 특히 중, 고교 시절 점심이나 저녁을 먹지 못해 배가 고플 때면 학교 수도꼭지를 틀어 그렇게 물을 마셨으니 말이다. 그리고 중2 때의 어떤 달리기도……

여기서 아버지는 성부(聖父), **알리**는 성자(聖子), 그리고 동생("同生") **자라**는 참으로 귀엽고 똑똑한 악마(惡魔, **사단**, 사탄)다. 그녀의 헌 구두 때문에 이 모든 사단(事端)이 일어났으니 말이다. **자라**는 결코 <미워할 수 없는 악마>다. 그것은 동생 즉 <같이 살아가야 할 존재>이기 때문이다. (그러므로 아버지와 **알리**, **자라** 모두 **유로지비**다. 바보다.)

이 영화의 압권(壓卷)은 아무래도 마지막 장면일 것이다. 가난한 이들이 세(貰) 들어 사는 집 마당 한가운데는 <공동으로 쓰는 둥근 **빨래터**(수조)>가 있고, 그 안에는 물이 가득하고 금붕어들도 있다. 그 가에는 수도가 있다. 그것은 필자에게는 당연히 훌륭한 **만달라**로 보인다.

반드시 3등을 해서 새 운동화를 신게 해 준다며 "이 **오빠**를 믿어 봐."라고 큰소리까지 친 **알리**는 동생 **자라**에게 그것을 해 주지 못한다.
감독은 그 안타까움을 <아버지의 자전거에 실린 **자라**의 새 구두>를 보여 줌으로써 우리에게 안도의 한숨을 쉬게 한 후, 마지막 장면을 보여 준다.

(이 <아버지의 자전거에 실린 **자라**의 새 구두> 장면에 대해서는 조금 후에 다루기로 하자.)


마지막 장면은 한 마디의 말도 없이 이루어진다.

수돗가에는 **자라**가 아기 우유병을 물로 헹구고 있다. 대문을 여는 소리가 들리자 **자라**가 그쪽을 본다. **알리**가 힘없이 들어서면서 **자라**를 보자 그는 그만 문간에 기대어 멈춘다.

**자라**가 일어서서 오빠를 향하자, **알리**는 고개를 들지 못하고 두 손을 만지작거리며 죄인처럼 **자라** 앞으로 가서 선다. **자라**는 상황을 파악한 듯 이제 다시 신어야 할 오빠의 그 운동화를 내려다본다. **알리**는 한숨을 쉬고.


그때 방 안에서 아기가 칭얼대는 소리가 들리자 **자라**는 우유병을 챙겨 달려가 버린다.

**알리**는 수도꼭지를 틀고 마른 목을 축인 후 수도꼭지를 잠그며 방 쪽을 보면서 소매로 입을 닦고는 둥근 수돗가에 걸터앉는다.

그리고는 운동화를 벗어던진다. 운동화 바닥은 한 쪽이 떨어져서 너덜거린다. 발의 진물과 하나가 된 양말을 벗느라고 그는 얼굴을 찡그린다.

발 곳곳이 부르트고 살갗이 벗겨져 있다. **알리**는 두 발을 하나씩 물에 담근다.

(다음 순간, 마당 위 공중에서 내려다본 장면이 나온다. 그것은 잊지 못할 하나의 **만달라**가 된다.)

그는 무릎에 두 팔과 얼굴을 대고 엎드려 있다.

(그리고 가장 인상적인 장면……)

상처투성이의 **알리**의 발 가까이로 금붕어 떼가 몰려들어 헤엄친다.

(그리고 그 물고기 떼는 필자에게는 "**익투스**"로 보인다. <**하나님의 아이들**> 말이다.)

☯

[언젠가 옆에서 같이 영화를 본 이진흥 시인은 "군더더기 하나 없는 영화"라고 평(評)했다. 아마도 <영화로 된 시(詩)>(?)라는 의미가 아닌가 싶다.]

이제 <아버지의 자전거에 실린 **자라**의 새 구두> 장면과 관련하여……

필자는 가끔 '그 장면을 **뺐**더라면……' 하고 생각한다. 그러면 우리의 가슴은 너무나 쓰리고 아플지 모른다. 그래서 어떤 이는 미완(未完)의 작품이라고 하면서, 마음속으로 나름 어떤 것을 상상하여 넣으면서 **해피엔드**로 만들지도 모른다.

사실 영화나 소설에서는 그런 장면은 넣을 수도 있고 **뺄** 수도 있다. 그러나 우리의 이 현실에서는 그런 장면을 넣기가 불가능하다고 생각할 것이다. 정말로 그런가?

우리는 그런 장면을 실제로 어떻게 넣고 있는가?

예를 들어, 사랑하는 이가 너무 안타까운 죽음을 당했다. 그가 어린애를 둔 젊은 어머니라고 하자. 그때 우리는 어린아이에게 <엄마는 죽었고, 이제는 없다>고 하지 않는다. 우리의 상상력으로 <엄마는 천국에 갔고, 나중 다시 만날 수 있다>고 한다.

그래야 한다! 그것이 어린 우리가 정신적 충격을 이겨낼 수 있는 방법이고, 또 아름다운 일이다.

"사도 **요한**"이라고 부르는 젊은 사람에게는 젊은 예수의 죽음을 <멀리서> 바라볼 여유가 없었다.

우선 자신에게 맡겨진 <예수의 어머니> 마리아의 마음을 위로하는 일부터가 그랬다. 그 **저주(詛呪)의 십자가형(刑)을 볼 때부터** 말이다. 그것은 엄연히 성경에도 나오는 "**저주**"였다.

**나무에 달린 자**는 하나님께 **저주**를 받았음이라.
**나무에 달린 자**마다 **저주** 아래 있는 자라.

그는 그 **저주 받은 자** 대신에 <마리아의 아들>이 되어야 했다. 그리고 세월은 흘렀다. 그러나 그는 그 **저주**에서 벗어날 수 없었다. **그는 생각을 했고, 그 생각은 상상을 낳고, 상상은 환상을 낳았다.**

그는 **저주**를 **복**(福)으로 바꾸어야 했고, **사실**을 **진실**(眞實)로 대체해야 했다.

<이 세상에서 실제로 벌어진 **예수**의 영화>에서 빠진 부분을 채워야 했다. **예수**는 실패자가 아니다. 그 미완(未完)의 이야기를 메꿔야 했다. 그의 상상으로 말이다. 그것이 **요한계시록**이다. 그것은 읽고 또 읽어야 할 <**진실의 보고**(寶庫)>다.

그리고 그것이 **그의 사랑의 표현**일 것이다. 요한이라는 자신의 이름의 의미 말이다.


사도 요한도 사실은 유로지비이다. 예수처럼.

그리고 둘 다 <**천국의 아이들**>이다.

# 제 5 장

# "이 세상"이라는 꿈(영화)


### < 1 > <꿈 몇 편>과 <꿈과 죽음>


가만히 생각해 보면 - 누구나 그럴 것이다. - "나의 지나온 삶이 꼭 꿈같다!"는 것을……

만약 나의 이 삶이 한바탕 **꿈**같고 또 **영화** 혹은 **연극(놀이)**처럼 보인다면, 그러나 그렇게 극적(劇的)이지도 않고 재미없는.


셰익스피어는 <한여름 밤의 꿈>에서 말한다.


"아무리 뛰어난 연극(**영화**)도 그림자에 불과해요. 최악인 연극(**삶**)도 **상상력**(想像力)**으로 보충해 주면** 최악은 아니라오."


(<그런 의미>에서라면, <빅 피쉬(Big Fish)>라는 영화도 볼만하다.)

# < 1 > <꿈 몇 편>과 <꿈과 죽음>

우선 <화산(化山) 선생님>이 30대 초, 그 가정에 어떤 위기가 찾아왔을 때 꾼 꿈이다. (시골 한 동네에서 살고 있고, 30여 년을 알고 지내며, 필자는 한때 그를 '도사님'이라고 불렀다.)

밤새도록 잠을 잘 못 이루다가 잠이 들었다.

나는 어떤 절에서 친(親)했던 주지(住持) 스님을 죽였다. 그리고는 겁이 나서 산을 몇 개나 넘고 또 가시밭길을 지나면서 멀리, 멀리 도망갔다.

한참을 그렇게 달리다가 어느 산자락에서 한숨을 돌리는데, 둘러보니 작은 논이 있었고 벼가 노랗게 익어 있었다. 나는 '이것으로 씨라도 해야 된다.'고 생각하여 **한 움큼**을 훑어 웃옷 주머니에 넣었다.

그리고는 다시 산을 넘고 가시밭길을 지나 멀리, 멀리 도망가다가 잠을 깼다.

위 꿈은 필자가 <꿈에 관한 이야기>를 했을 때, 그가 옛날에 꾼 꿈이라며 얘기해 준 것을 필자가 대신 기록한 것이다. 일종의 <부성(父性) 살해>의 꿈이다. 주지승은 절에서는 보호자이자 아버지다. 그리고 영성, 불성(佛性), 혹은 우리 속에 내재하는 본성을 말할 것이다. 이 꿈을 꾼 이는 자신의 내면 그 한 부분을 죽였다. 살해했다. 그리고 도망간다. 멀리, 멀리로……

그러나 아직 희망은 있다. 그가 잠시 쉬는 동안, <생명의 씨앗>을 **한 줌** 훑어 넣어 가지니 말이다.

아래의 꿈은 필자가 꿈의 중요성을 이야기한 후 <처음으로(?) 가져온 꿈>이다.

내가 어떤 절벽에 매달려 떨어지려 하고 있었다. 누군가가 절벽 위에서 손을 내밀어 나를 잡아 주려 하고 있었다.

그러나 그 손은 <힘이 들어가 있지 않은 힘없는 손>이었다. (2000. 11. 9. 목요일)

이 꿈을 읽으면 몇 가지 이야기가 떠오른다.
저 유명한 <불교의 우화>도 떠오르고, 어릴 적 어디서 들은 수수께끼도 떠오른다.

구원의 해결책은 한 가지다.
꿈에서 깨어나면 된다. 이 세상이 마치 꿈처럼 보일 때, 이 세상이라는 꿈을 깨어나면 된다!
(그 방편들이야 **비갸나 바이라바** 등에서 수없이 다루었다.)

그러나 우리의 <화산 선생님>은, 필자가 보기에, **게으르다**. 무엇을 은근슬쩍 미루고, 자신을 속이는 데는 '도사'인 것 같다!

오래 전 필자는 <어떤 것>을 권유했고, 그는 말했다. "십년 전에 들었으면 했겠지요."

십여 년 뒤 그 <어떤 것>을 다시 권유했고, 그는 말했다. "십년 전에 들었으면 했겠지요."

내가 십년 전에 똑같은 말씀을 하셨다고 했더니, 그는 무척 놀라는 것 같았다.


프랑스의 문호 **빅토르 위고**는 <레 미제라블>의 "곁말(Argot" 즉 <속어(俗語) 혹은 은어(隱語)>라는 장에서 이렇게 말한다.

"피그리티아(Pigritia, **게으름**)는 무서운 말이다.

이 말에서 la pègre 즉 <'**도둑(질)**'의 세계>와 la pègrenne 즉 <'**굶주림**'이라는 **지옥**>이 태어난다.

그렇게 '**게으름**(나태, 懶怠)'은 그 어머니다.

이 어머니에게 '**도둑(질)**'이라는 아들과 '**굶주림**' 즉 '**빈곤(貧困)**'이라는 딸이 있다."


필자에게 **게으름**은 <자신의 '영적인 **굶주림**'>과 <다른 이들(**붓다**, **예수** 등)의 영적인 경험을 '마치 자기의 것인 양 떠벌리는(속이는) **도둑(질)**'>이다.

당연히 '영적인 부유(富裕)'는 신성(神性)이다.

그러나 빅토르 위고는 그 책의 제목을 <레 미제라블>로 했다. "**아, 슬프(도)다!**"라고 말이다. 그의 **인간을 향한 측은지심**(惻隱之心)**이 몹시도 그립다.**

각설하고, 여기서는 영적인 **게으름**으로 돌아가자.

어떤 이야기가 생각난다.

한때 악마가 인간들이 지옥에 오기를 기다리고 기다렸으나, 아무도 오지 않았다. 세상이 잘 돌아가 – 인간들이 너무 착해 – 지옥이 불황(不況)을 맞은 것이다.

그는 걱정이 되어 비상회의를 소집했다. 지옥은 큰 위기에 봉착했고, 무언가 조치를 취해야 했다. 참모들이 모였고, 그가 물었다.

"우리가 어떻게 해야 하겠는가?"

한 참모가 제안했다.

"제가 가서, 신(神)이란 없고 성경의 말은 헛소리라고 하겠습니다." 그러자 그가 말했다.

"그건 별로야. 그런 일은 우리가 쭉 해온 것이고, 별 영향을 주지 못했어."

그러자 두 번째가 말했다. 그는 첫째보다는 더 교활했다.

"저는 가서, 성경의 말씀은 옳다고 하겠습니다. 다만 천국과 신은 있지만, 지옥과 악마는 없다고 하겠습니다. 그들로 **덜 두려워하게 한다면**, 그들은 종교에 대해 전혀 신경 쓰지 않을 것입니다. 왜냐하면 세상의 종교는, 보험회사들처럼 <불안(不安)장사>를 하고 있기 때문입니다."

"네 의견은 좀 더 낫다. 그러나 소수의 사람만 납득시킬 뿐이야. 대다수는 이 지옥을 두려워하는 것이 아니라, 천국을 간절히 바라는 거야. 그러니 천국에 들어가기 위해 살 거란 말이야."

마지막으로 세 번째가 말했다. 당연히 그가 가장 교활했다.

"제게 묘안이 있는데, 저는 성경이 말하는 것은 모두 진리라고 하겠습니다. 신도 있고 악마도 있고, 천국도 있고 지옥도 있다고 말입니다.

**그러나 <서두를 것은 없다!>고 속삭이겠습니다. <그리 급(急)할 것은 없다!>고요."**

그러자 악마가 무릎을 쳤다.

"옳거니! 네가 <확실한 방법>을 가졌구나. 네가 가거라!"

들리는 소문으론, 그때 이후로 지옥에는 위기가 없었고, 오히려 인간들로 넘쳐서 걱정이라고 한다.

이런 것이 <우리의 마음이 작동하는 방식>이다. **우리는 <영성 훈련>이나, 뭐 그런 것들은 미룬다.**

**그리고 또 <우리의 이 마음이 간교할수록> 멀리 미루지도 않는다.**

"좋다, 내일부터 하지!"

"조만간 시간을 내어 곧 하지!"

그리고는 <우리 눈앞에 늘 늘려 있는 대상들>에 – 집안일, 바깥일, 인간관계, TV 등에 – 몰두한다. 그리고 그 <내일>이 오면 또 <내일>로 대치되어, 그 <내일>은 영원히 <지금>이 되지 않는다.

**"스스로 속이지 말라!**
 **사람이 무엇으로 심든지 그대로 거두리라."**

인생에서 <진짜 중요한 것을 미루려는 생각>이 들거든 그것을 <교활한 악마가 속삭이는 소리>로 들어라.

그런 마음 때문에 우리는 지옥 같은 삶을 살고 있는지도 모른다. 이 마음이 악마이고, 지옥이다. 다른 지옥은 없다.

[이 글을 쓰고 있는 지금은 2020년 9월이다. (위 꿈을 꾼) <만추(晚秋)의 화산(化山)>에도 **한 움큼**의 따사로운 햇살이 내려앉기를 간절히 바란다.

혹 이 글이 책으로 출판되어 읽을 때쯤이면 그는 일흔 중반을 넘어갈 것이다. (사실 그 나이도 <수천 년 된 영혼>에 비하면 나이랄 것도 없지만.)

언젠가 그가 자기 집은 지옥이라고 한 것을 들은 적이 있다. 그 말은 아직도 여전히 필자의 마음에 남아 있다. 문득 <어떤 책(의 제목)>이 생각난다. <우리는 다시 만나기 위해 태어났다!>]

☯

다음은 위에 소개한 <여선사(女禪師) 이오(李吳, Ionia) 선생님의 장례 일기>이다. 그녀는 시인 노아 (老兒, Noah) 이진흥 선생님의 부인이다.

(같이 꿈 공부를 하면서 건네받은 것으로, 약간 고쳐 옮겼다.)

### 2008년  7월 29일 화요일

오전 10시경 은서(손녀)를 데리고 남편과 병원에 갔다. 505호실, 어머니는 평소와는 달리 계속해서 통증을 느끼고 계시는 듯했다. (산소호흡기, 커다란 산소 **탱크**, **링거**, 혈압과 맥박을 측정하는 장치로 온통 덮여서⋯⋯) **마치 <다른 세계>, 결코 소통할 수 없는 어떤 거리감에 휩싸여** 나는 간신히 차가운 손과 발을 만져보았다. 수간호가가 눈짓으로 나를 불렀다. 의사를 만나보라는 것이었다.

<이번은 지난 경우와는 다르다. 이젠 보호자들이 마음의 준비를 해야 한다. 보통 어르신들은 2-3일 정도는 더 갈 수 있는데, 어머님의 경우는 완전히 노환이고⋯⋯ 며칠 더 견딜 가능성은 있다. 그러나 지금 혈압이 좀 떨어지고 있으니 정확하게 예측할 수는 없다>는 요지의 얘기를 했다.

나는 **갑자기** - 지금까지 예상은 하고 있었지만 - **<멍한 상태>가 되어**, 무슨 말을 해야 할지 알 수 없었다. 단지 "통증이 심한 것 같으니 통증을 완화시켜 줄 수 없느냐?"고 물었다. 의사는 어제 오후 통증을 느끼기 시작해서 <진통 **패치**>를 붙였지만 별 효과가 없는 것 같고, 더 이상 진통제는 생명과 직결되므로 의사로서 쓸 수 없는 것이 미안하다고 거듭 말했다. 나는 의사에게 가벼운 목례를 하고 또 곁에 서 있던 수간호사의 손을 살짝 잡았다가 놓았다.

나는 병실로 들어갈 수 없었다. 옆의 휴게실이 마침 비어 있었다. 나는 창 쪽 벽에 기대어 주체할 수 없이 흐르는 눈물을 닦고 닦았다. **아무 생각도**

**나지 않는데** 자꾸만 눈물이 났다. 몇 번을 병실 앞으로 갔다가 어머니 모습을 슬쩍 보고는 돌아왔다. **시간이 얼마나 지났을까?**

가족실에 가 있던 남편이 은서를 데리고 내게로 들어왔다. 은서를 보니 좀 진정이 되는 것 같았다. 은서를 데리고 어머니 병상 옆으로 갔다. 은서는 아무 두려움도 없이 침대를 흔들어 보고 침대 옆의 사물함을 열고 이것저것을 만진다. 이제 어머니의 숨소리가 아까보다 한결 작아진 것 같다.

점심시간이 되어 병실이 분주해졌다. 어머니의 손과 발은 너무 차가워서 나는 **높은 벽에 막힌 듯 어머니와 소통될 수 없는 거리를 느끼면서** 병실을 나섰다. 간신히 간병사에게 간다고 인사했다. (지금까지 나는, 어머니가 알든 모르든 엄마를 부르며 나는 집에 간다고, 내일은 언니가 오고 모레 다시 오겠다고 해 왔는데, **이 날은 한 마디도 어머니께 직접 말을 할 수가 없었다.**)

집에 돌아와 평소처럼 전화로 큰 언니에게 엄마 상태를 얘기하고 또 동생 율이, 길이, 서울 언니와 통화를 했다. 율이에게는 **캐나다**에 있는 열이에게 연락해서 빨리 오도록 하라고 했다. 부산 오빠와는 통화가 되지 않다가 오후 늦게서야 연락이 닿았다. 지금 강원도 태백에 있는데, 저녁에 약속한 사람과 만난 후 새벽에라도 내려오겠다고 했다.

## 2008년 7월 30일 수요일

막 잠이 드는데 휴대폰이 울렸다. 순간 떨리는 손으로 휴대폰을 여니 낯선 전화번호가 눈에 들어왔다. 병원? 가슴이 떨려오기 시작했다.

"여기 병원인데 남 아무개 어르신 보호자들 빨리 오셔야겠습니다. 보실 분은 다 오셔야 합니다."

**그다음은 뭐라고 했는지 알 수가 없다.** 어떻게 해야 하나? 그때 남편이 나를 일깨워 주었다. 진정하고, 차분히 냉정히 대처해야 한다고.

나는 우선 큰 언니에게 전화를 하고 다시 부산 오빠에게 전화했다. 오빠도 약간 잠이 든 모양이다. (나중에 들은 얘기로는, 어제 태백에서 전화를 받고 일정을 취소한 후 바로 내려왔지만, 시간이 너무 늦어 부산 집으로 가서 막 잠이 들었다고 한다.)

잠이 들어 있는 은서를 효은이(딸)에게 부탁하고 남편과 병원으로 갔다. 자동차에서 전화기를 열어 보니, 병원에서 전화 온 시간은 1시 13분으로 되어 있다. 나는 셋째 언니에게 전화하여 알리고 병원에 도착하니 수위가 문을 열어 주었다. **엘리베이터를** 타는데 다시 전화가 와서, 지금 어디냐고 간호사가 물었다. 시계를 보니 1시 32분이다.

중환자실로 옮겼을 것이라고 생각하면서 내리니 중환자실 문 앞에 간호사 2명과 간병사 두어 명이 서 있었다. 중환자실 입구에 있는 어머니 병상으로 갔다. 어머니는 조용히 누워 계신다. 나는 어머니 귀에 대고 "엄마! 엄마!" 하고 불러보았다. 무슨 '꾸르륵……' 하는 소리가 들리는 것 같았다.

'이건 너무 위급한 거야.' 나는 병실을 나와 길이 (동생)에게 전화를 하여 엄마가 지금 위급하니 지금 빨리 와야겠다고 말했다. 그리고 다시 큰 언니에게 전화하니 택시로 오는 중이라고 했다. 그때 남편이 나를 잡는다. 어머니는 이미 운명하신 거라고. 뒤를 보니 당직의사가 문 앞에 서서 뭐라고 했다.

심장이 마구 뛰고 아무런 생각도 나지 않았다. (그냥) 멍청하게…… 내가 지금 무엇을 해야 하는지 알 수 없었다. 남편이 다시 나를 환기시키며 형제 들에게 연락하라고 한다. 머릿속이 텅 빈 것 같다. 내가 방금 전화를 했다고 말하니 남편은 아직 하지 않았다고 했다. 오빠에게 전화를 걸었다. 출발한지 얼마 되지 않는 모양이다. 길이, 율이에게 어머니가 운명하신 것을 알리면서, 서울 언니와 캐나다 열이 에게 연락하라고 했다. 그리고 큰 언니가 도착했다. 큰 언니는 엄마를 부르며 운다. 나는 눈물도 나지 않는다. 그제서야 나는 어머니에게 걸려 있던 산소 호흡기와 모든 기구들이 제거된 것을 알았다.

어머니는 곤히 잠들어 있었다. 어머니의 손발을 다시 만져보았다.

병원에서는 어머니를 장례식장으로 모시고 가는 것이 좋겠다고 했고, 나는 오빠가 오면 모셔가도 늦지 않을 거라고 했다. 간호사는 남편에게 설명을 했고, 남편은 침착하게 잘 대처하는 것 같았는데, 병원에서 얘기하는 대로 따르자고 했다.

간병사들이 신속하게 어머니의 유품을 정리해서 가져다 주었다. 나는 건네주는 큰 **비닐봉투** 2개를 받아들고, 사물함 속에 있는 소모품(물**티슈**, **가그린** 등)은 다른 사람들이 쓸 수 있도록 남겨 두었다.

**나는 아주 침착하게** 간병사들과 간호사들에게 그동안 정말 고마웠다고 인사를 한 후, 장례식장에서 온 직원의 안내로 <어머니의 침상>을 따라 갔다. 어머니는 장례식장의 시신 보관함 속에 모셔졌다.

잠시 후 큰 언니와 함께 집으로 와서 어머니의 영정 사진과 수의를 챙겨서 다시 병원으로 갔다. 주차장에서 오빠와 올케를 만났고, 어머니를 다시 대면했다. 올케는 어머니를 쓰다듬으며 소리 내어 울었다.

우리는 사무실로 올라갔다. 장례는 우리 교회의 목사님께 의뢰하기로 했다. 그 밖에도 식장에 드는 비용이나 장례 일정 등 여러 가지 절차를 남편이 적극적으로 나섰다. 처음에는 **캐나다** 동생 때문에 4일장으로 정했다가 내일 도착한다는 연락을 받고 3일장으로 했다. 나는 말은 하지 않았지만 남편이

미덥고 고마웠다.

장례식에 대한 절차가 어느 정도 결정되고 나니 은서가 걱정이 되었다. 나는 새벽에 남편과 집으로 돌아와서 잠시 눈을 붙인 후 목사님께 전화할 생각이었다.


남편이 목사님에게 전화했다. 목사님이 예배를 보러 오겠다고 한다. 장례식장으로 갔다. 장례식장에는 형제들이 거의 모두 모여 있다. 밤새워 모두 달려온 것이다. 잠시 후에 셋째 언니가 왔다. 정말 언니를 이해할 수가 없다. 같은 대구에 살면서도 내가 두 번이나 전화를 했는데 이제야 오는 것을 내가 어떻게 받아들여야 하나?

오전은 문상객이 별로 없었다. 11시경 교회에서 와서 임종 예배를 드렸다. 나는 큰 위로를 받았고, 다시는 살아서 볼 수 없는 어머니와의 작별을 생각하니 눈물이 났다. 오후에는 약간 한가한 시간이 생겨 어머니를 보지 못한 가족들이 어머니를 볼 수 있도록 했다. 특히 막내 동생 길이의 안타까워하는 모습은 나를 더욱 큰 슬픔 속으로 몰아넣었다.

우리는 각자의 문상객들을 접대하고 울다 웃다 하면서 시간을 보냈다. 밤 11시가 되어 아이들과 함께 집으로 와서 잤다.

## 2008년 7월 31일 목요일

아침 7시 쯤 병원에 도착하니 캐나다의 열이가 이미 와 있었다. 오후 2시에 도착한다고 생각하고 입관 예배를 오후 3시에 잡아 놓았기에 그때까지 기다렸다. 입관 예배 후 장례지도사들이 어머니의 수의를 입혔고 우리는 참관실에서 그 광경을 빠짐 없이 지켜보았다. 어머니는 살아 계실 때와 조금도 다름없이 조용히 누워 계셨다. 30여 년 전에 손수 지어놓으신 비단 수의를 입고서 이제 떠날 준비를 하시는 것이다.

수의를 입으신 후 우리는 한 사람씩 마지막으로 어머니와 작별을 했다. 어머니는 편안해 보였다. 더 이상 고통이 없는 세계에서 편안하게 영면하시기를 빌었다. 효은이가 울면서 작별을 하는 모습이 내 가슴을 찢어지게 했다.

저녁에는 가족의 위로 예배를 드렸는데, 은서가 갑자기 울면서 내게 꼭 붙어 있었다. 오늘은 문상 올 사람들이 대부분 다녀갔다. 11시가 지나 남편과 함께 은서 등을 데리고 우리 집에 가서 잤다.

## 2008년 8월 1일 금요일

아침 6시에 장례식장으로 갔다. 6시 30분에 발인 예배를 드리고, 7시에 영구차로 출발하여 장지로 갔다. 햇볕이 몹시 뜨거웠다. 묘지의 준비가 아직

덜 되어 한참 기다리다가 하관 예배를 드리고 관 위에 흙을 뿌렸다.

내 순서가 되어 나는 떨어지지 않으려는 은서를 안고 한 손으로 관 위에 흙을 뿌렸다.

'이제는 정말 편히 쉬세요.'라고 속으로 빌었다. 우리 걱정은 마시고 아버지랑 만나시라고 빌었다.

점심을 먹고 나니, 그동안 어머니의 묘는 둥근 형태를 갖추고 잔디까지 입혔다.


나이든 사람이면 누구나 한 번쯤은 겪었을 법한 광경이다.

혹 <꿈 이야기(기록)>가 아닌, 이런 이야기를 왜 하느냐고 궁금해 하시는 분들을 위해……

앞에서도 말했듯이, 잘 관찰하면, <우리의 지나간 삶의 모든 것은 어느덧 아련하고 또 아득한 꿈속의 어떤 일처럼 되어 있는 것>을 우리가 느낄 수 있기 때문이다.

몇 가지를 간단히 지적한다.

우리 인간에게 <어머니의 죽음>은 절대(絶對)로 일상적(日常的)인 일이 아니다. 내 인생에서 오직

한 번 있는 일이다. 정말 소중한 시간이고 기회다.

<이때의 경험>을 놓치는 것은 많은 것을 놓치는 것이다. (그 <영적인 순간>은 굵은 글씨로 했다.)

위 일기는 사실은, 많은 곳에서 - 거의 대부분 - <현재형>으로 되어 있는데, (읽기 좋도록) 필자가 과거형으로 바꾸었다.

그녀가 (일부러 혹은 무의식적으로) 현재형을 쓴 이유가 무엇이겠는가?


<꿈을 분석하는 의사들(융 학파)>은 현재형으로 기록하라고 한다. 아마도 그 꿈을 <현재로서, 좀 더 가깝게 느끼게 하기 위해>, <꿈 현장 즉 꿈 현실에 좀 더 가까이 가기 위해서>일 것이다.

잘 아는 대로 <내가 꿈을 기억하는 그 시각>에는 그 꿈은 단지 과거의 일이 되어 있다. 기억이라는 말 자체가 <과거의 무엇>에 대한 것이다.

과거가 <지나가 버린 것>, <더 이상 같이, 함께 있지 않는 것>, 그래서 <우리가 잃어버린 그 무엇> 이라면, 기억은 <그런 것을 다시 불러오는 일, 건져 올리는 일>이다. <잡을 수 없는, 파악(把握)할 수 없는 그 어떤 심연(深淵)>으로부터 말이다.

**마르셀 프루스트**의 <잃어버린 시간을 찾아서>는 그 <잃어버린 시간> 즉 기억을 다루고 있다.

과거(過去)는 분명히 흘러가 버리고 내게는 없다. 미래(未來)는 <아직 오지 않은 무엇>이니, 그것도 내게는 없다. 실제로 우리에게 (남아) 있는 것은 <지금 이 순간>뿐이다.

<나>라는 것은 도대체 무엇인가?

장례 일기의 현재형은 <'지금 이 순간'을 살아간 존재>의, <그 '현재의 존재(현존)'를 느낀 무엇>의 표현 방식일지도 모른다.

잘 아는 대로, **신**(神)은 <영원한 현재>다!

☯

필자의 꿈 두어 개.

## 2000년 2월 21일 월요일 <영화의 꿈>

(순진한 사람들을 속여 그들을 노예로 팔아먹는, 몇 명의 사기단 녀석들이 벌이는 꿈이었다.)

"영화는 (4, 50명 혹은 약 150명쯤 되는) 일단의 군인들이 이제 막 특수 훈련을 마치고, 어디론가 배치되기 위해서 군 **트럭**을 타고 등장하는 것으로 시작된다."고 꿈 속 변사(辯士)의 목소리는 그렇게 읊었다. 그러나 이미 이 모든 정보를 알고 준비한 사기단이 이들을 속이고 납치하여 노예로 팔려는 과정이 그 줄거리다.

이 사기단은 이들의 장교로 분장하여 이미 접근했고, 이들에게 다른 곳으로의 전속 명령을 전하여 이들을 빼돌렸다. 다른 어딘가에 반란군이 있으며, 이들은 그 진압군이 될 것이라고 대의명분을 주어 그들을 거짓으로 몰아넣었다. 군인들이 반란군이 있다는 거짓말을 듣고 트럭 위에서 총을 쏘는 등 흥분하는 모습이 보였다. 사기단은 이들을 완벽히 속이기 위해, 멀리멀리 가는 것처럼 트럭에서 내려 열차도 탔던 것 같다. 탄로 날 뻔한, 많은 아슬아슬한 순간을 보내면서 사기는 계속된다.

바다의 어떤 항구로는 배를 타고 들어가는데, "노예선(奴隸船)들이 들어온다."는 첩보에 당국의 순시선이 돌았다. 그러나 이쪽 사기단에서는 벌써 그 사실도 알았고, 그들은 전초선(前哨船)을 띄워 순시선의 경계(警戒)를 미리 파악해 숨었다가 잘도 피해 나갔다.

이윽고 군인들은 (농촌의) 어떤 빈 창고에 - 꽤 크고 몇 동(棟)이나 되는 것 같았다. - 수용된다. 이곳은 전에도 한 번 사용되었는데 그때는 실패했거나 예행연습을 한 것 같기도 하다. 그때쯤 해서 나는 (꿈을 지켜보는) 관객에서 등장인물로 바뀌어 본 건물 안에 있었고, 그 창고 문 저 밖에는 외부 (그 마을) 여자들이 보였고 이쪽을 (구경하려는 듯) 기웃거리는 것을 보았다.

하여튼 이들은 외부(의 정보)와 차단되고 그곳에 수용된다. 이들을 팔려는 음모가 진행되면서 나도 팔려 가는 몸이 될 것을 알았다. 지금까지의 나는 그저 관객일 뿐이었는데, 언제부터인가 사기단의 일원(一員)이 된 것 같았다. 사기단은 군인들을 그 창고에서 못 벗어나게 하고자 음식, 식료품 등도 사다가 공급했는데, 그 일을 내가 심부름으로 했던 것 같았다.

하여튼 군인들은 대의명분에 사로잡혀 있었고, 노예로 팔려는 결정적인 순간이 다가오자 사기단은 공중에 몽혼약(曚昏藥)을 섞어 뿌림으로써 이들을 기절시킨 후 넘기려는 음모가 내게 확신으로 왔다. 나는 (그들의) 심부름꾼 비슷하게 있었으므로 다른 이들보다는 자유로웠고, 그리고 나까지도 팔린다는 것을 저절로 알 수 있었다.

이미 몽혼약이 뿌려지고 있으므로 '저걸 마시면 노예로 팔린다.'는 생각에 나는 윗입술로(만) 코를 막고 필사적으로 도망쳤다. 처음에는 숨이 막힐 것 같이 생각되었으나, 숨쉬기는 전혀 어렵지 않았다.

나는 어떤 낮은 방책(防柵)이 있는 작은 언덕을 넘고, 긴 이랑이 있는 밭으로 들어갔다. 밭고랑에서 농작물이 약간 더 많이 자란 곳으로 엎드려 몸을 숨기기도 했으나, 내 몸보다 풀이 더 작아서 완전하게 숨길 수는 없었다.

그때 내 뒤에는 어떤 개 한 마리가 따라왔으며, 나는 순찰견(巡察犬)이거나 (그런 것으로 생각했고, 아니면 또) 물까봐 두려워했으나, 나를 해치지 않는 보통 개였고, 그냥 나를 지나갔다.

나는 혼자만 탈출했다고 생각했으며, 밭고랑에 숨으며 밭을 지나서 나오니, 어떤 사람 둘이 내 뒤에서 따라오면서, 지금까지(의) 그 영화를 보았는지 (아니면 그들도 도망쳐 나왔는지), 그 영화에 대해 이야기를 하면서 내 앞으로 지나갔다.

군인들의 대장 격인 (장교로 분장한) 대령(大領), 이 녀석은 사기단의 우두머리로 최소한 동료들은 배반하지 않아야 하는데, 나중 사기단 동료들까지 다 팔아먹으려는 것 같았다.

그 장면은 공중에서 촬영했는지 나도 공중에서 보았는데, 대령과 보좌관 중령이 **카드**를 펼쳤다가 다시 거두는 모습이 보였다. 즉 **카드**에 나온 대로 그들의 운명을 결정한다고 하는 것처럼 보였지만, 사실은 자기 속에 이미 결정해 놓고 다른 사람들을 속이고 있었다.

하여튼 앞서 가는 두 사람의 이야기를 들으며, 나는 이 사람들이 나를 찾아 나선 첩자(諜者)일지도 모른다고 경계를 했다. 어떤 완만한 언덕길을 오르는데, 나는 이제 <내가 숨어야할 처지>가 되었음을 분명하게 느꼈다. 저 높은 밤하늘에 **헬리콥터** 한 대가 떠서 도망자를 찾고 있음을 알 수 있었다.

그런데 그때 그 밤하늘의 별들은 너무너무 선명하고 아름다웠다. (나는 시력이 나빴으므로, 어릴 때 외에는 그런 광경을 본 적이 없다.) 그 밤하늘의 깊고 깊음과 또 너무나 또렷한 별들(과 그 반짝임), 정말이지 보석처럼 아름다웠다. (나는 보석을 거의 보지 못했으므로 이런 표현에는 한계가 있다.)

나는 눈이 나쁜데, 여기서는 전혀 눈부시지 않으면서도 너무나도 또렷하였다. 그 **헬리콥터**는 너무 높게 떠 있었고, 그래서인지 소리는 전연 들리지 않았다. 그러나 별들 사이로 지나며 그 **헬기**에서 내려오는 **서치라이트** 불빛은 누군가 도망자를 찾는 것임을 알 수 있었고, 그것이 또 <바로 나를 찾는 것>임을 직감(直感)으로 알았다.

내 앞에 엄청나게 큰 나무가 있었으나 나는 숨는 것이 (오히려) 이상할 것 같아 계속 걸어갔다. 나는 어느덧 머리에 삿갓을 쓰고 지팡이를 짚고 갔다.

(나는 나를 은폐하려 했던 것 같고, 나의 유치한

그런 은폐는 현대전과는 너무 어울리지 않는다는 생각이 들었다. 그런 어수룩한 짓 때문에 오히려 더 빨리 들켰다는 느낌이었다.)

그 빛은 어느덧 나를 조명했고, 그 **헬리콥터**가 내게로 점점 가까이 내려오는 것 같더니, (헬리콥터에서 내린 것 같은) 어떤 두 사람이 양쪽 앞에서 (내 두 팔을 잡으려고) 내게로 다가오는 것 같았다. 나는 들키지 않으려고 삿갓을 쓰고 얼굴을 가리고 있었으므로 그들을 볼 수도 없었고 또 (들킨다는 것이) 무서워서 꼼짝도 못하고 있었다.

내가 보지도 못하는 두 사람이 나에게 다가와 **"확인(確認)"시켜 주는 그** (숨 막히는) **순간**, 영화는 지금까지의 중요한 사건마다의 등장인물의 얼굴을 <뒤에서부터 앞으로의 순서로> (마치 영화의 끝에 영화 제작 참여자들 이름이 빨리 올라가듯이) 순식간에 보여 주었다.

특히 마지막 순간에 **"나의 놀람"**과 **일순간으로 보여 주는 영상**은 이것이 <꿈속의 영화>라는 것을 보여 주었고, 또 반전(反轉)의 반전이었다.

나는 <**그 순간**>, '내가 다시 사기단이든 노예가 되어야 할지도 모른다.'고 생각하며 <**'이제는 어쩔 수 없구나!'** 하고 절망해야만 했다. **"그들은 나를 찾아냈으며"**, 나는 도망자라는 것이 분명하였다.>

(놀라서 깼을 때는 네 시경이었다. 꿈을 기록한
후 다시 잤다. 그냥 <한 편의 영화>로 보시길……)

## 2000년 9월 22일 금요일 (16,285일째)

달라이 라마를 닮은 티벳 스님의 꿈이다.

지금 시골의 요가원 같은 일자(一字)집이었다. 그
스님은 매일 <어떤 영화>를 상영했다. 영사기에서
나오는 빛이 그 안에서 밖으로 밝게 새어 나왔다.
북쪽의 출입문 쪽에는 매점이 있는 것 같았으나,
열어 놓은 것 같지는 않았다. 그 매점에서 남으로
나 있는 동쪽 벽에는 <어떤 북(鼓)>이 걸려 있었다.

그 스님은 그곳에서 혼자서 영화를 상영했는데,
그들의 포교를 위한 것 같았다. 내용은 어떤 사람
혹은 부처님의 일대기 같았다. 영화가 끝나면 그
옆의 벽에 걸린 북을 쳤다. 끝났다는 신호로.

그러나 평소 때는 그 북을 두드리는 것이 예불이
되기도 했다. 이번에도 영화가 끝났으므로 그 북을
쳤다.

그런데 북이 오래되고 낡았던지 균열이 생겼다.
나는 한국의 징을 사용하는 것이 더 좋을 것 같은
생각이 들었으나, 종교적이거나 차분하지 못할 것
같았다.

그 북이 벽에서 떨어졌는지, 아니면 북에 찢어진
곳을 확인하기 위해 내렸던 것인지, 하여튼 나는

그 북을 스님과 함께 원래 걸려 있던 자리의 못을 쳐다보며 어렵게(?) 걸었다. 그 북은 종처럼 위에 못에 걸 수 있는 짧은 고리가 있었고, 그 고리를 벽의 못에 거니, 위 부분은 벽에 닿고, 아래 부분은 벽에서 뜨는 형국이 되었다. 원래는 벽에 잘 밀착되는 것이었다.

스님이 "전에 일하던 사람이 어디 있느냐?"라고 물었다. 그에게 북을 수리하려는 것 같았다.

북은 오래된 것으로 금이 가고 낡았다. 징이나 <한국의 북>으로 바꿨으면 했는데, 징은 쇠 소리가 나서, 영화가 끝나는 신호로는 좋으나 계속 치면 시끄러울 것 같았고, 한국의 북은 원래의 소리보다 작지만, 원래의 북보다 다를 것이 없을 것 같았다. 다를 것이 없으면 그런 북이, 원래의 북이 그곳에 어울리기 때문이다.


한마디로, 필자의 이 꿈은 지금까지 필자의 삶을 그대로 보여 주는 것처럼 보인다. (혹 해석이 힘든) 읽는 자들을 위해 몇 자만 적는다.


일자(一字)는 <곧은 하나>, 혹은 <일자(一者)>를 말하고,

영화는 <꿈>을 말하고, 또 이 세상이 꿈이고, 또 거울이 이 세상이고, 또 가만히 생각해 보면, 나의

생애가 분명히 한 편의 영화인 것 같고,

스님은 당연히 <영성의 나>, <영혼> 등이고,

북(鼓)은 소리 특히 (고저보다는) 리듬을 만드는 악기다. 소리는 세미한 쪽으로 가면 **스판다**가 있고, 거대한 쪽으로 가면 **샤브다 브라흐만**이 있다. 여기서는 <북(Book)>으로 읽으면 더 좋고……

참고로 필자의 영적인 고향은 **티벳**에 가까운 저 **히말라야**의 **카시미르**다. 그래서 **카시미르** 영성인 **비갸나 바이라바, 쉬바 수트라** 등의 북을 한국에 울리려고 이번 생을 보내고 있는지도 모르고.

그리고 <지금도 **쉬바**는 손에 북을 들고서 우주의 생성, 유지, 파괴라는 **리듬**을 만들고 있다>는 것을 - <우리 모두는 태어나, 살다가, 죽는다>는 것을 말이다. **뱀과 열나 이야기**에서 다루었다. - 안다면 더 더욱 좋고……




이제 <**꿈과 죽음**>을 짧게 다루자.

꿈과 죽음의 의미는 그동안 - **비갸나 바이라바**에서부터 이 책까지 - 여러 가지로 말했다.

&lt;이 세상은 꿈과 같다&gt;는 것에서부터 &lt;죽음이란 꿈속으로 들어가는 것&gt;이라는 것까지……

&lt;생물학적 죽음&gt;이든 &lt;심리적 죽음&gt;이든 &lt;영적 죽음&gt;이든, &lt;몸의 죽음&gt;이든 &lt;마음의 죽음&gt;이든, &lt;죽음&gt;이란 &lt;"나"와 "(나 외의 다른) 모든 것"과의 (소통과 관계의) 단절&gt;을 말할 것이다. 또 우리는 "정치적 죽음", "사회적 죽음"이라는 소리를 많이 듣는다. - 그러니 "내"가 죽으면 그런 것을 알 수 없을지도 모른다?

아마도 이때의 "나"라는 것은 &lt;몸&gt;을 가리키는 경우가 대부분일 것이다. 이미 죽은 부모나 다른 이들을 보라. 그들은 그들 외에 다른 모든 것과는 완전히 단절되어 있(는 것 같)다.

(그리고 그들은 나의 **거울**이다.)

우리가 흔히 아는 &lt;상식적인(?) 논리&gt;로 생각해 보자.

우리 &lt;몸&gt;은 죽지만 &lt;영혼 혹은 영&gt;이라는 것이 있다고 하자. 또 그 영혼은 &lt;죽지 않는 것&gt;이라고, 일단 그렇게 가정하자.

&lt;절대로 죽지 않는 영혼&gt; 말이다!

그러나(혹은 그래서) 그 "절대로 죽지 않는다"는 영혼, 그 <영혼의 죽음> 혹은 <영적 죽음>도 엄연(儼然)히 있다는 것을 말하지 않을 수 없다.

아니면 최소한 <심리적 죽음>이라도……

<죽음>이 반드시 <우리를 슬프게 하는 것>이고, <사망>이 꼭 <저주 받아야 할 어떤 것>은 아니다.

**<죽음>은 보통 안타깝고 우리를 슬프게 하지만 <어떤 죽음>은 아주 좋고, 우리를 기쁘게 한다.**

영화 **거울**의 마지막 장면에서 보듯이 <자기중심적인 나>의 죽음은 - 주인공 알렉세이의 경우처럼 - 아주 좋고 우리를 기쁘게 한다. 그것은 **카르마** 즉 **죄의식에서 벗어나는 죽음**이다.

성경적으로 말하면, "**죄에 대하여 죽고,** 의(義)에 대하여 사는" 일이다.

그래서 성경에서 **처음**(요한복음)에는 <태어남>과 <**거듭남**>을 말하고, **마지막**(요한계시록)에는 <처음 죽음>과 <**두 번째 죽음**>을 말하는 것이다.

**사람이 거듭나지 아니하면 하나님 나라를 볼 수 없느니라**

## 죽음과 지옥이 불못에 던져지니
## 이 불못이 곧 두 번째 죽음이라

&lt;**두 번째 죽음**&gt;은 곧 &lt;죽음을 죽이는 일&gt;이다. &lt;죽음&gt;이 죽어 없어지면, 그것이 부활이고 영생일 것이다.

그러면 &lt;"나"와 "(나 외의 다른) 모든 것"과의 (소통과 관계의) 단절&gt;은 없다!

필자의 일화를 소개한다. (**쉬바 수트라**에서 다룬 것이다.)

기독교에 몸을 담고 있을 때, 당시 부친은 살아 계셨고, 우리는 가끔 서로의 &lt;신앙 생활&gt;을 말하곤 했다.

한번은 &lt;어떤 주제의 말(의 의미)&gt;에 막혀,

"아버지, **아브라함**은 죽었습니까? 살았습니까?"

그렇게 물었더니, 부친이 의아한 듯 말했다.

"야야! 니가 정신이 있나? (당연히 죽었지.)"

그러나 **예수**는 말한다.

"너희가 **모세**의 책(冊) 중 가시나무 떨기에 관한 글에 하나님께서 **모세**에게 이르시되,

'나는 <아브라함의 하나님>이요, 이삭의 하나님이요, 야곱의 하나님이로라.' 하신 말씀을 읽어보지 못하였느냐?

**하나님은 <죽은 자의 하나님>이 아니요,**

**<살아 있는 자의 하나님>이시라.**

**하나님에게는 모든 사람이 살았느니라."**


우리가 우리의 <모든 감각(몸)>에 **살아 있고** 또 우리의 <모든 내적인 것(심리적인 것, 무의식적인 것, 영적인 것)>에 **살아 있으면,**

꿈속에서는 죽은 이들과도 "살아 있는 사람으로" 만나고 - 소통의 관계를 맺고 -

다른 이들에게 관심을 가질 때 그때 그 사람은 나에게는 "살아나는"것이다.


<주위의 다른 이들을 나름의 판단으로 거부하고 배척하여 그들과 아무 관계도 가지지 않는 이들>은 분명히 그들에게는 <죽은 자>, <죽은 사람들>이다.

하나님은 <죽은 자의 하나님>이 결코 아니다.


☯


<나를 찾아가는 길>이라는 해설이 붙은 - 이른바 '**(영적) 성장 소설**'이라는 - 저 **헤르만 헤세**의 소설

<데미안(Demian)>은 이렇게 끝난다.

✍ 소설의 주인공 **싱클레어**(Sinclair)의 "**어머니**
이자 연인(戀人)인 영원의 여성 에바(Eva) **부인**"은
영어로는 'Eve' 즉 성경의 '**하와**' 즉 '**생명**(生命)'을
말한다. - 그리고 필자에게는 당연히 <(영적으로)
높이 들린 자>라는 '(**聖母. 거룩한 어머니**) 마리아'
로도 다가온다.


그리고 그녀의 아들 - **생명**의 아들 - "데미안은
독일어의 **데몬**(Dämon)을 연상시킨다."

오늘날의 기독교도들은 '바알'을 <귀신, 악마>로
여기고 있지만, 바알은 **주**(主)라는 뜻이다. 잘 아는
대로, '**여호와**'의 이름을 함부로 부르지 못한 구약
에서는 **여호와**를 다만 **아도나이**('**主**'라는 뜻)라고
불렀다. 왜 **바알**은 악마이고, **아도나이**는 선한 것
인가?

(<**사실과 진실의 영역**>이 **아니어도**) 승자(勝者)는
늘 패자를 악(惡)으로 규정하거나, 적어도 자신의
정당함을 주장했다는 것은 역사가 말하는 바다.

유사하게 기독교에서 <악령, 악마>라고 부르는
**데몬**은 그리스어의 다이몬으로 <**신과 인간의 중간
존재**>를 말할 뿐이다. <그런 의미>에서, 독일어의
"**Dämon**ische"의 뜻은 참고할 만하다.

또 "흔하지 않은 독일 이름"이라는 Sinclair는, 필자에게는 <sin+clair>로 다가온다.

참고로 중학교 때인가, 죄(罪)라는 영어의 단어는 crime(사회적인), guilty(윤리적인), sin(종교적인)의 세 가지 (단계)가 있다고 배운 것을 기억한다.

프랑스어 clair-obscur는 <명암법, **미광(微光)**, **모호(模糊)함**>을 의미하며, clair는 드뷔시의 'Clair de lune(**달빛**)'에서도 보인다.


위의 설명만으로도 <데미안>은 <(성경에 나오는) 인류 최초의 '**성장(成長) 신화**'>와 유사하다는 암시로는 충분하리라. ⧗


" … 그때부터 내게 일어난 **모든 일이 아팠다**.

그러나 이따금 열쇠를 찾아내 <완전히 **나 자신** 속으로 내려가면>, <**어두운 거울 속에** 운명의 영상들이 잠들어 있는 곳으로 내려가면> 그곳에서 나는 **그 검은 거울** 위로 몸을 숙이기만 하면 되었다.

그러면 **나 자신의 모습**이 보였다.

이제 **그**와 완전히 닮아 있었다.

**그**와, <나의 친구이자 인도자>인 **그**와"

<부록(附錄) 혹은 소고(小考)>
  - <**악마의 다리**>에 대한 어떤 해명(解明) -

  이 책 뒤표지의 그림이 또 <악마의 다리>이다. 아무래도 <악마의 다리>에 대한 설명이 필요할 것 같다. 무릇 말(언어)이란 무척이나 어려운 물건이고 또 이 책과 이전 책의 다리 둘 다 너무나 아름답기 때문이다.

  <**숭고미의 미학**(味學)>의 <표지 그림 설명>에는 **아름다운** <**악마의 다리**>를 독일어로 "Teufelsbein der schönen"이라고 했다. 한마디로 (필자의) '**콩글리시**', 아니 'Keutsch'일 것이다.
  (여기서 요점은 그 'Keutsch'가 필자에게는 아무 문제가 되지 않았다는 것이다.)

  그 그림은 **카스파르 볼프**의 1777년 작으로 원래 이름은 "Die Teufelsbrücke in der Schöllenen"이 맞다. 우리말로 굳이 푼다면 <쉴레넨 (협곡)에 있는 악마의 다리(橋, Bridge)>일 것이다.
  그런데 위의 것은 **쉴레넨**이 '쇠넨(아름다운)'으로, 다리(brücke, 橋, bridge)가 다리(bein, 腿, 脚, leg)로 바뀌었다. 우리말로는 "다리"와 "다리"로 똑같은 것이지만 <다른 나라 말>에서는 완전히 다르다.

그래서 (위의 독일어 표현에서) 온전히 남은 것은 '악마(惡魔, Teufel)'뿐이다. 그러니 악마만이 **온전(穩全)**하다!

["'악마만이 온전하다'고? 이런, <악당(惡黨) 같은 놈>이 있나?"라는 소리가 들리는 것도 같다.

당연히 위의 '악당'은 '악마'를 약간 순화(純化)한 것이다. <(위의 '호되게 꾸짖는 소리'가 생각하고 의미하는) '그런' 악마>가 되기 싫은 까닭이다.

아, 그리고 (한글세대를 위해) 참고로 한자(漢字) '橋'는 교량(橋梁)을, '腿'는 대퇴부(大腿部)를, 脚은 각선미(脚線美)를 생각하면 될 것이다.]

소고(小考)라고 했으니, 이야기가 좀 길다. 그렇지만 필자의 마음(생각의 흐름)을 짚어 보는 것으로 여기면 그리 지루하지는 않을 것이다.

**빅토르 위고**가 <파리의 **노트르담**>이라는 명작을 쓰게 된 데에는 이런 '작은 일'이 있었다는 것은 잘 알려져 있다.

그가 우연히 **노트르담** 성당 벽에서 본, 누군가가 써놓은 <"**아낭케**(ΑΝΑΓΚΗ, 숙명)"라는 말> 말이다. **아낭케**는 **그리스** 신화에서 <인간의 '운명의 실'을 관장(管掌)하는 세 여신(모이라이)>의 어머니로도 등장한다.

하여튼 **위고**에게는 그 '작은 일'인 그 **아낭케**가 숙명 내지 운명이었던 것 같다. 그 뒤 수많은 사람들이 <파리의 **노트르담**>을 읽고 또 보고 있으니까 말이다.

어떤 이는 **아낭케**를 <우연적 필연>으로 풀었다. 어쩌면 필자의 'Teufelsbein der schönen'도 그런 것인지 모르겠다. (이런 글을 쓰고 있으니 말이다.)

**월트 디즈니**가 1940년에 만든 **애니메이션** 음악 영화 **환타지아** 마지막에는 이런 아름다운 영상이 흐른다. 먼저 **무소르그스키**의 <민둥산의 밤>이다.

음악이 시작되면서 민둥산이 박쥐 모습의 악마로 변하면서 그 <'광란(狂亂)'의 밤>은 시작된다. 마치 <내 영혼의 깊은 곳, 저 '어둠 속에 잠재되어 있던 것들' 즉 '무의식적인 것들'>이 올라오는 것 같다. 그것은 그동안 <우리의 이성(理性)에 억눌려 있던, 온갖 원시적이고 동물적인 감정들>이 되살아나는 것으로 볼 수 있을 것이다.

그것은 필자에게는 **파우스트**의 <발푸르기스의 밤>을 떠올리게 한다. '그런 밤'은 중요한 것으로, **괴테**도 제1부와 제2부 모두에서 다루며, 뒤엣것을 <고전적 **발푸르기스의 밤**>이라고 부른다.

이부영은 <『괴테와 융』 - 파우스트의 분석심리학적 이해>에서 이렇게 말한다.

"<고전적 발푸르기스 밤>의 축제에 파우스트를 데려간 것은 **그를 치유(治癒)하기 위해** - 즉 정화(淨化)하기 위해 - **그리스의 바람을 쏘이게 하는 데** 목적이 있었다."

<**그리스의 바람**>이 무엇인가?
'바람'은 일단 <프뉴마($\pi\nu\varepsilon\upsilon\mu\alpha$, 숨, 靈)>로 읽자.
'그리스'는, 한마디로, <신화(神話)의 나라>이다.
기독교 용어로 말하면, **헬라**는 <온갖 마귀(유령, 귀신, 악마, 우상)를 신이라고 부르며 섬기는 곳>이 아니던가! 그런데 그 '**그리스의 바람을 쏘여 그를 치유한다**'고?

[여기서 잠시만……. 왜 필자는 "기독교 용어"를 들먹이며 이런 소란을 떠는가?
어떤 "말(용어)"을 <**내가 아는 그 의미**>로만 알고 (고집하며) **그런 뜻으로만 읽고 이해한다면**, 모든 말이 어렵기 때문이다. 최소한 필자의 말에서는.]

그런데 심층심리학(분석심리학)에서는 **파우스트가 악마** 메피스토펠레스에게 **영혼을 판 것**을 아는지 모르는지, 오히려 그런 <광란의 자리>로 그 악마가 데려간 것을 "그를 치유하기 위해"라고 하고, 또 필자는 "정화하기 위해"라며 동어 반복이나 하고….

다시 영화 **환타지아**로 돌아가자.

광란의 밤을 즐기던 '모든 어둠의 힘들'과 <박쥐 모습이었던 악마>는 <교회 내지 이성의 종소리>를 듣고는, 어둠의 세계로 혹은 민둥산의 모습으로 되돌아간다.

그리고 그 민둥산의 밤 음악이 끝나면서 필자가 아주 좋아하는 **슈베르트**의 **아베 마리아**의 음악과 영상이 조용히 이어진다. 지금도 느껴진다. 그때 그 영화를 영화관에서 처음 보았을 때의 감동이……

필자는 "숨도 제대로 못 쉬면서" 그것을 보아야 했다. (필자에게 폐병이 있었다는 말이 아니다.)

민둥산은 <나무가 없는 산>을 말한다. 그러니…

필자는 **볼프**의 그 그림을 보고 또 어디에선가 그 그림 설명을 읽으면서 (**환타지아**의) 민둥산의 밤이 생각났고, <'민둥산의 밤'에서 '아베 마리아'로의> 그 절묘한 전환을 – **그 다리들**을 통해 - 떠올렸다.

두 음악이 필자에게는 하나였다. 아마도 민둥산에서의 그 광란의 밤이 있었기에, **아베 마리아**의 차분하고 '거룩한 밤'이 더 깊게 느껴졌을 것이다.

또 그것이 요점일 것이다.

파우스트에서 메피스토펠레스는 분명히 악마다. 그런데 그는 자신을 이렇게 말한다.

"<언제나 악(惡)을 원하면서도, **언제나 선(善)을 창조하는 힘**>의 일부분이지요."

그것은 한때 <만민의 구원자>로 있었던 '꿈꾸는 자(Dreamer)' 저 요셉의 말을 생각나게 한다. 그가 형들에게 하는 말에서 <**하나님이 어떤 존재인지**>, 악마 메피스토펠레스의 말과 찬찬히 비교해 보고 또 따져 보라.

"당신들은 나를 해(害)하려 하였으나
 **하나님은 그것(惡)을 선(善)으로 바꾸사**
 만민의 생명을 구원하게 하시려 하셨나니"

악마는 '그런 것'이다.
잘 아는 대로, 악(惡)과 선(善)은 한 쌍(雙)이다. 한 짝이다. 악이 없으면 선도 없다. 절대로 없다.
악마가 없으면 **악이 없는데**, **어떻게** 신이(라도) **선으로 바꾸**거나 만들 수 있**겠는가**?

‘악마’ 내지 ‘악’이라는 말을 들을 때, 그런 것은 나하고는 상관없는 것이라고 생각하지 말라.

바로 이 ‘내 마음’ 속에 그것이 엄연히 있다.

또 ‘신’ 내지 ‘선’이라는 말을 들을 때, 그런 것은 나하고는 관계없는 것이라고 생각하지 말라.

내가 곧 그것이다.


인도에서는 선과 악이 내 속에 있듯이, 신에게도 있다고 한다. 그것을 도상학으로 **아르다라리슈와라** 등으로 표현하기도 한다. 하여튼 신성은 악이기도 하다. 그래야 **온전(穩全)**한 것이다.


이제 <악마의 다리>를 다루자.

우리에게 “악마의 다리”라는 말이 주는 의미는 보통 **<오르내리거나 건너기가 몹시 힘든** 다리>일 것이다. 그것이 <**‘악마의’** 다리>이다.


그런데 악마에게 <사람처럼 발이 있어>, 다리가 있다면, 그것은 <악마의 **‘다리’**>일 것이다. 악마인 메피스토펠레스도 ‘말발굽 모양의 발’이 있었다고 하니, 당연히 다리도 있었을 것이다.

그리고 노학자인 **파우스트**가 **자신의 영혼을 걸 정도였으니** 악마의 모든 것이 매력적일 것임에는 틀림없다. 악마가 ‘유혹하는 자’로 우리 앞에 서서

꾀는 자인만큼, 그의 다리 또한 아름다울 것임에는 분명할 것이다. 누가 추(醜)한 것에 끌리겠는가?

그러나 <말발굽 모양의 발을 가진 목신(牧神)의 다리 같은 것>은 저 서양인들에게는 모르겠지만, '보는 눈이 높은' 우리 한국인에게는 매력적이지도 않고, 아름답지도 않을 것이다.

어떤 것이 필자의 "**아름다운 <악마의 다리>**"일 것인가?

(그것은 마치 저 동양화처럼 표현하는 것이 더 낫다. 각자 나름의 상상을 보태어 읽어라.)

**"아름다운 <악마의 다리>는**
**<다리 위의 다리>이고,**
**<다리 밑의 다리>이다."**

(적어 놓고 보니, 아무래도 또 수수께끼를 낸 것 같아, <독자의 그 상상력을 건드리지 않으리라는 필자의 어림짐작 내에서> 두어 가지로 읽는다.)

첫째는 옛 글귀가 떠오른다. 필자가 태어났다는 고향 군위에 있는 인각사(麟角寺)에서 - <'뿔 달린 기린'이 있는 절>(?) - '한 그런(一然)' 스님이 집필했다는 삼국유사에 나오는 그것 말이다.

[참고로, 그는 "온전히 밝은 것을 **보는** (자)" 즉 전견명(全見明)(이라는 성과 이름)으로 태어났으나 "최씨 무인(武人) 정권과 몽골의 침입을 **보는**" 모진 세월을 살았다고 한다.

그러니 "오직 정권쟁취 **드라마**와 연예오락 **프로그램**만을 **보(아야 하)는**" 이 모진 세월을 살아가는 필자가 얼마나 그의 처지를 눈여겨보지 않겠는가!

하여튼 그가 시골에 들어앉아 심심해서였든지, 심심(深心)해서였든지, 우리 어린 후세들이 잘 읽으라고 <옛날이야기>를 많이 적어두었다.

필자에게는 한글과 더불어 국보 1호다. 한글도 없던 그 시절…… <우리말>을 저 한자(漢字)로만 적으려니 얼마나 힘들었겠는가! 수화(手話)를 보는 느낌이다. 하여튼]


脚烏伊四是良羅(각오이사시량라)


위의 무슨 <간첩들 암호문 같은 것>을 양주동은 "가르리 네히어라"라고 풀었고, 필자는 또 "**다리**가 넷이어라"라고 읽는다.

인도(印度)라면 저 **카주라호** 벽면의 조각들처럼 직설법으로 표현할 그 강력한 '자유'가 있었겠지만, 점잖은 우리 조상들은 동양화의 '운무(雲霧)로 처리하는' 그 무서운 '자유'를 누렸던 것 같다.

하여튼 그런 <**다리 위의 다리**>이고 <**다리 밑의 다리**>라는 그 **아름다운** <**악마의 다리**>에 대해서는 **뱀과 얼나 이야기**에서 충분히 다룬 것으로 하자.

둘째는 볼프의 저 서양화에서 잘 볼 수 있듯이 그 **아름다운** <**악마의 다리**>는

<그 험난한 **다리 위의** - 다리 위를 걷는 '말발굽 모양의 발을 가진(악마의)' '그러나 **희생의 짐을 진 (아름다운)**' - **나귀의 다리**>이고, 아니면

<'말발굽 모양의 발을 가졌든(나귀), 사람의 발을 가졌던' 그들 **다리 밑의** (몹시 험하지만 그렇기에 숭고하고 **아름다운** 쇨레넨의) **다리**>이다.

하여튼 '이런 다리'로 보든, '저런 다리'로 보든, 악마이든 신성이든 - '남성의 경우, 여성을 악마로 보든 신성으로 보든'이라는 말이다. 그 역(逆)도 똑같을 것이다. - 그 둘이 (즉 '악마'와 '신성' 혹은 '남'과 '여') 짝이든 아니든, 위로든 아래로든, 그의 아름다운 다리를 지나야 그의 몸속으로 들어갈 수 있고, 또 우리의 마음이라는 이 수도원을 지을 수 있는 돌을 가져올 수 있다는 것은 우리의 경험이 잘 말해 준다.

☯

이제 잘 아는 동양의 시 한 수로 이 소고(小考)를 마감한다.

空手把鋤頭(공수파서두)　　**빈손에 호미 있고**
步行騎水牛(보행기수우)　　**걸지만 소를 탔다**
人從橋上過(인종교상과)　　**다리 위를 가는데**
橋流水不流(교류수불류)　　**흐르는 건 다리라**

<(아래로 물이 흐르는) 다리 위>를 걸어가면서, 이제껏 물이 흐른다고 여겼는데, 문득 흐르는 것은 오히려 다리더라는 것이다. (위의 시는 **소와 참나 이야기**에서 다루었다.)

우리의 작은 경험으로 유추(類推)해 보자.

예를 들어, 내가 차를 타고 가다가 붉은 신호등이어서 나는 정지해 있는 어떤 차 옆에 '나의 차'를 정지한다. (잠깐 동안이므로 기어를 'N'에 둔다.)

그런데 마침 그 차가 멋진 것이어서 정신없이(?) 보고 있는데, <갑자기 **내 차가 뒤로** 가는(밀리는) 것 같은 **느낌**을 받고 깜짝 놀란다. 그러나 사실은 옆의 그 멋진 차가 앞으로 가는 것이었다.

서로 다른 방향으로 가는 두 기차가 같이 정지해 있다가 옆의 기차가 출발하는 경우에도 마치 **내가 탄 기차가 출발하는 것 같은 경험**을 한다.

왜 그런 착각(錯覺)을 하는가? 왜 그런가?

[질문만 던져놓고, 조금의 힌트도 주지 않는다면 너무 '매정한' 사람인 것 같아 '매정(媒精)한' 일을 하려한다. 비갸나 바이라바의 **변화를 통해 변화를 소멸하라**는 방편의 설명을 보라.
"어떻게 그런 일이 일어나는가? 한번 해보라.
(이번 생의) 이 강(江)에 몸을 맡기고, 강이 나를 데려가도록 하라. 그 강이 되라……"
잘 아는 대로, <흐르는(변하는) 것>이 강이다.]

하여튼

人從橋上過(인종교상과)　　**다리 위를 가는데**
橋流水不流(교류수불류)　　**흐르는 건 다리라**

위의 시가, 굳이 따진다면, <스판다와 **재인식**>을 다루는 것이라면…

人視美橋上(인시미교상)　　**다리 위를 보는데**
脚視橋不視(각시교불시)　　**보이는 건 다리라**

필자의 이런 '각색(脚色, **다리 색깔**)론'은 - 이런 '말장난'은 - <**전체성과 크라마**>를 가리킨다.

하여튼 우리(사람과 나귀)의 **아름다운 다리**(脚)로 지나는 저 험악한 **아름다운 다리**(橋)도, 그것(橋)이 있기 위해서는 **튼튼한 다리**(脚)가 필요할 것이다.

그것을 한자말로 교각(橋脚, '**다리-다리**')이라고 하는데, 뭣했던지, 우리말 사전은 <다릿기둥>이라고 일러준다.


우뇌가 강한 우리 한(韓) 민족은 "다리" 하나로 이런저런 다리를 가리키는데 반(反)해, 좌뇌가 강한 한(漢) 민족은 그렇지 못한 것 같다.

우리에게는 "나"라는 말이 오직 이 '나'를 가리킬 뿐이지만,

**에스키모**들에게 "눈(雪)"이라는 말이 여럿이듯이, <영성(靈性)의 나라>에 사는 수행자에게는 - 그가 인도인이든 한국인이든 - "나"라는 말은 많다.

**말리니비자야 탄트라**와 **탄트라 사라**에서는 우선 일곱으로 소개한다.

그러므로 '그런 말'을 모르는 상황에서, 우리말 "나"라는 말은, <"나"라는 말을 사용하는 사람의 수준에 따라서> 여러 가지 의미로 쓰이고 있다는 것을 아는 것이 정말 필요하다. 그러므로


"<'나'라는 우리말>을 잘 안다고 하더라도
　<**'나'라는 무엇**>을 잘 안다고 할 수 없다!"

<영성의 나라> 즉 **카시미르 쉐이비즘**이 말하는 <그런 여러 수준의 '나'>가 잘 확립(確立)되지 않은 곳에서의 '나'라는 말은 <말하는 자(話者)>와 <듣는 자(聽者) 혹은 읽는 자(讀者)> 사이에 실로 엄청난 오해와 곡해를 불러일으킨다.

기독교 그 2,000년의 역사(歷史)는 오로지 그런 <오해(誤解)와 곡해(曲解)의 역사>일 것이다.
예를 들어, 성경의 예수는 말한다.

"**내**가 곧 길이요 진리요 생명이다!
　**나**를 거치지 않고서는
　　아무도 아버지께로 갈 수 없다!" (공동번역)

그래서 모든 기독교도들과 신학자들은 **예수**가 곧 길이요 진리요 생명이고, **예수**를 '거치지 않고서는 **하나님**께로 갈 수 없으므로', 그를 믿기 시작한다. 그리고 그를 믿으라고 오늘도 소리, 소리친다.
　(예수의 이 말을 진리라고 **믿기 때문일 것이다**.)

그러나 필자에게는 **예수**가 아닌, <우리 각자의 이 '**나**'>를 말하는 것으로 들린다. 바로 이 '**나**'를 거치지 않고서는 아무도 **하나님**께로 갈 수 없다!
　(예수의 이 말은 진리다! **믿을 필요가 없다**.)

**하나님**께로 가는 데 거쳐야 – 걸어야 – 할 이 '**나**'는 **험난한 다리**이겠지만, 그렇기에 또 **아름다운 (악마의) 다리**일 것이다.

☯          ☯          ☯

이 책 뒤표지의 <악마의 다리>에도 한마디.

"<일원상(一圓相)의 **거울**>"이란 말은 <내 마음의 상태>를 표현하는 **만달라**를 가리킬 것이다.

<지상의 것>인 실상(實像)이 우리의 이 <현실의 **세상(世上)**>을 가리키는 것이라면

<수면의 것>인 가상(假像)은 어쩌면 저 <하늘의 **실재(實在)**>를 가리키는 것일지도 모르겠다.

그리고 그 <완벽한 조화(調和)>를 위해
건축자(또 필자)는 악마에게 영혼을 팔았다지……
저 **파우스트**가 악마에게 영혼을 팔았듯이.

"악마에게 영혼을 팔았다……"
이 말을 어떻게 읽을(이해할) 것인가?

위의 화두(話頭)를 붙잡고 시름하는 모든 이에게 이 책을 바친다.

# 나가며

성경에 보면 <재미있는(?) 말>이 있다.
예수의 한숨 섞인 말이다.

"너희는 <선지자(예언자)들의 무덤을 단장하면서
또 의인(성자)들의 비석(기념비)을 꾸미면서 이렇게
말한다.
'만일 우리가 <조상들 시절>에 살았다면 우리는
조상들이 선지자들과 의인들을 죽이는 데 가담하지
않았을 것이다!'"

그렇게 말하며 그들은 <그들 시대의 선지자 혹은
의인>인 예수를 배척하여 죽였고……

그리고 오늘의 우리 기독교도들은 누구나 이렇게
확신하면서, 자신 있게 말한다.

"만일 우리가 <예수님 시절>에 살았다면 우리는
서기관(율법학자)들과 바리새파(분리주의자) 사람들
같이 예수를 배척하거나 죽이는 데 절대 가담하지
않(았)을 것이다!"

다른 <재미있는(?) 이야기> 하나 더.

로마 역사가(歷史家) 암미아누스 마르켈리누스는 이렇게 기록하고 있다.

황제가 제국의 시민들에게 자유를 주자, 그들은 자유를 치명적인 함정으로 여겼다.
"그는 우리를 파멸(破滅)시키려고 자유를 주는 것이오."
"자유라는 것은 우리를 예속(隷屬)시킬 목적으로 황제가 찾아낸 수단이오."

<권력들의 지배>와 <친지(親知, 친근한 지식)들의 권위(라는 새장)의 보호 안에 안주하기>를 얼마나 원했던지, 그들 중에는 <하늘을 훨훨 날아다니는 새처럼> 그렇게 살 수 있는 가능성을 원하는 이는 단 한 명도 없었다.
**그들 모두는 자유로워지기를 거부했다.**

<오늘날의 우리>는 위의 글을 읽으면서 이렇게 속으로 중얼거린다.
"<어리석은 사람들> 같으니라고. 자유(自由)라는 것이 얼마나 좋은데……"

그러나 혹 모른다.

누군가는, 후세의 누군가는 <오늘날의 우리>를 보고 이렇게 말할지도 모른다.

"그들은 자유라는 것을 전혀 모르는 채 살았다. 그들은 자신들의 감옥 안에서 자유롭다고 생각했던 것이다. **그들 모두는 참 자유를 알기를 거부했다.**"

☯

필자는 **<거울 속에서>**라는 제목으로 고전(古典)이라고 할 몇 작품을 인용하며 이런저런 이야기를 했다. <필자 나름의 가치관>을 가지고 말이다.

다른 사람들은 필자와는 다른 가치관을 가지고 있고, 그것을 다르게 말할 수 있음도 잘 알고 있다. 그런 시각(視角)도 있을 수 있고 또 좋다.

혹시 "가치관(價値觀)"이라는 말을 깊이 생각해 본 적이 있는가?

그 사전적 의미는 <인간이 삶이나 어떤 대상에 대해서 무엇이 좋고, 옳고, 바람직한 것인지를 판단하는 관점>이라고 한다. 영어로는 'Value, Worth' 등이고 - 영국 시인인 Words-worth, 그의 <말이 가치가 있다>고 필자는 설파(說破)했다. -

그리스어로는 "αξία(악시아)"로, ① <중요성>, 가치, ② 가격이 비싼 물건, 귀중한 것, ③ <음(音, 소리)의 길이>를 가리킨다고 한다.

① <중요성(重要性)> 그 자체를 가리키는 말이니, 어찌 중요하지 않겠으며, ② 삶에서 <귀중한 것>을 가르쳐 주는 말이니, 어찌 귀하고 중하지 않겠으며, ③ <소리의 길이>를 지시하는 말이니만큼 - 필자는 <나(필자) 자신이 평생을 힘써 외치는 이 소리>가 <좋고, 옳고, 바람직한 소리의 길이>로 길이, 길이 남기를 바란다. - 어찌 <소리의 길이>를 논하지(?) 않겠는가!

☯

필자는 『비갸나 바이라바』에서 세계보건기구의 <인간의 건강(健康)의 정의>를 소개하며 <**육체적, 정신적, 사회적** 건강>과 함께 <**영적**(靈的) 건강>을 다루었다. 인간을 <**컴퓨터와** 그 **사용자**>로 보고, <그 사용자>인 영혼, **의식**(意識), **신**(神)의 주도권을 역설(力說)했다.

그러나 역설적(逆說的)이지만 우리 대부분은 불행하게도 <그런 건강>은 알지 못한다. 즉 영혼, **의식**, **신**을 잘 알지 못한다. <그런 말, 그런 단어, 그런 어휘>야 너무나 잘 안다.

그러나 <침묵이라는 말>이 <침묵 그 자체>와는 완전히 다를 뿐더러 오히려 그 정반대라는 사실을 다시 한 번 강조하지 않을 수 없다. 우리는 사실 경전의 "안다"는 말조차도 오해, 곡해하고 있으면서 <안다(이해한다)>고 여길 때가 대부분이다.

예수는 말한다.

"너희가 맹인 되었더면 **죄**가 없으려니와
본다고 하니, 너희 **죄**가 그저 있느니라."

성경의 죄는 <(화살이 과녁의 핵심에 맞지 않고) 빗나갔다>, <(상대방에 대한) 빚을 졌다>는 말이다.

하여튼 인간이 발견한 <인간의 최후의, 최상의 건강>은 <영적 건강(靈的健康, spiritual health)> 이라고 한다! 그 <영적 건강>이란 도대체 무엇이며, 어떻게 해야 그 첫발걸음이 되겠는가?

필자는 말한다! 그것은 <**가치관의 정립**(正立)과 **가치관의 변화**>라고. 그럼 그 첫걸음인 <가치관의 변화>는 어떻게 시작해야 하나? <우리의 생각을 (바른 방향으로) 바꾸는 것>으로다. 성경은 그것을 메타노이아(회개)라고 하고, **카시미르 쉐이비즘**은 **샥토파야**라고 하고, 필자는 "**우선순위의 문제**"라고 부른다. 예수도 그렇게 말하지 않았던가!

마르셀 프루스트는 <잃어버린 시간을 찾아서> 기나긴 밤을(10 여년을) 보낸 후 그의 책을 이렇게 마무리한다.

"(……) 이는 마치 모든 인간이 <살아 있는 '나무-다리'>, 끊임없이 자라 때로는 종탑보다 더 높아진 나무-다리 위에 놓여 있어 드디어는 걷기가 힘들고 위험해지고 그러다 갑자기 떨어진다는 것 같았다.

✍ '나무-다리'는 <두 개의 긴 막대기에 발판을 붙여 발을 올려놓고 위쪽을 붙들고 걸어가는 죽마(竹馬, 대말)를 말한다. 여기서는 '시간' 즉 '세월'을 말한다. ⧗

(……) 나의 나무-다리가 이미 발아래 높이 솟아 있다는 사실에 나는 겁이 났고, 이미 그렇게 <멀리 내려가 있는 **과거**>를 오래 붙잡아 둘 힘이 있을 것 같지 않았다.

그러므로 만일 내게 작품을 완성할 만큼 <충분히 오랜 **시간**과 힘>이 있다면, **비록 그 일이 인간을 괴물**(怪物)**과 같은 존재로 만들지라도** 인간을 묘사하는 일을 소홀히 하지 않을 터였다.

거기서 **인간은 공간 속에 마련된 한정된 자리에 비해** 반대로 **지극히 중요한 자리를 차지할 것이며, 세월** 속에 침잠한 거인들처럼 그토록 멀리 떨어진 여러 다양한 **시기**(때)를 살아 그 '시기(때) 사이'로 많은 날들이 자리하러 오면서 **삶의 여러 시기**(때)와 **동시**(同時)에 접촉하는, 그런 '**무한**(無限)'으로 뻗어 가는 자리를 차지할 것이다 - '**시간**' 속에서."

대단원의 말미답게 '중요한 것'을 - 베르그송의 '지속(持續)' - 다루고 있다. 그러나 여기서는 단지 그의 몇 마디를 잠시 빌리고자 할 뿐이다.

"필자에게 <충분히 오랜 **시간과 힘**>이 있다면, **인간을 괴물**(怪物) 즉 **신**(神)**과 같은 존재로 만들지 라도**…… 거기서 **인간은**…… '**무한**(無限)'**으로 뻗어 가는 자리를 차지할 것이다** - '**거울 속에서.**'"

☯

이제 "**거울 속에서**" 필자는, 차마 못한 질문을 두려운 마음으로 조심스럽게 올린다.
"**읽는 이**"들의 현답(賢答)을 기다리고 기다린다.

그러면 <**거울 밖 풍경**>은?

문학, 영화 그리고 꿈의
거울 속에서

초판 1쇄 발행  2024년 8월 17일

지은이 | 金恩在

펴낸이 | 이의성
펴낸곳 | 지혜의나무
등록번호 | 제1-2492호
주소 | 서울시 종로구 관훈동 198-16 남도빌딩 3층
전화 | (02)730-2211  팩스 | (02)730-2210

ISBN 979-11-85062-49-5  03150

① 가시를 빼기 위한 가시
　『비갸나 바이라바』
　 - 명상 방편의 총림(叢林) -


　"자신의 생명은 포기할 수 있지만,
　 이 가르침을 포기해서는 안 된다!"
　일컬어 <112 방편>이다.


② 수행경(修行經)
　『쉬바 수트라』
　 - 영성 수련의 섬광(閃光) -


　꿈에 <은혜의 주(主)>가
　"저 산, 큰 바위 아래에……"
　그렇게 그는 이 경전을 얻었다.


③ 스판다와 재인식(再認識)의
　『소와 참나 이야기』
　 - 素所, 蘇消, 小笑 그리고 이 무엇 -


　"소"는 사람이
　<신성(神性)에 이르기 위해>
　가장 본받아야 할 선생(先生)이다.

4 아는 자를 아는 일
『프라탸비갸 흐리다얌』
 - 재인식(再認識)의 비의(秘義) -


 "<거울 속의 도시>는
  <거울>과 다르지 않다!"
 <재인식(再認識)>이 무슨 뜻인가?


5 참 나를 느끼는
『스판다 카리카』
 - 신성의 창조적 박동, 스판다 -


<"움직임"이라는 그 모든 것>
 샥티, 에너지, 힘, 기(氣), 영(靈),
 그리고 스판다라는 이 무엇


6 삼위일체경(三位一體經)
『파라 트리쉬카』
 - 그 비밀의 아비나바굽타 해석 -


 "<맛없는> 음식은 없다!" -
 <말(언어)>이라는 것은 인간에게
 도대체 그 어떤 의미인가?

7 전체성(全體性)과 크라마의
   『뱀과 얼나 이야기』
   - 蛇辭, 思師 그리고 쿤달리니 -

   "아, 내 몸의 이 뱀!"
   성(性) 즉 섹스(Sex)는 무엇이고,
   전체성(全體性)은 무엇인가?

8 탄트라 알로카의 정수(精髓)
   『탄트라 사라』
   - <트리카 영성 철학>의 요체(要諦) -

   <인간 영성의 모든 것> - 탄트라
   그는 어린 우리를 위해……
   "그러니 이를 읽어라!"

9 아비나바 바라티의
   『숭고미의 미학(味學)』
   - 그 <미적 경험>, 차맛카라! -

   우리는 <아름다운 것>에 끌린다.
   왜 그런가?
   美學을 넘어 味學으로

⑩ 문학, 영화 그리고 꿈의
　『거울 속에서』
　　- 그 현존의 순간들과 흔적들을 찾아 -

　오늘도 "거울 속에서" 기다린다.
　<거울 밖>을 내다본 이들의
　아름다운 이야기를!

⑪ <신(神)-인식(認識)>경(經)
　『이슈와라-프라탸비갸』(예정)
　　- 내 안의 신성을 되찾는 빠른 길 -

　"내 영혼의 꿀벌은
　옷팔라(연꽃)의 향기를 찾아
　<절대(絕對)>의 만족을 얻노라!"

⑫ 인간(우주)의 본질을 꿰뚫는
　『말리니-비자야 탄트라』(예정)
　　- 그 이론(지식)과 실천(수행) -

　"인간의 본질을 모르면,
　진정한 해방은 없다!"
　트리카 경전의 에베레스트!

⑬ 한 돌이 들려주는
『돌과 즈슴 이야기』(예정)
  - 時間, 空間, 人間이라는 틈새 -

한 돌이 들려주는
돌과 여러 "틈새" 이야기에
시간 가는 줄 모른다!

⑭ 웃팔라데바의
『하나님 증명과 찬양』(예정)
  - 이슈와라싯디와 쉬바스토트라아발리 -

"증명하라, 그러면 믿겠노라."
  - 아, 이 <사악한 마음>……
"내 영혼이 주를 찬양하나이다!"

⑮ 웃팔라데바와 아비나바굽타의
『참맛을 찾아』(예정)
  - 최고의 삶을 누리는 지혜 -

"진실로 나는 멋진 이, 아는 이, 행운아라.
 이 세상에서 나와 비길 이 누구랴?"
  - <이런 느낌>은……

16 죽음을 극복(克復)하는
『네트라 탄트라 수행』(예정)
 - <세 번째 눈> 곧 <여호와의 눈> -


"여호와여! 주(主)의 눈이
 성실을 돌아보지 아니하시나이까?"
 - 한 인간으로 그 절박한……